Thomas Froschmeier (Hg.), Thomas Feilmeier,
Yvonne Friedl, Michaela Schneiderbanger,
Barbara Spitzenpfeil, Gaby Weiß

Moderner *Sportunterricht*

in 40 Stundenbildern für die 3. und 4. Klasse

Die Autoren

Dr. Thomas Froschmeier (Hg.) – Studiengangsleiter für das Didaktikfach Sport und für die zusätzliche Lehramtsausbildung „Basisqualifikation Sport" an der Fakultät für Sport- und Gesundheitswissenschaft der TU München

Thomas Feilmeier – Lehrer, zahlreiche Kursleitungen im Hochschulsport der Universität Augsburg, Preisträger des Annemarie-Seybold-Förderpreises für Sportdidaktik 2008

Yvonne Friedl – Grundschullehrerin, Multiplikatorin für Schulerlebnispädagogik in Bayern (Akademie für Lehrerfortbildung in Dillingen), Referentin bei Fortbildungsveranstaltungen für Lehrkräfte im Fach Sport

Michaela Schneiderbanger – Grundschullehrerin, Dipl.-Sportwissenschaftlerin, Lehrbeauftragte an der Fakultät für Sport- und Gesundheitswissenschaft der TU München (Sportpsychologie)

Barbara Spitzenpfeil – Grundschullehrerin, Dipl.-Sportlehrerin, Fachberaterin für Sport (im Staatlichen Schulamt München), Lehrteamsmitglied in der Lehrerfortbildung des bayerischen Staatsministeriums für Unterricht und Kultur, Referentin in der Lehrerfortbildung für die Regierung Oberbayern und beim Bayerischen Turnverband

Gaby Weiß – Grundschullehrerin, Praktikumslehrerin für die Friedrich-Alexander-Universität Erlangen/Nürnberg

Mitarbeit Videos im Digitalen Zusatzmaterial:

Susanne Tilgner – Grundschullehrerin, Referentin und Lehrteamsmitglied in der staatlichen Lehrerfortbildung des bayerischen Staatsministeriums für Unterricht und Kultus, Lehrbeauftragte der Fakultät für Sport- und Gesundheitswissenschaft der TU München

Videoproduktion:

Institut für Medien und Bildungstechnologie (IMB), Universität Augsburg

6. Auflage 2024
© 2009 Auer Verlag, Augsburg
AAP Lehrerwelt GmbH
Alle Rechte vorbehalten.

Autor*innen: Thomas Froschmeier (Hg.), Thomas Feilmeier, Yvonne Friedl, Michaela Schneiderbanger, Barbara Spitzenpfeil, Gaby Weiß
Illustrationen: Christoph Schmidt, Eichstätt
Satz: Typographie & Computer, Krefeld
Druck und Bindung: Druckerei Joh. Walch GmbH & Co. KG
ISBN 978-3-403-**06324**-7

www.auer-verlag.de

Inhaltsverzeichnis

Miteinander spielen

Bewegung gestalten

Fit werden, gesund bleiben

Vorwort

Mit dem vorliegenden Band möchten wir allen Grundschullehrkräften und Lehramtsstudierenden neue Wege zum erfolgreichen Sportunterricht aufzeigen und den Einstieg in den Sportlehrerberuf erleichtern. Unterrichtskompetenz an der Grundschule soll – auf der Grundlage des bayerischen Fachlehrplans Sporterziehung – neu definiert werden.

Sportunterricht an der Grundschule stellt die Weichen für den Weg des Kindes in die Welt der Bewegung. Der Sportlehrer* an der Grundschule muss sich bewusst sein, dass er „den Baum pflanzt", dessen Zweige und Äste einmal Früchte tragen sollen. Dieser Baum muss von Anfang an Wurzeln schlagen können, kräftige und weitverzweigte Wurzeln, damit er die vielen Nährstoffe (Bewegungs- und Spielanlässe, sportliche Lern- und Erlebnisgelegenheiten) aufnehmen kann. Nur so kann er sich auf sein „bewegtes Leben" freuen.
Der kleine Baum braucht gleich am Anfang den besten „Gärtner"! Es ist besonders wichtig, dass er die ersten Jahre geschützt, gepflegt und gut behandelt wird.

Der beste Sportunterricht für die Grundschule
Diese Forderung wird sicher jeder unterstützen. Was aber ist der beste Sportunterricht, was macht den besten Sportlehrer aus? Darüber streiten sich Pädagogen und Didaktiker seit Langem. Die aktuellen Lehrpläne geben schlüssige Antworten, sind sie doch auf der Basis von Umfragen bei Lehrkräften und Schülern entwickelt worden. Folgende Leitziele für guten Sportunterricht können daraus abgeleitet werden:

- Freude und Motivation an Bewegung und Spiel für alle Kinder
- vom Kind aus betrachtetes Bewegungslernen
- Vielfalt der Bewegungskultur statt Sportartenunterricht
- Erleben von Gemeinschaft, Natur und körperlicher Fitness
- Entdecken von Kreativität und Gestaltungskraft

Diese Forderungen setzen nicht in erster Linie Sportartenkompetenz der Lehrkraft voraus. Vielmehr rückt die „Kunst des Unterrichtens" ins Zentrum. Wie kann Unterricht so inszeniert werden, dass Bewegung und Spiel die Kinder emotional ergreift und fasziniert? Kinder sollen erleben, wie schön es ist, sich schnell und ausdauernd bewegen zu können, welch wunderbare Ästhetik, welch schönes Bewegungsgefühl beim Weit- oder Hochspringen sie erleben können. Der beste Sportunterricht muss also attraktiv, erlebnisreich und vielfältig sein. Voraussetzung dafür ist, dass die Sportstunden „kunstvoll" in Szene gesetzt werden!
Hier setzt dieses Buch an. Mit spannenden, facettenreichen Stundenbildern kann ein ganzes Sportjahr inszeniert, ja zelebriert werden. Dazu werden sowohl in den Stundenbildern selbst als auch in den didaktischen Überlegungen professionelle Tipps und Tricks verankert, die aus der langjährigen Beschäftigung mit dem Grundschulsport erwachsen sind. Die Autoren haben in ihrem Unterricht den wichtigen Perspektivenwechsel bereits vollzogen. Sie sind „vom Sportler zum Sportlehrer", „vom Sportartenvermittler zum Bewegungsverführer" geworden und haben sich dafür konsequent in die kindliche Bewegungswelt hineinversetzt. Alle Unterrichtsideen sind in der Praxis erprobt worden und haben bei den Kindern Faszination und Begeisterung ausgelöst.

Erzieherisch denken
Leitziele, Erziehungsziele und fachspezifische Unterrichtsziele müssen immer unter Berücksichtigung der kindlichen Bewegungswelt formuliert werden. Der Lehrplan Sporterziehung unterstützt diesen Anspruch durch die Lernbereichskonzeption. Im, über und durch den Sport müssen Lehrkräfte an der Grundschule vor allem erzieherische Ziele verfolgen, wie z. B. die Fähigkeit, im Team zu spielen. Für die Kinder ist dies ein Schlüssel zur Welt, im wahrsten Sinne des Wortes „Lebenshilfe".
Der Band zeigt deshalb auf, wie sportliche Inhalte mit Erziehungszielen oder umgekehrt bewegungsbedeutsame Erziehungsziele mit sportlichen Inhalten verknüpft werden können. Ziele, die dem Kind abenteuerliche und fantastische Welten eröffnen, die ihm unmittelbar unter die Haut gehen. Zusammen einen Abenteuerparcours zu bewältigen, bei dem Gleichgewicht, Gewandtheit und Einfühlungsvermögen gefordert sind, hinterlässt mehr Spuren als die „Antibewegungswelt" des Fernsehens und der Computerspiele. Barfußturnen lässt die Natur und den eigenen Körper spüren, ein spielerischer Ausdauerlauf die eigenen Grenzen und Möglichkeiten erfahren.

*Hinweis: Aus Gründen der besseren Lesbarkeit wird für die Bezeichnung von männlichen und weiblichen Mitgliedern der Personengruppe Lehrer bzw. Schüler stets die geschlechtsneutrale Bezeichnung gewählt.

Bewegung und Spiel professionell unterrichten

Das Grundschulalter gilt zu Recht als das beste Lernalter. Hier werden die Grundlagen für die Entwicklung der so bedeutsamen koordinativen Fähigkeiten gelegt. Das geschieht weder beiläufig noch zufällig noch planlos. Die häufig geäußerte Forderung: „Hauptsache die Kinder haben viel Bewegung!", greift zu kurz. Sportunterricht in der Grundschule braucht deshalb Lehrer, die neben psychologischem, pädagogischem, sportbiologischem und -medizinischem Wissen vor allem über eine zeitgemäße Unterrichtsdidaktik verfügen.

Moderner Sportunterricht in 40 Stundenbildern gibt in einer neuartigen Konzeption die aktuellen Erkenntnisse aus der Fachwissenschaft wie auch aus der Unterrichtserfahrung weiter. Es sind wesentliche didaktische Grundkenntnisse, die Bewegungs- und Spielenlernen in der Grundschule erfolgreich machen. Die didaktische Kunst, Spiel und Bewegung optimal zu unterrichten, ist also das Herzstück des Sportunterrichts an der Grundschule.

Moderner Sportunterricht in 40 Stundenbildern gibt hierzu eine Reihe fachdidaktischer Tipps. Lehrkräfte sollen mit Freude in jede Sportstunde hinein- und auch wieder hinausgehen und bald von sich behaupten können, Meister ihres Fachs, das heißt, exzellente Sportdidaktiker zu sein. Das hängt nicht in erster Linie von der eigenen Sportlichkeit ab.

Die universitäre Lehrerbildung

So wie die Grundschulkinder in ihrem ersten Sportjahr geprägt werden, so wegweisend ist für angehende Sportlehrkräfte die sportdidaktische Ausbildung im Rahmen des Lehramtsstudiums. Offenheit, Aufmerksamkeit, Neugierde, Beobachtungsfähigkeit – so, wie die Kinder einer ersten Klasse die Turnhalle betreten, so erwartungsvoll steigen auch Lehramtsstudierende in ihr Sportstudium ein.

Moderner Sportunterricht in 40 Stundenbildern eröffnet durch einen ausgereiften Theorie-Praxis-Mix auch ihnen den Weg zum erfolgreichen Sportlehrer. Didaktisches Grundwissen, professionelle Stundenplanung und viele neue Praxisideen helfen, das neue Lern- und Unterrichtsfeld tiefgründig und dennoch zügig zu verstehen. Der Freude an der Vorbereitung und Durchführung der ersten eigenen Sportstunden steht somit nichts mehr im Wege!

Moderner Sportunterricht in 40 Stundenbildern vertraut auf die Fähigkeiten der jungen Studierenden und fordert konsequent zum Mitdenken und Mitgestalten auf. Entstanden ist eine „Schatzkiste mit Anleitung", in der man konkrete Ideen und gleichzeitig Raum für die individuelle Ausgestaltung findet.

Moderner Sportunterricht in 40 Stundenbildern enthält Baupläne für gelingenden und professionellen Sportunterricht und unterstützt damit das wichtige Anliegen im Sinne der Kinder: Der beste Sportunterricht gehört in die Grundschule!

Die Grundkonzeption

Moderner Sportunterricht in 40 Stundenbildern will Lehrkräfte in der Grundschule und Lehramtsstudierende in ihrem Berufsfeld handlungsfähig machen. Die Konzeption beruht im Wesentlichen auf vier Aspekten:

Faszinierende Stundenbilder

Die Stundenbilder wurden nach einem neuen Artikulationsmuster erstellt. Sie lesen sich wie ein Rezept, was eine einfache Umsetzung gewährleistet. Dafür wurde der Fokus auf entscheidende Unterrichtsmomente gelenkt: Unterrichtsidee, Unterrichtsinhalt, Unterrichtsziel und die Kunst, das Ganze gut zu „inszenieren". Die wichtigste Hilfe bei der Durchführung einer Sportstunde ist für die Lehrkraft eine logische, zielorientierte Stundenkonzeption. Wie ein roter Faden zieht sich deshalb das, was in der Stunde erreicht werden soll, durch jedes Stundenbild. Alle Unterrichtsphasen sind passgenau aufeinander abgestimmt und verfügen über eine innere logische Struktur.

Als Konsequenz aus neueren entwicklungs- und lernpsychologischen Erkenntnissen hat sich die Schulsportlandschaft im neuen Jahrtausend gewandelt. Kinder sind keine kleinen Erwachsenen! Deshalb können methodische und pädagogische Prinzipien, die für Erwachsene gelten, nicht unmittelbar auf Grundschulkinder übertragen werden. Der klassische Sportartenunterricht, der auf kindliche Bewegungswelten kaum Rücksicht nimmt, ist einem modernen Sportverständnis gewichen. Der Grundschulsport ist mittlerweile als eigenständiger Bereich mit eigenen Gesetzmäßigkeiten etabliert.
Vor diesem Hintergrund wurde die inhaltliche Struktur des Bandes in drei Kompetenzfelder unterteilt:

Kompetenzfelder

Miteinander spielen

- attraktive Lauf-, Fang- und Bewegungsspiele kennenlernen
- kooperative Spielformen schätzen
- Teamfähigkeit und Fairness auch beim „Gegeneinander Spielen" entwickeln
- Faszination spannender Ziel- und Rückschlagspiele (mit Bällen und anderen Objekten) erfahren

Bewegung gestalten

- mit Bewegung kreativ und variantenreich umgehen
- Spielideen selbst erfinden und entwickeln
- Spielregeln verändern und anpassen
- Bewegungen im Turnen und Tanzen gestalten, alleine und mit Partnern
- Teile einer Sportstunde selbst gestalten
- Bewegen und Spielen in freier Natur unter verschiedenen Bedingungen erleben
- neuen sportlichen Inhalten (Trendsportentwicklungen) begegnen

Fit werden, gesund bleiben

- die eigene Fitness verbessern und erhalten (sportliches Selbstkonzept)
- Körperbewusstsein und Körpergefühl entwickeln
- Ausdauerfähigkeit verbessern
- mentale Kräfte entwickeln
- Bewegungs- und Spielräume außerhalb der Schule entdecken
- Ideen für eine bewegungsreiche Freizeitgestaltung erfahren und auf das häusliche Umfeld übertragen

- **Kompetenzfeld 1:
  Miteinander spielen**
  Der erste Block an Stundenbildern bildet jenen wichtigen Brennpunkt des Grundschulsports ab, den man umschreiben könnte mit: spielen, spielen, spielen, …!
  Zu finden sind hier alle Inhalte, die sich mit den vielen Aspekten des Spielens beschäftigen: von einfachen Lauf-, Fang- und Bewegungsspielen über kooperative, gemeinschaftsfördernde Spielideen bis hin zu dem besonders sensiblen, aber spannenden Bereich der teamorientierten Ballspiele. Damit sich der Leser besser zurechtfindet und gesuchte Inhalte leichter auffinden kann, werden im Inhaltsverzeichnis zusätzlich die Sportbereiche angegeben, für die ein Stundenbild steht, also beispielsweise „Spielen mit Schlägern". Weil die Lehrpläne begrifflich bewusst nicht mehr von Sport*arten* sprechen, wird auch hier von Sport*bereichen* gesprochen.

- **Kompetenzfeld 2: Bewegung gestalten**
  Dieser Stundenbildblock umfasst zunächst den musisch-ästhetischen Bereich. Hier geht es im weitesten Sinne um tänzerisches Bewegen,

Gestalten mit Handgeräten, funktionelle Gymnastik und normfreies Turnen (Akrobatik, Erlebnisturnen). Aber auch weitere Aspekte des Begriffs „Gestalten" sind hier untergebracht, wie etwa das Mitgestalten von Unterrichtsphasen durch die Schüler.

- **Kompetenzfeld 3: Fit werden, gesund bleiben**
  Vom Barfußturnen über konditionelle und koordinative Fähigkeiten bis hin zum Körpererleben und zur Entspannungsfähigkeit: Hier werden gesundheitsbedeutsame Lernfelder behandelt. Die Verknüpfung mit dem Lernbereich Gesundheit ist in all diesen Stundenbildern zentral.

Didaktische Knotenpunkte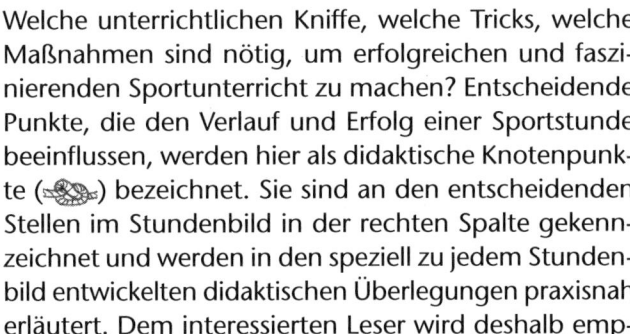

Welche unterrichtlichen Kniffe, welche Tricks, welche Maßnahmen sind nötig, um erfolgreichen und faszinierenden Sportunterricht zu machen? Entscheidende Punkte, die den Verlauf und Erfolg einer Sportstunde beeinflussen, werden hier als didaktische Knotenpunkte ( ) bezeichnet. Sie sind an den entscheidenden Stellen im Stundenbild in der rechten Spalte gekennzeichnet und werden in den speziell zu jedem Stundenbild entwickelten didaktischen Überlegungen praxisnah erläutert. Dem interessierten Leser wird deshalb empfohlen, diese didaktischen Überlegungen zu jedem Stundenbild ebenso wie die grundlegenden didaktischen Überlegungen zu den Stundenbildern (siehe Seite 10 ff.) bei der Umsetzung der Stundenideen zu berücksichtigen.

Digitales Zusatzmaterial

Als Ergänzung zum vorliegenden Band finden sich zum Download (siehe Downloadcode am Ende des Bandes) wichtige didaktische Momente des Unterrichts in zahlreichen kurzen Filmszenen dargestellt. So manches Stundenbild wird damit noch anschaulicher und nachvollziehbarer. In bewegten Bildern werden zusätzlich jene Inhalte und Abläufe dargestellt, die in Wort und Grafik nicht oder nur schlecht vermittelt werden können.

Außerdem sind im Digitalen Zusatzmaterial ausdruckbare Aufgaben- und Bewegungskarten zu finden, die hohe Motivationskraft haben und die Lehrkraft in der Vorbereitung und Durchführung der Sportstunden unterstützen.
Verschiedene Musikstücke, die entweder zu einem bestimmten Stundenbild gehören oder stundenübergreifend genutzt werden können, befinden sich ebenfalls zum Download im Digitalen Zusatzmaterial.

Beispiel für eine Bildkarte:

Grundlegende didaktische Überlegungen zu den Stundenbildern

„Was zählt, bist du!" – Sinnperspektiven im Grundschulsport

Das Kind als Ausgangspunkt und Ziel aller Überlegungen

Das Kind als Ausgangspunkt für den Unterricht zu sehen, wurde bereits von den Reformpädagogen gefordert. Auf den Grundschulsport bezogen erfordert dieser Ansatz aber ein konsequentes Weiterdenken auf allen Ebenen.

Sportunterricht aus der kindlichen Bewegungsperspektive heraus zu betrachten, erfordert zum einen eine genaue Beobachtungsfähigkeit, zum anderen die Bereitschaft, die eigene schulsportliche Sozialisation sowie das medial vermittelte Bild von Bewegung und Sport kritisch zu hinterfragen. Lehrkräfte und Schüler müssen ein gemeinsames Verständnis von ihrem Sportunterricht entwickeln und sich dabei weder von den Medien noch von überholten Handlungsmustern beeinflussen lassen („Völkerball, weil's immer schon so war!").

Die modernen Fachlehrpläne haben einem konsequent vom Kind aus zu gestaltenden Bewegungsunterricht das Tor weit geöffnet. Selbstbewusstsein, Ich-Identität und ein positives Selbstkonzept können sich entwickeln, wenn Kinder merken, dass sie ihrer Lern- und Leistungsentwicklung selbst Impulse geben können. Die Gemeinschaftserfahrungen bei Teamspielen, die Spannung bei Wettspielen oder das Erleben des eigenen Körpers beim Eintauchen in Entspannungsgeschichten sind nur einige Beispiele für die vielen Facetten einer faszinierenden Bewegungswelt in der Grundschule. Bewegungs- und Spielerziehung ist also auch Geistes-, Körper-, Gefühls- und Sozialerziehung. Moderner Unterricht muss über das Vermitteln von Fertigkeiten hinausgehen und vor allem die erzieherischen Lernbereiche (Gesundheit, Mitwelt, Gemeinschaft) in den Mittelpunkt rücken. Nur so kann es gelingen, die Faszination von Bewegung und Spiel bei möglichst allen Kindern nachhaltig zu verankern. Sportunterricht wird dann zum Gesundheits-, Kooperations- oder Kommunikationsunterricht, zum Naturbegegnungsunterricht, zum Kreativität und Gestaltungskraft fordernden Unterricht – und bleibt doch in erster Linie Bewegungsunterricht.

Der engagierte Leser wird an dieser Stelle aufgefordert, in Bezug auf die gestellten Sinnfragen nachzudenken, zu reflektieren und den eigenen Standpunkt zu hinterfragen.

Was verstehe ich unter gutem Grundschulsportunterricht? Welche Botschaft will ich den Kindern vermitteln? Welches Sportverständnis habe ich? Was sind meine Ziele im Schulsport?

Wie soll guter Sportunterricht aussehen?

Was die aktuellen Lehrpläne längst erkannt haben, sollte jeder Sportlehrer bejahen: Der Sportunterricht an der Grundschule muss als erzieherische Aufgabe aufgefasst werden. Diese muss vor dem Hintergrund des Lehrplans reflektiert und kritisch, in jedem Fall aber konstruktiv angenommen werden. Andernfalls wird das Thema Sport und Bewegung im Kindesalter weiterhin von den Medien, den Computerspieldesignern oder Eventmarketingstrategen dominiert bleiben, die ja alle möglichen Ziele vor Augen haben, aber bestimmt nicht eine bewegungsreiche, spannende, sinnorientierte und erfüllte Kindheit der Kleinen. Die Bewegungswelt aus den Augen der Kinder zu betrachten, ist also eine, wenn nicht die wichtigste Forderung an einen guten Sportlehrer. Die doch sehr sportartenorientierte Verankerung des Sports in der Gesellschaft muss dabei nicht auf der Strecke bleiben. Komplexe Handlungsfähigkeiten, Spielfähigkeit, Leistungsfähigkeit und Gestaltungsfähigkeit können sehr wohl schulsportliche Zielsetzungen abbilden. Wer sich gerne bewegt, wer selbstbewusst an Spielen teilnimmt und aus eigenem Antrieb kreativ werden kann, dem stehen während und vor allem nach der Grundschulzeit viele Türen offen: die Schulmannschaft Basketball, das Beachvolleyballspiel oder das Strandtennis im Urlaub, der Jogginglauf sowie die Klettertour mit Eltern oder Freunden. Auch leistungssportlich orientierte Vereine sind offen für engagierte Kinder, die Spaß am Training haben und vielleicht später selbst diese Freude als junge Übungsleiter an Kinder weitergeben wollen. So ist es auch für leistungsstarke Kinder geradezu ideal, wenn sie in der Grundschule in einer heterogenen Sportgemeinschaft gemeinsam wachsen dürfen. Es wäre abwegig, den Unterricht auf die wenigen leistungsstarken Kinder auszurichten. Diese sind zudem kaum auf die begrenzte Sportzeit in der Schule angewiesen. Ein sportbegeistertes Elternhaus und Vereinstraining sorgen bei ihnen sowieso für ausreichende Förderung. In der Sportklasse selbst können diese Kinder neue Motivation finden, wenn sie ihre Fähigkeiten den anderen zur Verfügung stellen, wenn sie den Lehrer unterstützen und damit ihre Mitschüler zu „gleichwertigen" Partnern wachsen lassen. Ein konsequent kindorientiertes Unterrichten in der Grundschule bindet

die Kinder wieder nachhaltig an Bewegung und Sport. Dieses Ziel muss vehement verfolgt werden, damit sich die Schüler nicht spätestens in der Pubertät von Bewegung und Sport verabschieden und damit wesentliche Lebensqualität aus der Hand geben.

Die Kunst des Unterrichtens beginnt bei der Lehrkraft

Didaktik kommt aus dem Griechischen und bedeutet so viel wie „Lehre" oder „Unterweisung".

Die Kunst des Unterrichtens beginnt zunächst bei der Lehrkraft selbst, die in der Grundschule die zentrale Bezugsperson für das Kind ist. Das Lernfeld Sport bietet auf den ersten Blick keine einfache Interaktionsbühne für Lehrer und Schüler. Das empfinden auch viele Lehrkräfte so. Ein relativ hoher Organisationsaufwand, immer wieder gefahrenträchtige Situationen, permanente psychische und physische Nähe aller Beteiligten, Konfliktanfälligkeit, ständige Gefahr der Ablenkung durch Randereignisse: All diese Faktoren bewirken eine Eigendynamik des Faches, die nicht zu unterschätzen ist. Verfügt eine Lehrkraft aber über grundlegendes, fachdidaktisches Wissen, dann werden aus den Gefahren und Ängsten plötzlich Chancen und Möglichkeiten.

Wie wichtig ist die Lehrerpersönlichkeit? Jeder weiß, dass eine überzeugende Ausstrahlung den Sportunterricht beflügeln kann. Eine gute Sportlehrkraft muss aber nicht unbedingt ein geborener Motivator oder Animateur sein. Sportpädagogisches Wirken lässt sich auf verschiedene Arten erreichen. Wichtig ist dabei in erster Linie die Authentizität des Unterrichtenden. Hervorragende Sportstunden werden bisweilen gerade von Lehrkräften gehalten, die ruhig und zurückhaltend, gleichsam von außen behutsam steuernd die Kinder für Bewegung und Spiel begeistern. Die Kinder sind Meister im Beobachten. Eine bestimmte Körperhaltung, ein verständnisvolles Lächeln oder ein ehrliches „Super hast du das gemacht!" reichen aus, um Kinder anzustecken. Wer die leuchtenden Kinderaugen bei gelungenen Sportstunden jemals wahrgenommen hat, weiß, was guter Sportunterricht bewirken kann! Und gerade das macht ja die besondere Faszination des Grundschulsports aus.

An einer guten Präsenz in der Sporthalle lässt sich „arbeiten", z. B. durch Reflexion oder gegenseitiges Coaching mit Kollegen. Dazu müssen entscheidende (didaktische) Momente reflektiert werden. Wo und wie stehe ich im Raum? Wie, wie viel und wann spreche ich? Wann beteilige ich mich selbst an sportlichen Aktionen in der Halle? Hierzu einige Grundsätze, die später auch bei einzelnen Stundenbildern empfohlen werden.

Sportlehrer an der Grundschule sollten

- Freude an Bewegung und Bewegungsbedürfnis ausstrahlen;
- Einsatzbereitschaft und Engagement für die eigene Sportklasse zeigen;
- Nähe, Wärme und zugleich Distanz zeigen;
- Sorgen und Ängste ernst nehmen;
- Verständnis und Einfühlungsvermögen zeigen;
- gut zuhören können;
- Vorbild sein, Gesundheitsbewusstsein und Gerechtigkeit verkörpern;
- sich nicht durch Sympathie, Aussehen oder sportliche Leistungsfähigkeit der Schüler beeinflussen lassen;
- einen emanzipatorischen, demokratischen Unterrichtsstil verkörpern;
- Spaß verstehen, witzig sein, aber keine Ironie einsetzen;
- eigene Schwächen und Fehler offen zugeben können;
- Kreativität und Improvisation verkörpern, ständig flexibel und fantasievoll sein;
- grundsätzlich positiv denken und Fortschritte verstärken (sehen, was ein Kind kann, nicht, was es nicht kann);
- ständige Fortbildungsbereitschaft erkennen lassen;
- die Didaktik des Sportunterrichts als lebenslangen Lernprozess verstehen.

Es kommt also darauf an, wie gut ein Sportlehrer sein „didaktisches Handwerk" beherrscht und dieses mit den übergeordneten Leitzielen des Unterrichts in Einklang bringen kann.

> **„Was dich bewegt, ist wichtig!" – Didaktische Tipps für einen begeisternden Sportunterricht**

Bewegender Sportunterricht, der die Kinder in seinen Bann zieht, muss wie ein Handwerk gelernt werden. Hierzu müssen zuerst die wichtigen Knotenpunkte entdeckt werden, die Sportstunden gelingen lassen. Welche didaktischen Aktionen und Maßnahmen haben unter welchen Rahmenbedingungen welche Wirkungen? Um diese didaktischen Knotenpunkte (✵) geht es in den folgenden Ausführungen. Vor allem auf sie wird in den Stundenbildern immer wieder Bezug genommen.

Motivierung

Die Kinder verfügen zwar nach wie vor über einen ungeheuren Bewegungsdrang, doch die allgemeinen bewegungsfeindlichen Entwicklungen im kindlichen Umfeld haben dazu geführt, dass die Begeisterung für den Sportunterricht bei immer mehr Kindern erst geweckt werden muss (Initialmotivation).

Die vielfältigen Möglichkeiten des Sports müssen – unter Berücksichtigung der individuellen Voraussetzungen der Schüler – genutzt werden, sodass subjektive Betroffenheit, Zuwendung und Aktivierung ausgelöst werden.

Schüler und Lehrer müssen sich zuallererst mit Zielen und Inhalten des Sportunterrichts identifizieren können, damit die Kinder in der Grundschule über ihren natürlichen Bewegungsdrang hinaus vielfältig und nachhaltig motiviert werden können (Verlaufsmotivation). Die Kinder werden sich dann aktiv gestaltend in den Sportunterricht einbringen. Nur auf diesem Weg wird über die Grundschulzeit hinaus Bewegung und Spiel zu einem unverzichtbaren Bestandteil ihres Lebens werden.

Aktivierung

Das Prinzip der Aktivierung beruht auf der Intention, die Kinder möglichst selbsttätig und aktiv am Unterrichtsgeschehen zu beteiligen, sie also „in Tätigkeit zu versetzen". Erkenntnisse aus der Lernpsychologie besagen, dass erst die dialogische Auseinandersetzung mit Anregungen aus der Umwelt nachhaltig und intrinsisch motivierend wirkt.

Der Lernende kann dabei auf verschiedene Weise aktiv werden, beispielsweise auf kognitiv-denkende oder schöpferische Art, auf meditativ-besinnende, auf produktiv-verändernde oder auf rezeptiv-nachvollziehende Weise. Grundbedingung für eigenständiges Lernen ist, dass eigenes Tun tatsächlich auch möglich wird, was wiederum individualisierende und differenzierende Maßnahmen im Unterricht verlangt. Offene Unterrichtsphasen und induktive Lernmethoden regen Schüler zur Selbsttätigkeit an. Durch das Suchen und Finden von Lösungen wird motorische sowie kognitive Aktivierung ausgelöst.

Handlungsfähigkeit

Handlungsfähigkeit oder Handlungskompetenz ist längst ein übergeordnetes Ziel in der Schule. Sportliche Handlungsfähigkeit haben Sportdidaktiker wie Ehni und Kurz schon in den 70er Jahren gefordert. Nach den langjährigen Auseinandersetzungen darüber, was Schulsport eigentlich erreichen soll, wird dieses Prinzip mittlerweile auch allgemein anerkannt. Demnach geht es nicht in erster Linie um das Aneignen isolierter sportlicher Fertigkeiten, sondern um den Erwerb von Spiel- und Bewegungskompetenz in meist komplexeren sportlichen Handlungsfeldern. Aus didaktischer Sicht kann Handlungsfähigkeit nur umgesetzt werden, wenn:

- alle Maßnahmen des Unterrichts immer Handlungsbezug haben (das Üben des Ballfangens und -passens bringt dann Handlungsfähigkeit für das spätere Teamspiel, wenn es Dynamik, Tempo und Gegenspielerdruck schon frühzeitig miteinbezieht);
- den Schülern im Unterricht ausreichend Handlungs- und Interpretationsspielräume angeboten werden;
- die Sportlehrkraft sich als Berater und Handlungspartner „ins Spiel bringt" und über eine gute Beobachtungs-, Analyse- und Reflexionsfähigkeit verfügt;
- immer wieder prozessorientierte und damit offene Unterrichtsformen eingesetzt werden;
- die Grundsätze der „Aktivierung" (siehe oben) verwirklicht werden.

Individualisierung und Differenzierung

Jedes Kind ist ein unverwechselbares „Ich", das auch in der Sporthalle zu seinem Recht kommen soll. Im Sportunterricht ist diese Forderung nicht einfach zu erfüllen. Gerade hier sollte den individuellen Bedürfnissen und Voraussetzungen der Kinder im Sinne einer ganzheitlichen Stärkung (psychisch wie physisch) besondere Aufmerksamkeit geschenkt werden.

Es geht darum, die Individualität eines Kindes zu erkennen (z. B. psychische Dispositionen, Kreativität, Lern- und Leistungsvoraussetzungen) und in der Unterrichtsplanung sowie in ausgewählten Unterrichtsphasen zu berücksichtigen.

Organisatorische Probleme (45-Minutentakt, Zeitverluste durch Umziehen, Weg zur Sporthalle, große Sportklassen) scheinen manchmal Individualisierung unmöglich zu machen. In den Stundenbildern dieses Bandes werden konkrete Tipps gegeben, wie diese Probleme gemildert bzw. umgangen werden können.

Lehrkräfte sollten sich mit hohem Einfühlungsvermögen und zielgerichteten individualisierenden Aktionen um das einzelne Kind bemühen.

Unter Differenzierung versteht man allgemein methodische, pädagogische und organisatorische Maßnahmen der individuellen oder gruppenbezogenen Anpassung. Schwierigkeitsgrad und Anforderungen

müssen an den Entwicklungsstand bzw. an die Leistungsfähigkeit von Schülern angepasst werden. Differenzierende Maßnahmen im Sportunterricht lassen sich in folgende Bereiche aufgliedern:

- individuelle oder gruppenbezogene Anpassung der äußeren Rahmenbedingungen (z. B. Gerätehöhe beim Kasten oder Reck);
- inhaltliche Differenzierung, d. h. die Anpassung der Intensität oder der Schwierigkeit einer Aufgabe (z. B. Erleichterung der Rolle vorwärts durch eine schiefe Ebene = Matte auf ein Sprungbrett legen);
- methodische Differenzierung (z. B. akustische bzw. taktile Lernhilfen, deduktive oder induktive Vermittlungswege);
- soziale Differenzierung (z. B. Tutorenprinzip, sportstarke Kinder helfen den sportschwächeren).

Spielerisches Lernen

Das Spiel ist ein Phänomen, das in unterschiedlichen Erscheinungen auftritt und alle Lebensbereiche durchzieht.

Das Spiel ist aber vor allem der ganz besondere Schatz der Kindheit. Kinder lieben das Spielen und machen dabei wichtige soziale und persönlichkeitsbildende Erfahrungen. Sie entdecken und erschließen sich im Spiel die Bewegungswelt. Spiel wird assoziiert mit Lockerheit, Lachen, Zuversicht, Spannung und vielen weiteren Aspekten. Spielen hat auch in seinem ursprünglichen Sinn etwas Leichtes und Unbeschwertes. Lernangebote im Grundschulsport müssen im Kern stets spielerisch erfolgen. Gefragt sind deshalb Unterrichtsweisen, die Bewegungsaufgaben in spannende, faszinierende und spielerische Bewegungsanlässe verwandeln. Der als spannende Bewegungsgeschichte verpackte Fitnessparcours oder die als Tanzgeschichte begeisternde Tanz-Choreographie: Spielerisches Lernen ist die Bewegungsmotivation für die Grundschule.

Wenn sich ein Kind in den ersten Lebensjahren physikalische Gesetzmäßigkeiten „spielerisch" aneignet (Wie rollt ein Ball eine schiefe Ebene hinab?), so tut es dies in einer Mischung aus Neugierde, Selbstvergessenheit und Spannung. Es probiert und erkundet (Explorationsphase), wägt ab und wiederholt – Handlungsmuster, die im Bewegungslernprozess von höchster Bedeutung sind. Leider wird die Verspieltheit der Kinder in der Regel im Sportunterricht nicht konsequent genug ausgenutzt. Manchmal werden Bewegungsspiele von Erwachsenen nur kindgemäß benannt oder

mit kindlichen Worten verziert. Aus Übungen zum Jonglieren wird noch lange keine faszinierende Sportstunde, wenn sie „Circus Roncalli" genannt wird! Sportunterricht wird dann kindisch statt kindgerecht. Wichtig ist vielmehr, dass sich Sportlehrer in diese kindliche Spielwelt hineinversetzen können und aus diesem Blickwinkel Unterricht aufbereiten.

Erlebnisorientierung

„Da es dem König aber wenig gefiel, dass seine Kinder die kontrollierten Straßen verließen, sich querfeldein herumtrieben, um sich selbst ein Urteil über die Welt zu bilden, schenkte er ihnen Wagen und Pferd. ‚Nun braucht ihr nicht mehr zu Fuß gehen', waren seine Worte. ‚Nun dürft ihr nicht mehr', war deren Sinn; ‚Nun könnt ihr nicht mehr', deren Wirkung!" (unbekannter Verfasser)

Mit ihren immer neuen fiktiven Erlebniswelten haben sich Computerspiele in den Kinderstuben breitgemacht. Bewegung, Spannung, Spiel, Dynamik, Wettkampf, Geschicklichkeit und Kraft werden kopiert und laufen auf einem Bildschirm ab. Immer mehr Kinder bewegen sich in fiktiven „bewegungsfernen Galaxien"; Spielwiese, Wald oder Sporthalle können damit kaum noch konkurrieren. Einfach ist es nicht, die Kinder aus den Computerwelten wieder in die reale Welt der Bewegung zurückzuholen!

Wie stünde der Sportunterricht heute da, wenn mit derselben Kreativität und Energie, die Spieldesigner in den Aufbau einer gigantischen Pseudoerlebniswelt gesteckt haben, der Schulsport mit neuen Spielideen, Vermittlungsstrategien, mit Ausstattungen von Hallen und Schulen hätte aufwarten können? Nun muss diesen Entwicklungen wieder gegengesteuert werden.

Der Grundschulsport muss sich kritischen Fragen stellen. Hat man nicht zu lange auf die scheinbar unangreifbare Attraktivität des Fachs Sport vertraut? War nicht fehlender Reformwille und mangelnde didaktische Kompetenz im Grundschulsport mitverantwortlich, dass sich immer mehr Kinder anderen Freizeitbeschäftigungen zuwenden?

Einige Bestrebungen der letzten Jahre, die Kinder durch sportliche Events neuer Art zu begeistern, lösen das Problem im Kern nicht. Das Erlebnis der längsten Wasserrutsche ist schnell verflogen, wenn ein Kind nicht richtig schwimmen kann. Erlebnisparks bringen nur kurzfristig motivierende Erfolgserlebnisse.

Im Schulsport könnte Bewegung und Spiel wesentlich nachhaltiger erlebbar gemacht werden. Abenteuersport, Wagniserziehung und Erlebnissport können in

kindgerechter und didaktisch-pädagogisch wohlüberlegter Weise in den Unterricht einfließen. Bewegungserleben lässt sich in den Schulsport integrieren, ist gar ein Lehrplanziel. So können beispielsweise erlebnispädagogische Spiel- und Bewegungsansätze neue Impulse geben.

Vielleicht gelingt es auch mit diesen neuen Lernfeldern, Kindern im Grundschulsport wieder jene nachhaltig wirkenden „Flow-Erlebnisse" zu vermitteln, die einst von Turnmatte, Ball und Ringen ausgingen.

„45 Minuten im Land der Bewegung!" – Von der Kunst, Unterricht bewegungsreich zu gestalten

„Hauptsache Bewegung!", meinen viele in Bezug auf den Sportunterricht an der Grundschule. Aber was nützen noch so viele Stunden Sport pro Woche, wenn nur wenige Schüler „bewegt" werden, wenn der Gang zur Sporthalle zum Disziplinierungsinstrument wird, wenn durch Umziehen und organisatorische Vorbereitungen wertvolle Bewegungszeit verloren geht?

Im Folgenden soll erläutert werden, wie die zur Verfügung stehende Bewegungszeit sinnvoll und effektiv genutzt werden kann.

Unterrichtsplanung

Man stelle sich diese Sportstunde vor: Der Sportlehrer teilt die Halle in drei Segmente. Zwei Gruppen spielen in zwei Segmenten selbstständig tennisähnliche Rückschlagspiele. Im dritten Segment der Halle erarbeitet der Lehrer eine kleine Turnkombination am Barren.

Das Unterrichtsprinzip ist so einfach wie genial: Die Schüler gestalten und organisieren bekannte Spielformen selbst und halten damit dem Lehrer den Rücken frei, damit er sich intensiv um die Kinder am Barren kümmern kann und erkennbare Lernfortschritte erzielt werden können. So wird schon in der Planung der wichtige Grundsatz „bewegend und bewegt Lernen" berücksichtigt. Die Unterrichtsstunde ist spannend und zugleich höchst bewegungsintensiv und effektiv.

Unterrichtsorganisation

Wenn der organisatorische Rahmen diffus und wenig strukturiert ist, nutzt auch die schönste Inszenierung nichts. Eine gute Unterrichtsorganisation zeigt sich u. a. in funktionierenden Abläufen wie Geräteaufbau und Aufstellungsformen. Diese müssen sukzessive, am besten auch spielerisch und abwechslungsreich eingeführt werden. Solche organisatorischen Maßnahmen sind aber in jedem Fall nur Hilfsmittel, um möglichst viel

Zeit für Bewegung zur Verfügung zu haben, und dürfen nicht so in den Vordergrund rücken, dass die Kinder die Freude an der Sportstunde verlieren.

Es kann dann beispielsweise die Idee, am Anfang eines Schuljahres die Sportklasse in vier Gruppen einzuteilen, eine enorm effektive und hilfreiche Maßnahme sein. Künftige organisatorische Maßnahmen (Geräteaufbau durch Gruppen, Teambildung bei Ballspielen u. v. m.) werden so sinnvoll unterstützt, was wiederum wertvolle Bewegungszeit schafft.

Unterrichtsmethoden

Unterricht führt u. a. auch dann zu mehr Schüleraktivität, wenn Prinzipien der offenen Unterrichtsgestaltung eingebaut werden. Bei Sportdoppelstunden könnte das eigenverantwortliche Gestalten durch die Schüler in einem Teil der 90-Minuten-Stunde durchaus ein Prinzip bilden. Für diese weitgehend ungelenkten Unterrichtsphasen müssen trotzdem gemeinsam vereinbarte Regeln gelten (z. B. Sicherheit, Geräteauf- und -abbau etc.). Dann können sich die Kinder für bestimmte, ausgewählte Sportbereiche entscheiden. Ein Wunschspiel, das Erfinden von Bewegungskunststücken, Bewegen zur Musik, Jonglieren lernen: Die Schüler organisieren in einem zugeteilten Hallensegment ihren Wunschbereich selbst und sorgen dabei auch für Sicherheitsmaßnahmen und den sorgsamen Umgang mit Materialien und Sportgeräten.

Offene Unterrichtsweisen können aber auch in geschlossenen Lernsituationen Anwendung finden, wie entsprechende Stundenbilder zeigen (siehe Stundenbild „Tanz-Puzzle" in *Moderner Sportunterricht in 40 Stundenbildern* für die 1./2. Klasse, Seite 105).

Eine Verabsolutierung einzelner Methoden ist nicht sinnvoll. Guter Sportunterricht lebt also vom Methodenwechsel. Bei der Methodenwahl hat die Lehrkraft vor allem die Heterogenität der Schüler (Lernvoraussetzungen, Lernbereitschaft) zu berücksichtigen. So haben sich differenzierende Lernmethoden, bei denen die Schüler immer wieder Lernwege und Lerntempo individuell bestimmen können, als sehr vorteilhaft erwiesen. Besonders nachhaltige Lernformen wie Projektunterricht und das damit verbundene fächerübergreifende Planen von Unterricht sollten ebenfalls zum Repertoire eines Sportlehrers gehören. Subjektive Betroffenheit und Begeisterung können schon mit kleinen Unterrichtsprojekten ausgelöst werden. Die Zusammenarbeit im Kollegium wird dabei zum zentralen Punkt. Wenn Kinder beispielsweise Wurftechniken erproben, Wurfgeräte selbst herstellen und damit experimentieren dürfen, wird Bewegungslernen auf eine qualitativ neue Stufe gehoben. Auch

übergreifende Fähigkeiten wie das Verständnis für gesundheitsbedeutsame Zusammenhänge, wie z. B. der Zusammenhang von Bewegung und Ernährung, sind anspruchsvolle, aber bedeutsame Ziele eines modernen Sportunterrichts.

Rituale

Rituale sind Kommunikationsmuster, deren vielfache und positive Auswirkungen auf Sportstunden noch viel zu wenig erkannt worden sind. Sie werden spielerisch und gemeinsam mit den Schülern erarbeitet, lenken und ordnen manchmal auf witzige, immer aber auf eindeutige und anschauliche Art die Aktivitäten. Dies spart Kraft und Zeit. Wichtig ist, dass die Rituale für die Kinder nicht negativ besetzt sind: Eine kreisförmige Armbewegung deutet an „Wir treffen uns im Kreis und besprechen dort etwas".

Dazu kommen Begrüßungs- und Spielrituale (Abklatschen, „Give me five", ...), die Kinder selbst mitentwickeln können.

Natürlich müssen auch sicherheitsrelevante Rituale vereinbart werden. Wenn ein Kind beim Kräftemessen (siehe Stundenbild „Ritterballturnier", Seite 40) in Bedrängnis ist, kann durch den Ruf „Stopp!" sofort klargemacht werden, dass die Aktion beendet oder zumindest unterbrochen werden muss.

Intensivierung

Unter Intensivierung werden didaktische Aktionen und Handlungen verstanden, die eine nachhaltige und intensive Auseinandersetzung mit einem Bewegungsthema zum Ziel haben. Das können sowohl methodische Maßnahmen als auch inhaltliche oder motivational verankerte Impulse sein, die sportspezifische Fertig- oder Fähigkeiten in den Fokus nehmen und damit für eine vertiefte Auseinandersetzung sorgen. Intensivierende Maßnahmen sind erforderlich, wenn die Kinder „mehr wollen" oder eine intensivere Auseinandersetzung weitere Lernerfolge erwarten lässt.

Üben und Festigen

Die Forderung nach einem facettenreichen und Freude vermittelnden Sportunterricht darf nicht darüber hinwegtäuschen, dass es letztlich auch ein Ziel der Sporterziehung ist, die Kinder zum selbst gewollten und selbst initiierten Üben und Festigen von Bewegungshandlungen zu bringen. Der Begriff „Üben" wird hier als immer variantenreiches und handlungsbezogenes Wiederholen von Bewegungselementen oder -mustern verstanden.

„Versuche die Bananenkartons laufend zu überspringen!", wäre demnach eine zu lösende Bewegungsaufgabe und keine Übungsaufgabe. Der Begriff „Übung" wird in der Sportdidaktik also oft sehr unterschiedlich und überwiegend missverständlich verwendet.

Das eigentliche „Üben" in seiner oben genannten Bedeutung muss für die Schüler ebenfalls Sinn machen. Die Kinder üben etwas, damit es auch in einem komplexeren Zusammenhang immer besser gelingt. Dann erschließen sich für die Kinder neue Motivationsquellen. Wer beispielsweise Kinder in der Freizeit beim Skateboardfahren beobachtet, wird erkennen, dass sie zunächst das Rollen auf einem Brett in seiner Gesamtheit (ganzheitlich) erfahren und erleben wollen. Danach erst versuchen sie, durch Beobachten anderer und durch ständiges Wiederholen (Üben), Bewegungsabläufe harmonischer zu gestalten. Stellen sich bald Fortschritte ein, so steigt die Motivation (= Verlaufsmotivation) weiter an. „Übung macht den Meister" macht dann wirklich Sinn und das Üben wird so zur „Sache des Kindes".

Guter Sportunterricht schafft es, Übungsmotivation immer wieder neu auszulösen (z. B. durch ständig wechselnde Organisationsformen und Übungsvarianten). Gelingt ein Bewegungsablauf mühelos und „spielerisch" leicht, so kann dieser als gefestigt angesehen werden, dann können Bewegungshandlungen jederzeit und ggf. auch in Drucksituationen zur Anwendung kommen (z. B. eine Körperfinte in einem Ballspiel).

Auf- und Abwärmen

Das Auf- und Abwärmen hat auch in der Grundschule eine hohe Bedeutung. Hier ist besonders der psychosoziale Aspekt entscheidend: „das Bereitwerden" für den Hauptteil einer Stunde. Aus diesem Grund werden in den Stundenbildern die weiter gefassten Begriffe „Einstimmungs- bzw. Ausklangsphasen" verwendet. Physisch betrachtet sind die Kinder in der Regel bereits nach wenigen Minuten in der Halle „auf Betriebstemperatur". Kleine Fangspiele oder einfaches Herumlaufen in der Halle sind typisch und sorgen bereits für eine erste Phase des allgemeinen Aufwärmens, bevor man sich im Kreis zum eigentlichen Beginn der Sportstunde versammelt. Jetzt geht es für die Lehrkraft in erster Linie darum, den Kopf der Kinder frei zu machen, Ängste abzubauen, Vertrautheit mit der Hallensituation (z. B. mit den Geräteaufbauten) herzustellen. Kurzum: Es muss eine positive, aber auch zielgerichtete Grundstimmung geschaffen werden. Einfach strukturierte, aber spannende kleine Spiel- und Bewegungsideen reichen oft schon, um das Eis zu brechen und eine entspannte und lockere Atmosphäre zu schaffen. Manchmal ist ein spezielles Aufwärmen nötig, wenn eine bestimmte Muskulatur für den Stundenschwer-

punkt besonders gefordert wird. Prinzipien wie Vordehnen und Mobilisation können hier durchaus im Sinne des Erwerbs einer grundlegenden Kompetenz vermittelt werden.

Die Auf- und Abwärmphasen müssen aus o. g. Gründen nicht länger als drei bis fünf Minuten dauern. Das hängt auch vom Hauptschwerpunkt und Ziel der Sportstunde ab. Auch wenn die Sportstunde immer zu kurz erscheint, ist es dennoch sinnvoll, den Unterricht grundsätzlich mit einer Aufwärmphase zu beginnen und mit einer Abwärmphase zu beenden. Abwärmende Spielformen führen zu einer Beruhigung und kontrollierten Rückführung der erhöhten Herz-Kreislauf-Tätigkeit. Zudem werden negative Spannungszustände (Enttäuschungen, Aggressionen) abgebaut.

 Außerschulische Bewegungsimpulse

Kaum beachtet wird häufig die Möglichkeit, die Eltern in den Schulsport einzubeziehen. Angesichts der vielen Bewegungsdefizite in den Familien (kaum gemeinsames Sporttreiben, unkontrollierter Medienkonsum), wäre es besonders wichtig, die Eltern „ins Boot zu holen". Ein gemeinsamer Sportelternabend oder zumindest ein sportspezifischer Schwerpunkt während eines regulären Elternabends könnten hier Maßstäbe setzen. Folgende Fragen können hier für eine Trendwende sorgen:

- Warum ist Bewegung für die Kinder so wichtig? (verbesserte Lernfähigkeit)
- Wie kann man zu Hause für mehr Bewegung sorgen? (Spiel- und Bewegungsimpulse für zu Hause, Sporthausaufgabe etc.)
- Welche Kompetenzen gibt es auf Elternseite, die als sportspezifische Schnupperangebote in den Unterricht eingebracht werden können? (Projekttage)

Bei dieser Gelegenheit können die Eltern über elementare Ziele des Grundschulsports informiert werden (z. B. Lehrplanziele, Bedeutung der koordinativen Fähigkeiten).

Auch die Möglichkeiten, mit Sportvereinen zu kooperieren, sind vielfältig. So können erste Kontakte zunächst über „Schnupperstunden" geknüpft werden (Übungsleiter von Vereinen kommen in die Schule und geben Einblicke in ihre Kursangebote). Weitere Kooperationen zwischen Verein und Schule, z. B. die sogenannten Sportarbeitsgemeinschaften, könnten sich dann entwickeln und weitere Bewegungsangebote für die Schüler einbringen.

„Weil ich dich auf deinem Weg begleiten will!" – Erziehender Sportunterricht

 Gestalten – Kreativität und Fantasie entdecken

„Erziehung ist die Einwirkung auf Menschen mit dem Ziel, ihnen die Selbstgestaltung im Prozess der Auseinandersetzung mit Inhalten und Werten der Kultur zu ermöglichen und sie darin zu unterstützen." (Prohl 2006)

Der von Prohl verwendete Begriff der Selbstgestaltung weist zunächst auf den erzieherischen Aspekt im Teillernbereich „Gestalten" hin. Darüber hinaus sind neben dem sportspezifischen Ziel „Bewegungsmöglichkeiten kreativ und variantenreich ausführen" (Bay. Lehrplan Sporterziehung) und den musisch-ästhetischen Inhalten (z. B. Bewegen zur Musik) noch zwei weitere Bereiche zu berücksichtigen:

Alle Spiele (inkl. Ballspiele) lassen sich gemeinsam mit Kindern weiterentwickeln oder umgestalten. Dabei wird die Gestaltungskraft der Kinder gefordert, Bewegungshandlungen sinnvoll zu verändern, anzupassen oder gänzlich neu zu erfinden.

Kinder können auch einzelne Phasen, später vielleicht größere Teile einer Sportstunde mit- oder gar selbst gestalten (z. B. die Vorbereitung und Durchführung einer Aufwärmphase).

Reflexionsphasen, Nachdenken über Lernwege (Bewegungskonferenzen), Gruppenaufträge und erfahrungsorientiertes Stationenlernen sind Möglichkeiten, die Mitgestaltung der Schüler herauszufordern und damit eine Identifikation mit dem Sportunterricht zu erzeugen. Diese beiden Aspekte des Teillernbereichs Gestalten haben besonders nachhaltige Auswirkungen auf eine möglichst lebenslange Begeisterung der Kinder für Sport und Bewegung.

 Gemeinschaft – vom Ich zum Wir

Konflikt- und Aggressionsbewältigung

Der erzieherische Lernbereich Gemeinschaft ist ein didaktischer Brennpunkt des Unterrichts geworden. Die Konflikte nehmen auch im Sportunterricht der Grundschule zu und fordern die Lehrkräfte in einem deutlich erhöhten Maß. Da ändert die Erkenntnis wenig, dass die Ursachen vieler Konflikte im Sportunterricht meist außerhalb der Schule im familiären Umfeld liegen. Didaktisches Grundwissen (Präventions-, aber auch Interventionsmaßnahmen) wurden bisher in der Sportlehrerausbildung vernachlässigt. Zu lange vertraute

man auf die alten Muster Trillerpfeife, Regelwerk und Sanktionen.

Durch seine vielfachen interaktiven Handlungsmöglichkeiten kann Sportunterricht tatsächlich aber eine ideale „Spielwiese" für soziales Lernen darstellen. Kooperations- und Kommunikationsfähigkeit im Sport kann sich dort entwickeln, wo sie bewusst und geplant im Unterricht angesteuert wird.

Über die Medien werden den Kindern leider häufig kontraproduktive Verhaltensformen (z. B. auch Leistungssport) vermittelt. Die Sportlehrkraft an der Grundschule muss trotzdem eine Sportgemeinschaft aufbauen, die über emotionale Bindekräfte verfügt und in der sich ein Wir-Gefühl entwickeln kann. Neben den kooperativen und kommunikativen Schwerpunktsetzungen (siehe Ausführung unten) gilt es im Grundschulsport auch, über Maßnahmen des Aggressionsabbaus nachzudenken. Hier können zum Beispiel pädagogisch-didaktisch angeleitete Praxisideen aus dem Bereich „Kräftemessen" Erfolge bringen.

Kommunikation

Gemeinsame Absprachen in Reflexionsphasen zu Konflikten bei Ballspielen (Regelanpassungen etc.), miteinander und voneinander lernen, sich gegenseitig helfen und unterstützen – dies sind wesentliche Kommunikationsfelder, die im Sportunterricht besonders gut erlebt und erfahren werden können. Verbale und nonverbale Interaktionen müssen hier schon in der Planung vorausgedacht, bewusst ausgelöst und planvoll gesteuert werden.

Kooperation

Kooperative Spiel- und Bewegungsaufgaben, die das Handeln im Team herausfordern, sind wichtige Elemente, die gerade zu Schuljahresbeginn eingesetzt werden sollten. Entscheidend ist hier, dass Unterrichtsinhalte angeboten werden, die eine prosoziale Funktion haben. Zum Beispiel könnten leichtathletische Inhalte auch kooperativ und gemeinschaftsorientiert inszeniert werden (Sprunglandschaft, Gruppenläufe, Orientierungsläufe etc.).

 Gesundheit – Kinder stark machen

Zeitgemäße Gesundheitsförderung im Sportunterricht ist mehr als das Vermeiden von Risikofaktoren. Sie muss das Ziel verfolgen, den Kindern durch Bewegung und Spiel jene Schutzfaktoren zu vermitteln, die sie in jeder Hinsicht gesund und stark werden lassen.

Im Lernbereich Gesundheit ist dieses salutogenetische Gesundheitsverständnis verankert. Ein Kind fühlt sich dann gesund und stark, wenn es sich physisch, psychisch und psychosozial in einem Balancezustand befindet.

Körperlich fit werden

Die allgemeine sportliche Leistungsfähigkeit der Kinder hat in den letzten Jahrzehnten stark abgenommen. Der Anteil an übergewichtigen, magersüchtigen und bewegungsauffälligen Kindern muss ständig nach oben korrigiert werden. Obwohl sie von Natur aus auf Bewegung programmiert sind, sitzen zu viele Kinder über weite Teile des Tages sowohl in der Schule als auch zu Hause vor dem Fernseher oder dem Computer. Diese Erkenntnisse sind dramatisch und schockierend, ein wirkliches Umdenken ist in vielen Familien kaum festzustellen. Der Schulsport muss hier initiativ werden, Zeichen setzen und Impulse geben. Die Kinder müssen erleben, wie spannend ausdauerndes Laufen sein kann (siehe Stundenbilder „Kenia Runners", Seite 93, und „Wunderbare Laufwelt" in *Moderner Sportunterricht in 40 Stundenbildern* für die 1./2. Klasse, Seite 131). Sie müssen die eigenen Kräfte wieder erleben und spüren lernen.

Gesundheitsbedeutsame Sportthemen wurden früher mit dem erhobenen Zeigefinger unterrichtet. Moderner Sportunterricht setzt dagegen auf positive Erfahrungen mit Bewegung und auf Reflexion. So müssen Reaktionen des Körpers (Schwitzen, Herzschlag, Seitenstechen) und Zusammenhänge zwischen Sport und Ernährung (Auswirkungen von Ernährung und Trinken auf das Körperempfinden) reflektiert und dem Kind als Schlüsselqualifikationen bewusst gemacht werden. Folgende gesundheitsbedeutsame Grundprinzipien sollten Beachtung finden:

- Auf- und Abwärmphasen unter psychosozialen, physischen und thematischen Aspekten gestalten;
- Kräftigung, Ausdauer, Schnelligkeit und Beweglichkeit kindgerecht unterrichten (inkl. der grundschulrelevanten Erkenntnisse aus der Sportmedizin);
- Bewegungserleben, Körpergefühl, Körperbewusstsein sowie Entspannung als wesentliche Themenschwerpunkte erkennen und umsetzen.

Belastungssteuerung

Kinder können im Sportunterricht auch überfordert werden (z. B. in Bezug auf konditionelle Faktoren). Dies geschieht vor allem dann, wenn der Aufbau einer Sportstunde nicht rhythmisiert geplant und umgesetzt wird. Staffelspiele oder Sprintaufgaben am Ende von Sportstunden (wenn Kondition und Konzentration nachgelassen haben) sind unangebracht. Auch Ball-

und Laufspiele, Ausdauerläufe oder Aerobic-Einheiten können den kindlichen Organismus überbelasten. Gefordert sind deshalb eine genaue Beobachtungsfähigkeit sowie eine gute Rhythmisierung der Unterrichtsstunde. So kann bei eher ruhigen Sportstunden (siehe Stundenbild „Rollen, drehen, tanzen", Seite 56) dem kindlichen Bewegungsdrang am Ende durch ein bewegungsreiches Spiel Rechnung getragen werden. Die Stundenbilder „Kenia Runners" und „Wetterchaos" (siehe Seiten 93 und 97) sind Beispiele, wie sich belastungsintensive Phasen mit regenerativen Momenten sinnvoll abwechseln.

Körper und Seele in Balance – der psychische Gesundheitsaspekt

Grundschüler haben oft schon vor Schuleintritt familiär bedingt viele entwicklungshemmende Ereignisse verarbeiten müssen (Streit, Gewalt, Trennungen, mangelnde Wärme). Diese Belastungen offenbaren sich manchmal besonders im Sport: Berührungsängste bei Vertrauensspielen, ungewöhnliche Anzeichen von Nervosität in bestimmten Drucksituationen (z. B. bei Wettspielen), plötzlich ausbrechende, scheinbar ziellose Aggressionen sowie auffällige, evtl. auf Gewalterfahrungen hindeutende Flecken oder Wunden. Die Sportlehrkraft muss sensibel auf solche Anzeichen reagieren. Elterngespräche, Nachfragen im Kollegium und die gezielte Beobachtung der betreffenden Kinder gehören zu ihrer erzieherischen Aufgabe.

Darüber hinaus geht es aber vor allem um eine Stärkung der kindlichen Psyche im und durch den Schulsport. Längst nicht alle Kinder betreten ohne Scheu und Angst eine Sporthalle. Blamage, Schmerz, Ausgrenzung, aber auch Langeweile: Das vermeintlich bunte Treiben in der Sporthalle täuscht vielfach über die wahren Befindlichkeiten der einzelnen Kinder hinweg. In diesem Zusammenhang wird auch das sogenannte Kohärenzgefühl wichtig, das mit drei Aspekten für die Schüler im Sportunterricht Relevanz hat:

- Gefühl der Verstehbarkeit (Fähigkeit, externe und interne Vorgänge zu ordnen, zu verstehen und vorherzusagen);
- Gefühl der Handhabbarkeit bzw. Bewältigbarkeit (Vertrauen, Aufgabenstellungen aus eigener Kraft oder mithilfe anderer bewältigen zu können);
- Gefühl der Sinnhaftigkeit (Überzeugung, dass künftige Ereignisse sinnvolle Aufgaben sind).

Wohlfühlen im Sportunterricht – der psychosoziale Gesundheitsaspekt

Kinder müssen sicher sein, dass sie sich im Sportunterricht in einem begleiteten Umfeld bewegen können, wo sie gerne gesehen und geachtet werden. Das gilt sowohl für die Schüler untereinander als auch für die Schüler-Lehrer-Interaktion. Sportlehrer müssen einen Rahmen schaffen, in dem soziale Beziehungen geknüpft werden können. Das koedukative Prinzip in der Grundschule bietet hierfür viele Chancen. Mädchen und Jungen treiben gerne miteinander Sport, lernen von- und miteinander. Geschlechtsspezifische Rollenklischees haben keinen Platz mehr in einem modernen Sportunterricht.

Die Lehrkraft muss eigene Verhaltensweisen reflektieren, weil sie die wichtigste Bezugsperson für die Kinder im Grundschulalter ist. Das Mitmachen, Vormachen, Helfen und Begleiten vermittelt den Kindern Sicherheit und „Nestwärme". Übertriebenes „Bemuttern" oder „Kumpelhaftigkeit" sind aber genauso wie übertriebene Strenge oder gar Gefühlskälte unangebracht. Auf folgende Verhaltensgrundsätze sollte die Lehrkraft achten:

- abschätzige Bemerkungen und Ironie vermeiden;
- keine Zwänge (wenn Kinder z. B. Angst haben oder nicht angefasst werden wollen);
- Zurückhaltung bei Kindern, die eine übertriebene Anhänglichkeit oder Suche nach Körpernähe zeigen;
- Körperkontakte nur wenn nötig (Sicherheits- oder Hilfestellung), möglichst mit vorheriger Ankündigung.

Mitwelt – Bewegung und Spiel im Umfeld von Schule und Zuhause

Der Lehrplan Sporterziehung hat in einem weiteren erzieherischen Lernbereich den Begriff Mitwelt eingeführt. Die Schüler sollen über den Schulsport Bewegungsimpulse für die unmittelbar erfahrbare Natur erhalten (siehe Stundenbilder „Waldspiele" und „Kenia Runners", Seiten 143 und 93, sowie „Spiele aus alter Zeit" in *Moderner Sportunterricht in 40 Stundenbildern für die 1./2. Klasse*, Seite 58).

Die unmittelbare Schulumgebung sowie die Bewegungsmöglichkeiten außerhalb der Schule (z. B. zu Hause) stehen dabei im Mittelpunkt.

Bewegung und Spiel werden leider viel zu selten in der freien Natur praktiziert. Manche Lehrkräfte gehen ungern ins Freie, weil es dort noch schwieriger ist, Unterricht effizient und stressfrei zu gestalten. Die Weite eines Sportplatzes erschwert das Erklären und Anlei-

ten. Andere sehen den einzigen Ausweg in geschlossenen Unterrichtsformen und lassen die Kinder an der Weitsprunggrube minutenlang anstehen. Manchen erscheint auch die Unterrichtsorganisation zu aufwendig. Materialfragen, wetterbedingte Besonderheiten (Hitze, Regen, Ablenkung durch andere Klassen) erfordern noch mehr Flexibilität als in der Halle. Im vorliegenden Band werden Stundenmodelle angeboten, die im Freien viel spannende Bewegungszeit garantieren und dabei organisatorisch gut durchführbar sind.

Der Lernbereich Mitwelt zielt also in erster Linie auf ein naturverbundenes, die unmittelbare Umgebung zu Hause und um das Schulgebäude herum entdeckendes Lernen ab. Die Kinder sollen selbst erkennen, dass der sorgsame Umgang mit Geräten, Materialien und Räumen eine wesentliche Grundlage ihrer Bewegungswelt Schule und auch außerhalb ist.

> ## „Wie du das lernst, hab ich schon längst vergessen!" – Von der Kunst, Bewegung kindgemäß zu vermitteln

Bewegungslehre, Trainingslehre, methodische Übungsreihe: Begriffe, die jeder Sportlehrer kennt. Sie drücken aber auch den grundlegenden Irrtum aus, dem man jahrzehntelang nicht auf die Spur kam. So beschäftigte sich die Bewegungslehre hauptsächlich mit der Frage, wie man als Erwachsener einem Kind am schnellsten eine Sportart und die dafür nötigen sportmotorischen Fertigkeiten beibringt. Einer Einbahnstraße gleich wurden lange Zeit für die Grundschule die Lehrwege verwendet, die ursprünglich für Erwachsene entwickelt worden waren. Nicht selten waren diese lediglich vom Vereins- oder gar Leistungssport auf den Schulsport übertragen worden. Dabei erscheinen viele der „alten Weisheiten" immer mehr in einem diffusen Licht und stehen auch mit aktuellen Erkenntnissen aus Wissenschaft und Forschung nicht mehr im Einklang.

In diesem Buch wird der Lernprozess konsequent vom Kinde aus betrachtet. Deshalb sprechen wir auch von „Bewegung lernen", was einen dialogischen Lernprozess voraussetzt. Wie eine Bewegung, ein Spiel gelernt wird, muss also aus der kindlichen Perspektive betrachtet werden. In den Stundenbildern wurde zudem den heterogenen Lern- und Leistungsvoraussetzungen der Kinder Rechnung getragen. So werden dort immer wieder verschiedene Lernwege angeboten, die helfen, gemeinsame aber auch individuelle Ziele zu erreichen.

 Bewegung lernen

Das goldene Lernalter für die Basisfähigkeiten

Koordinative Fähigkeiten sind nicht angeboren. Sie müssen bei allen Kindern grundgelegt, entwickelt und gefestigt werden. Zwischen dem 7. und 12. Lebensjahr ist eine besondere Lernfähigkeit im Bereich der koordinativen Fähigkeiten gegeben. Der Grund dafür ist die in diesem Alter beschleunigte Ausreifung grundlegender Funktionen des Zentralnervensystems. Hinzu kommen biologische Reifungsprozesse im Zusammenhang mit einem starken Bewegungsbedürfnis. Die koordinativen Fähigkeiten (siehe Stundenbilder „Inselball", Seite 30, und „Im Trainingszentrum für Astronauten" in *Moderner Sportunterricht in 40 Stundenbildern* für die 1./2. Klasse, Seite 125) spielen also im Grundschulsport eine überragende Rolle.

Koordination bezeichnet das harmonische Zusammenwirken von Sinnesorganen sowie peripherem und zentralem Nervensystem mit der Skelettmuskulatur. Koordinative Fähigkeiten sind also primär steuernde und regelnde Systeme. Entscheidend sind nicht einzelne koordinative Fähigkeiten, sondern deren Zusammenspiel. Enge Verbindungen bestehen zu den konditionellen Fähigkeiten (Kraft, Ausdauer, Schnelligkeit), die durch primär energetisch ablaufende Prozesse gekennzeichnet sind.

Folgende koordinative Fähigkeiten sind für den gesamten Bewegungslernprozess im Grundschulsport wichtig: Reaktionsfähigkeit, Orientierungsfähigkeit, Gleichgewichtsfähigkeit, (kinästhetische) Differenzierungsfähigkeit, Rhythmisierungsfähigkeit, Kopplungsfähigkeit und Umstellungsfähigkeit.

Bewegungslernen vollzieht sich naturgemäß in bestimmten Lernphasen. Nicht alle Kinder erreichen aufgrund der unterschiedlichen Lern- und Leistungsvoraussetzungen die höheren Niveaustufen. Im Zentrum des Grundschulsportunterrichts steht zunächst das Stadium der Grobkoordination. Der Bewegungsablauf stellt eine erste zielführende Lösung der Bewegungsaufgabe dar. Die Ausführung wirkt noch etwas „unrund" und kann nicht unter allen Bedingungen und in jeder Situation abgerufen werden. Durch Intensivierung, Üben und Festigen kann eine Bewegungshandlung in das Stadium der Feinkoordination übergehen. Der Schüler ist nun in der Lage, die Bewegungen unter konstanten Bedingungen sicher, harmonisch und flüssig auszuführen. In der Regel nicht mehr im Grundschulalter erreichbar ist die Phase der Stabilisierung einer Bewegung. Die Bewegungshandlung muss dann auch unter variablen bzw. schwierigen Be-

dingungen nahezu optimal ausgeführt werden. Folgende Grundsätze des kindlichen Bewegungslernens können festgehalten werden:

- Kinder sind neugierig und lernen durch Ausprobieren. Deshalb sollte die Lehrkraft für individuelle Lernwege offen sein (Multiperspektivität);
- Kinder lernen auch über Umwege, nicht der kürzeste Lernweg hat unbedingt Vorrang;
- Kinder lernen besonders gut durch lösungsoffene Aufgabenstellungen;
- Kinder lernen in erster Linie am „Vor-Bild", also visuell → Kinder beobachten genau ihre Mitschüler und deren Lösungsstrategien, um diese dann mit den eigenen Möglichkeiten (innere Bewegungsvorstellung) abzugleichen;
- Kinder lernen Bewegung in „Bildern" → das bedeutet, dass auch Erklärungen im Sportunterricht immer bildhaft sein sollten;
- Kinder lernen in Bewegungsgeschichten → Motivation und Vorstellungskraft werden enorm gefördert, wenn es eine Lehrkraft versteht, die Kinder immer wieder in geheimnisvolle und spannende Bewegungswelten zu entführen.

Das Missverständnis mit den Übungsreihen

Die lange als Allheilmittel gepriesenen „methodischen Übungsreihen" haben ihre Strahlkraft verloren. Deduktiv zergliederte Lehrwege erreichen den Großteil der Kinder nicht mehr und sind in der Unterrichtsrealität zum Teil unbrauchbar. Prinzipien wie vom „Leichten zum Schweren", vom „Bekannten zum Unbekannten", vom „Einfachen zum Komplexen" sind vielmehr kritisch zu hinterfragen. Die Sportlehrkraft an der Grundschule muss selbstbewusst eigene Lernwege entwickeln.

Multiperspektivische Lernwege kennzeichnen deshalb einen modernen Unterricht. Viele Wege führen nach Rom! Kindliche Lernwege müssen immer wieder neu beobachtet, reflektiert und weiterentwickelt im Unterricht thematisiert werden. So können mehrere Gerätebahnen bei turnerischen Bewegungsaufgaben unterschiedliche Lernwege anbieten. Eine lösungsoffene Aufgabenstellung („Mit welcher Technik kannst du Bälle weit werfen?") lässt Raum dafür, eigene Techniken auszuprobieren. Aber auch bei weniger offen gestalteten Sportstunden kann der Sportlehrer durch differenzierende Maßnahmen (visuelle, akustische oder taktile Lernhilfen) den unterschiedlichen Lerndispositionen der Kinder Rechnung tragen. Dazu muss er seinen Bestand an möglichen Lernwegen ständig aktualisieren und erweitern. Das Ausprobieren und Aus-

denken gemeinsam mit den Schülern ist dabei eine besondere Herausforderung. Die Lernfortschritte der Kinder muss der Lehrer immer wieder reflektieren und kritisch analysieren. Welche Wege waren zielführend? Wie wurden sie von den Kindern angenommen? Geduld ist dabei extrem wichtig. Schnelle Lernerfolge sind nicht entscheidend. Das unauffällige Steuern und Begleiten der Kinder auf ihren individuellen Lernwegen ist die hohe Kunst des Unterrichtens in der Grundschule.

Bewegungsverwandschaften

Bei der Planung des Sportunterrichts sollte der Lehrer verstärkt nach Bewegungsverwandtschaften suchen. Von Interesse sind hier jene sportlichen Inhalte und Themen, die sogenannte Bewegungsfamilien bilden. Gemeinsame Bewegungsstrukturen und Bewegungsprinzipien sind für die Schüler besonders lernwirksam. Dahinter steckt die Erkenntnis, dass Lernen auch im Sport besonders gut nach dem Transferprinzip funktioniert. Der Schüler erkennt wiederkehrende Grundmuster einer Bewegung und kann sie auf neue Situationen übertragen. Von diesen „Inseln" aus erobert sich der Schüler weitere Sport- bzw. Bewegungsfelder. Eine Lehrkraft, die über mehrere Einheiten hinweg das Thema Gleichgewicht zum Mittelpunkt des Unterrichts gemacht hat, gibt allen Schülern die Gelegenheit, diese Fähigkeit schrittweise auszubauen und dabei weiteres sportliches Terrain zu erobern. Das geht vom Bewegen auf Rollen (Inlineskates, Rollbretter, Skateboards) über turnerische Elemente (Balancieren am Schwebebalken) bis hin zu Akrobatikangeboten (Einrad fahren, Pyramiden bauen). Auch beim Turnen an Geräten lassen sich immer wieder solche Bewegungsfamilien finden: Drehen und Rollen – die Rolle am Boden, der Hüftabzug etc.

Statt einer sportartspezifischen Fokussierung wird auf eine Vertiefung bestimmter Bewegungsstrukturen gesetzt. Der Schüler erkennt wiederkehrende Prinzipien (z. B. den Körper im Gleichgewicht halten) und kann diese selbstständig im Sinne des Transferlernens effektiv und erfolgreich umsetzen. „Das ist wie ein ‚Fertigbaukasten' […], der das Baumaterial für verschiedene Bewegungsgebäude bereitstellt." (Kortmann/Hossner 1995)

Über Bewegung und Spiel nachdenken und sprechen

Die Fähigkeiten der Kinder, persönliche Erfahrungen bei Lernprozessen zu artikulieren, wird unterschätzt. Die aufmerksame Sportlehrkraft kann aus den Aussagen der Kinder wichtige Erkenntnisse über den Stand des Lernprozesses ziehen. Zudem aktiviert ein Ge-

spräch im Sitzkreis (Bewegungskonferenz) die Kinder und wirkt wie ein Messfühler, der Schülern und Lehrern die Richtung im Lernen weist. Das erfordert seitens der Lehrkraft Geduld und ein Verständnis für die kindliche Gedankenwelt. Viele Äußerungen, die für einen Erwachsenen im ersten Moment unsinnig klingen mögen, bekommen plötzlich Bedeutung und Sinn, wenn sie von der kindlichen Perspektive aus betrachtet werden.

Die Bewegungskonferenz, das Sprechen über Spiel und Bewegung, muss zu einem vertrauten Ritual werden, weil sie Bewegungslernen noch effektiver macht.

Fehler – eine Chance im Lernprozess

Die Sporterziehung in der Grundschule muss mit Fehlern im Lernprozess konstruktiv umgehen. Nicht die Angst, etwas falsch zu machen, soll Schüler beschäftigen, sondern die Frage, wie man den eigenen Weg zum Ziel finden kann. Sicher ist, dass Kinder bereits in der Grundschule durch eine starke Fokussierung auf Fehlervermeidung den Spaß und die Zuversicht in ihre Lern- und Leistungsfähigkeit verlieren. Hinweise und Hilfestellungen erhalten die Motivation und die Kinder nehmen sie gerne auf. Fehler müssen im Sportunterricht deshalb als Chance im Lernprozess gesehen werden. Individuelle Lösungs- bzw. Umwege sollten akzeptiert werden. Kommt es bei einzelnen oder auch bei mehreren Schülern zu größeren Schwierigkeiten oder gar zu Lernblockaden, so kann es sinnvoll sein, einen (methodischen) Schritt zurückzugehen oder Aufgabenstellungen zu verändern.

Bewegungsfehler sollten nur dann unmittelbar korrigiert werden, wenn das Kind sich oder andere dabei verletzen könnte oder es durch mehrfache fehlerhafte Versuche die Motivation verliert. Dasselbe gilt, wenn ein Kind durch Nachfragen die Fachkompetenz der Lehrkraft verlangt.

Bei Bewegungsfehlern ist grundsätzlich Geduld gefragt. Ein zu frühes Korrigieren ist immer nachteilig. Die Lehrkraft sollte dann immer nur einen Punkt ansprechen und dabei die richtigen Worte finden: statt „Falsch!" also besser „Versuch's doch mal so!". Günstig ist auch, wenn die Ursache des Fehlers angesprochen wird und die Korrektur als Hilfsangebot erscheint.

Fit werden – die sportliche Leistung

„... wenn ich etwas geschafft habe, das ich vorher nicht konnte", schrieb eine Lehramtsstudentin auf die Frage, was sportliche Leistung für sie bedeutet.

Hoffentlich werden zahlreiche Grundschüler nach den vielen spannenden Sportstunden dieses Buchs ihre sportlichen Leistungen ähnlich empfinden und ein-

schätzen. Dieses Verständnis von sportlicher Leistung entspräche voll dem Geist des Lehrplans Sporterziehung.

Für viele Kinder bedeutet sportliche Leistung vor allem, sich im ständigen Wettbewerb mit anderen Kindern zu erproben und zu messen. Schnelligkeit, Geschicklichkeit, Kräftemessen, Siegen bei Sportspielen: Das Vergleichen mit anderen scheint dem Menschen wohl in die Wiege gelegt worden zu sein. Anderseits kennen wir auch das selbstvergessene Federballspiel auf der Wiese, wenn Kinder es herausfordernd finden, mit dem Spielpartner zusammen möglichst viele Ballwechsel zustande zu bringen. Kinder im Vorschulalter laufen fasziniert und scheinbar ziellos hinter einem rollenden Ball her. Jeder scheint mit jedem zu spielen. Beschäftigt man sich mit der Geschichte der Aborigines Australiens, so stellen sich noch tiefgründigere, grundsätzlichere Fragen. Dieses Volk lebt seit Jahrhunderten eine Bewegungs- und Spielkultur, die praktisch ohne Leistungsvergleich auskommt. Hat das im Schulsport häufig so dominierende Streben nach Leistungsvergleich vieler Kinder etwa gesellschaftskulturelle Ursachen? Werden Wettbewerb oder Wetteifern schon in der Familie sowie im Kindergarten zu wichtig genommen? Wird den Kindern dort bereits von Erwachsenen vorgelebt, dass es wichtig ist, wer bei „Reise nach Jerusalem" am Schluss gewinnt, wer am schnellsten krabbeln, laufen oder lesen kann?

Wenn dem so wäre, müsste der Sportunterricht sich diesem Druck beugen? Wie viele Kinder sind es wirklich, die Bewegung und Spiel ergebnisorientiert sehen? Was wäre eigentlich, wenn man Schulsport von der ersten Jahrgangsstufe an mit Inhalten planen würde, die mit wenig Leistungsvergleich auskommen? Oder liegt der goldene Weg wieder einmal in der Mitte?

Die Faszination, die ein spannendes Ballspiel auf Jungen wie Mädchen ausübt, ist unbestritten. Pädagogisch gut begleitet können Teamspiele wohl für alle Kinder eine Bereicherung darstellen. Gerade die Jungen suchen und finden im gegenseitigen Wettbewerb des Kräftemessens immer wieder aufs Neue ihre „soziale Hackordnung", ein offenbar entwicklungspsychologisch wichtiger Prozess.

Das Wetteifern im Sportunterricht der Grundschule wird sicherlich auch weiterhin einen wichtigen Platz einnehmen. Schulsport darf ja auch nicht losgelöst von der gesellschaftlich determinierten sportkulturellen Entwicklung betrachtet werden. Günstig ist es dennoch, wenn die Lehrkraft den pädagogischen Leistungsbegriff des Lehrplans aufnimmt und das Wetteifern der Kinder auf ein Mindestmaß begrenzt. Dort, wo es Sinn macht, dass Kinder ihre Leistungsfähigkeit alleine und in der Gruppe erproben wollen, gilt es, diese Wettbewerbssituationen sinnvoll und pädagogisch einfühlsam zu inszenieren. Ergebnisse müssen möglichst hinterher reflektiert und ggf. relativiert werden. In den Stundenbildern werden immer wieder Tipps zum Umgang mit Wettbewerbssituationen im Unterricht gegeben (siehe Stundenbilder „Kellnerball" und „Kommt ja gar nicht in den Becher!", Seiten 48 und 51). Letztlich liegt es aber in der Verantwortung der Lehrkraft, welche Prioritäten sie hier setzt. Der aktuelle Lehrplan Sporterziehung hat auf den Begriff „Leistung" bewusst verzichtet, um neue Akzente zu setzen. Eine konsequente Beobachtung, wie Grundschulkinder mit Leistungsvergleich und Wettbewerb individuell umgehen und zurechtkommen, ist in jedem Fall anzuraten.

„Von dir aus betrachtet, ist der Korb ziemlich hoch!" – Von der Kunst, das Spielen der Kinder zu kultivieren

Spielen lernen

Der Mensch spielt ein Leben lang und dennoch ist das Spiel der „Schatz" des Kindesalters. Kinder lieben das Spiel, das selbstvergessene Sich-Verlieren in einem Geschicklichkeits-, in einem Ball- oder in einem Wettspiel. Kinder erschließen sich im Spiel die Welt, machen wichtige soziale Erfahrungen und stärken ihre Persönlichkeit: Sie lernen, mit Sieg und Niederlage umzugehen sowie Enttäuschungen zu verarbeiten, und erleben Glücksgefühle und Spannung.

Um das positive Potenzial, das im Spielen steckt, nutzen zu können, ist es von großer Bedeutung, Spiele didaktisch sinnvoll auszuwählen und einzusetzen.

Kinder laufen um die Wette oder ringen um den Sieg in einem Ballspiel. Spiele jeglicher Art (miteinander, gegeneinander, mit sich selbst, mit einer anonymen Norm) sind Bestandteil des Sportunterrichts. Günstig ist es, über kooperative Spielformen einzusteigen und anfangs Ausscheidespiele zu vermeiden. Kinder müssen zwar lernen, gute Verlierer zu sein, doch Bloßstellung und Ausgrenzung demotivieren und lassen gerade sportschwächere Schüler vorzeitig resignieren. Im Spielbereich wird von der Lehrkraft hohes Einfühlungsvermögen und souveränes Umgehen mit Konflikten und Aggressionen verlangt. Spielvermittlung im Grundschulsport sollte folgende Grundsätze berücksichtigen:

- Alle Kinder sollten im Mittelpunkt stehen (weniger einzelne Schüler, die die ganze Aufmerksamkeit auf sich lenken);

- Erfolge bei Spielen sollten möglichst viele Kinder erleben können und nicht nur einige wenige;
- Spiele sollten Unbeschwertheit, Ausgleich und Lockerheit vermitteln.

Die richtige Spielauswahl ist mitentscheidend für ein angenehmes Klima in der Sportstunde. Besonders geeignet sind Spiele, bei denen sich Resultate relativieren lassen. Toleranz und Selbstbeherrschung können so als positive Werte erfahren werden.

Gelingendes Spielen zeigt sich am Ende darin, dass alle mitspielen können und dass alle gerne und fair spielen. Der Sportdidaktiker M. Volkamer fordert eine Rückbesinnung auf die „prinzipielle Folgenlosigkeit" (Volkamer 1987) von Bewegung und Spiel. Das „innere Gleichgewicht" muss also spätestens nach dem Spiel bei allen Kindern wieder hergestellt sein.

Folgende Aspekte machen ein „gutes" Spiel aus:

- Die Regeln sind veränderbar.
- Die aktive Beteiligung aller Kinder ist die Voraussetzung für das Gelingen des Spiels.
- Teilaktionen des Spiels können bereits als Erfolg für den Einzelnen erlebt werden.
- Es fließen spaßhafte oder zufällige Elemente ein.
- Das Erlebnis erscheint wichtiger als das Ergebnis.
- Werthaltungen wie Verantwortung oder Toleranz sind Grundlage des Spiels.

Im Spiellernprozess ist vorrangiges Ziel der Grundschule, das „wilde Spielen der Kinder schrittweise zu kultivieren" (Ehni/Kretschmer/Scherler 1985). Darüber hinaus wäre es für die Grundschulzeit erstrebenswert, die Kinder in die Lage zu versetzen, ihre Spiele zunehmend selbst zu organisieren und zu inszenieren.

Die Kinder sollten am Spielgestaltungs- und Regelungsprozess beteiligt werden. Ergebnisse aus der Spielforschung zeigen, dass dem kindlichen Spiel meist Formen der Exploration und des Experiments vorgeschaltet sind. Einseitig auf Ergebnismaximierung ausgerichtete Spielansätze sind ungünstig. Die Grundschullehrkraft muss berücksichtigen, dass Kinder aus der Vorschulzeit oft nur über ein eingeschränktes Spielverständnis verfügen. In der Regel kennen sie nur wenige bekannte Spielformen und deren meist einseitig ergebnisorientierte, verfestigte Strukturen.

Ballspielentwicklung

Ballspiele sind für Kinder immer etwas ganz Besonderes. Trotzdem zeigt eine genaue Betrachtung, dass schon in der Grundschule die Begeisterung nicht bei allen Kindern anhält. Während technische Fertigkeiten

wie Dribbeln, Passen und Fangen für die „Könner" kein Problem sind, stößt eine immer größere Zahl von Jungen und Mädchen bereits hier an ihre Grenzen. Wenn das Spiel an ihnen vorbeiläuft, ist es mit der Faszination eines Ballspiels schnell vorbei. So ist es kein Wunder, dass Kinder bei Völkerball und Brennball zunehmend Frust statt Lust empfinden. Basketball, Handball, Volleyball oder Fußball werden häufig unreflektiert und zu früh in den Unterricht eingebracht. Einfach strukturierte Sportspiele oder deren Variationen bieten bessere Möglichkeiten, um allen Kindern taktische Grundprinzipien und technische Fertigkeiten zu vermitteln. Die spielschwächeren Kinder müssen gezielt gefördert werden, damit keines die Freude am Spiel verliert. Denn das Ballspiel lebt von der Dynamik und der Spannung, die nur alle Mitspieler gemeinsam hervorbringen können.

Weil die natürliche Ballschule, das freie, „wilde" Spielen auf der Straße oder auf dem Bolzplatz aus dem Tagesablauf der Kinder weitgehend verdrängt worden ist, muss der Sportunterricht dies wieder thematisieren und zielgerichtet zu einer guten Spielkultur weiterentwickeln (H. Ehni, Vortrag Leipzig 1995). Oberste Zielvorstellung muss immer sein, Ballspiele spannend zu gestalten. Auch gilt es, die Spielanteile für jeden einzelnen Schüler zu erhöhen und Erfolgserlebnisse für alle zu schaffen. Erkenntnisse aus der Spielforschung legen nahe, dass Kinder einfache taktische Grundprinzipien von Ballspielen bereits sehr früh erlernen können. Dies ist der Grund, warum eine zeitgemäße Ballspielschule die Vermittlung technischer Fertigkeiten dieser Prämisse unterordnet bzw. davon ausgeht, dass spielspezifische Fertigkeiten am besten im Spiel erlernt werden können. Sportartenübergreifende Spielformen sowie ganzheitliche und vielseitige Ballerfahrungen sind günstiger als eine frühzeitige Spezialisierung. So wird die Grundlage für alle großen Ballsportspiele gelegt. Das gleichberechtigte, selbstbewusste Interagieren im Rahmen eines Sportspiels stellt auch einen Schlüssel zu einer sinnvollen Freizeitgestaltung dar und hat besondere Bedeutung über die Schule hinaus.

„Sicher schaffst du das!" – Selbstvertrauen und Sicherheit im Sportunterricht

Sicherheit

In erster Linie geht es darum, bei den Kindern ein Sicherheitsbewusstsein zu schaffen. Eine präventiv ausgerichtete Unterrichtsplanung trägt entscheidend zu einem sicheren Sportunterricht bei. In der Sportstunde selbst sollen die Kinder Verunsicherungen ablegen und nach und nach ein eigenes Sicherheitsbewusstsein aufbauen. Die Förderung der Wahrnehmung und der koordinativen Fähigkeiten ist eine weitere, lohnende Investition. Handlungskompetenzen, wie etwa das Fallenlernen, sind mit passenden sportlichen Inhalten und Themen motivierend zu vermitteln. Alle Regelungen oder Vereinbarungen, die Unfälle verhindern, sollten gemeinsam mit den Kindern entwickelt und festgelegt werden.

Präventive Sicherheitsmaßnahmen – das unsichtbare Sicherheitsnetz

Viele Unfälle könnten vermieden werden, wenn sich die Lehrkraft bereits in der Planungsphase in die Sportstunde „hineindenkt". Organisatorische Fragen zur Gruppen- oder Partnereinteilung, zum Aufbau von Geräten oder zu möglichen Differenzierungsmaßnahmen müssen rechtzeitig bedacht werden.

Intervenierende Sicherheitsmaßnahmen – beobachten, erkennen, handeln

Nicht alle auftretenden Ereignisse können vorhergesehen werden. Angemessene Interventionsmaßnahmen erfordern vor allem Erfahrung. Ein guter Standort der Lehrkraft ist die Voraussetzung dafür, dass Sicherheitsprobleme überhaupt bemerkt werden können.

Wird dann eine gefahrenträchtige Situation erkannt, ist es wichtig, ruhig und gezielt zu intervenieren, weil sonst die Schüler in der Bewegung verunsichert werden und falsch reagieren. Gemeinsam vereinbarte Rituale („Achtung, Sicherheits-Stopp!") können hier wiederum wichtig werden.

Verletzt sich ein Schüler dennoch, so sind es auch wieder den Kindern bekannte Rituale, mit denen die Lehrkraft die Situation im Griff behält. Ruhe und Souveränität ausstrahlen und den Kindern in einem festgelegten Bereich der Halle eine Aufgabe geben – so kann sich die Lehrkraft um den verletzten Schüler kümmern.

Innerschulische Vereinbarungen

Die Sportlehrer einer Schule sollten sich in Teamsitzungen gemeinsam auf wesentliche Sicherheitsstandards einigen. Dies hilft bei Vertretungsstunden, aber auch, wenn eine Klasse eine neue Lehrkraft im Sport bekommt. Dann kann auf einheitliche Vereinbarungen zurückgegriffen werden. Solche Absprachen können schriftlich festgehalten und in der Sporthalle oder in den Klassenzimmern aufgehängt werden.

„Nach dem Spiel ist vor dem Spiel!" – Sportunterricht reflektieren

Lernfortschritts- und Leistungsbewertung

Die Bewertung von Lernfortschritten ist in allen musischen Fächern bekanntermaßen mit besonderen Schwierigkeiten behaftet.

Wird den Schülern ein für die persönliche Entwicklung so wichtiger Bereich verbaut, wenn sie aus einer schlechten Zensur herauslesen: „Ich bin kein guter Sportler."? Ist für manche Kinder eine gute Sportnote ein Ansporn? Warum haben viele Lehrkräfte ein Problem damit, die Kinder im Sportunterricht zu bewerten, die Bandbreite der Notenskala voll auszuschöpfen?

Leistungsbewertung (oder für die Grundschule besser: Lernfortschrittsbewertung) darf nicht dazu führen, dass Kinder entmutigt werden und die Freude am Sport verlieren. Auch die Gefahr der Instrumentalisierung von Sport ist groß. Noten sollten keinesfalls als Disziplinierungsmaßnahme, als Mittel, Aktivität zu erzwingen, missbraucht werden.

Die Bemerkungen und Bewertungen im Zeugnis müssen im Fach Sporterziehung in jedem Fall das wiedergeben, was ein Kind kann und nicht, was es nicht kann. Die Möglichkeiten, die Kinder hier zu ermutigen, werden oft viel zu wenig ausgeschöpft. Durch die Lernbereichskonzeption der Lehrpläne ergeben sich für die Benotung ganz neue Möglichkeiten.

„Der Schüler ist in der Lage, offene Bewegungsaufgaben im Sport kreativ und zielführend zu lösen. Gerne arbeitet er dabei auch in der Gruppe zusammen.", wäre eine positive Botschaft auch für leistungsschwächer Schüler.

In der 3. und 4. Jahrgangsstufe zeigt ein pädagogisch verwendeter Leistungsbegriff weitere Wege sinnvoller Bewertung auf. Mit entsprechender Planung des Unterrichts lässt sich beispielsweise der individuelle Lernfortschritt sowie die persönliche Leistungssteigerung in quantitativer und in qualitativer Hinsicht ermitteln. Die Steigerung der Wurfleistung eines Kindes könnte individuell bewertet werden, ohne dabei unbedingt normative Kriterien heranzuziehen.

Wesentlich stärker könnte auch der qualitative Aspekt berücksichtigt werden. So kann ein Schüler beispielsweise durch besondere Gestaltungsideen auffallen. Nimmt man nun noch den im Lernbereich Gemeinschaft formulierten sozialen Aspekt hinzu, so kann das Eingehen auf Partner und Gruppe (Abgeben bei Ballspielen, Helfen und Sichern beim Turnen an Geräten) stärker berücksichtigt und bewertet werden. In der Gewichtung dieser Aspekte liegt der pädagogische Freiraum, aber auch die Verantwortung jedes einzelnen Lehrers. Wenn die Jahresplanung die ganze Vielfalt des Sports abdeckt und auf individuelle Leistungsdispositionen eingeht, bleiben die Sportbewertungen für alle Kinder motivierend und nachvollziehbar. Auf dieser Grundlage kann Schülern und Eltern eine hervorragende Leistung für zwei völlig unterschiedliche Situationen plausibel gemacht werden: Der „sportliche Überflieger", der als immer schon gefördertes Bewegungstalent nun wirklich fast alles kann, ebenso wie der sportmotorisch noch nicht so versierte Mitschüler, der sich durch individuelle Lernfortschritte, durch Gestaltungsfähigkeit und Teamgeist ausgezeichnet hat.

Die Bewertung im Sport sollte in der Grundschule unauffällig und im Hintergrund bleiben. Es gibt Bereiche, wo es den Kindern Spaß macht, ihre Leistungen zu messen und zu vergleichen (Weitsprung oder Lauf). Dennoch sollte man darauf achten, dass leistungsschwache Kinder, die in bestimmten Sportbereichen aufgrund ihrer körperlichen Voraussetzungen einfach keine guten Leistungen erzielen können, hier nicht ständig Bewertungen erfahren müssen. Ein Jokersystem könnte beispielsweise helfen, dass sie Bereiche, in denen sie trotz aller Bemühungen einfach nichts schaffen, „abwählen" können, dafür aber andere Bereiche abdecken müssen. Sinnvoll wäre hier ein selbst erstelltes Bewertungsformblatt, das die Einschätzung der Leistungsfähigkeit unter Einbeziehung der Lernbereiche erleichtert.

Weiß ein Schüler, dass etwas, das er derzeit nicht oder noch nicht kann, seine Sportnote nicht zwangsläufig nach unten zieht, so wird seine Motivation aufrechterhalten. Hinzu kommt der bereits erläuterte Aspekt, dass Schüler wissen müssen, dass auch Anstrengungsbereitschaft und Kreativität bewertet werden.

Leistungsbewertungen dürfen nie in einer Vorführsituation vergeben werden (Beispiel: Ein Schüler turnt, die anderen schauen zu.). Besser ist es, während einer Übungsphase (z. B. während eines Stationenunterrichts) zu bewerten.

Schon in der Grundschule bemerken Kinder ganz genau, wer was im Sport leisten kann. Einem koordinativ schwachen Schüler vorzugaukeln, seine Spielweise wäre gut, wobei er und alle anderen wissen, dass er noch keinen Ball fangen oder werfen kann, wäre schlichtweg unsinnig. Doch die Bewertung kleiner, individueller Lernfortschritte lässt sich allen Kindern schlüssig erklären. Dies kann allerdings nur dann geschehen, wenn Einvernehmen über das grundlegende Ziel des Sportunterrichts besteht, wenn soziale, gestalterische und kreative Aspekte als Bewertungskriterien von allen Kindern, El-

tern und Lehrern angenommen und befürwortet werden. Dann wird in Zukunft die sprichwörtliche „Gnaden-Drei" ebenso der Vergangenheit angehören wie eine Stigmatisierung von Kindern durch Noten im Fach Sport, wenn eine Ziffer darüber entscheidet, wer Sportler und wer Nichtsportler ist.

Dann kann das wichtigste Ziel der Sporterziehung – „Freude am Sport für alle" – auch durch die Leistungsbewertung sinnvoll unterstützt werden.

Unterrichtsergebnisse analysieren

Lehrkräfte, die ihren eigenen Unterricht fortwährend reflektieren sowie Sportstunden, Themensequenzen und Inhalte immer wieder neu überdenken und verändern, werden den mehrfach formulierten hohen Ansprüchen an den Grundschulsport gerecht.

Schüler können in Gesprächskreisen oder auch in kleinen schriftlichen Stellungnahmen wertvolles Feedback geben. Das ist die nächstliegende, dennoch häufig ungenutzte Quelle für Informationen zum eigenen Unterricht. Kinder können aber nur dann gewinnbringende Wertungen liefern, wenn sie dazu ermutigt werden und merken, dass ihre Sichtweisen und Vorschläge auch zu Veränderungen im Unterricht führen.

Eine weithin unterschätzte Möglichkeit, den eigenen Unterricht zu analysieren, liegt im Kollegenkreis an der Schule. Immer wieder bekennen Lehrer, die jahrelang ihren Sportunterricht alleine und unbeobachtet gestaltet haben, welche überraschenden Erkenntnisse es brachte, wenn einmal ein Praktikant oder ein Kollege eine Unterrichtsstunde in der eigenen Klasse gehalten hat. Häufig fehlt der Mut, einen Kollegen zu bitten, sich eine Sportstunde „von außen" anzuschauen. Vielleicht könnte eine gemeinsam geplante Sportstunde, die evtl. sogar zusammen gehalten wird (Teamteaching), das Eis brechen.

Literaturhinweise

Staatsinstitut für Schulqualität und Bildungsforschung München (ISB) (2014): LehrplanPLUS. Lehrplan für die bayerische Grundschule

Ehni, H./Kretschmer, J./Scherler, K. (1985): Spiel und Sport mit Kindern. Rowohlt Taschenbuch Verlag GmbH, S. 20, 21, 2

Kortmann/Hossner 1995, S. 53 zit. n. Kröger, C./Roth, K. (1999): Ballspielschule – ein ABC für Spielanfänger. 3. Auflage. Verlag Karl Hofmann, Schorndorf

Prohl, R. (2006): Grundriss der Sportpädagogik, 2. Auflage. Limpert Verlag, Wiebelsheim, S. 9

Volkamer, M. (1987): Von der Last mit der Lust im Schulsport. Verlag Karl Hofmann, Schorndorf

Zur Handhabung der Stundenbilder

Die 40 Stundenbilder dieses Bandes sind drei Kompetenzfeldern zugeordnet. Das erste Kompetenzfeld „**Miteinander spielen**" enthält zahlreiche Beispiele für eine zeitgemäße Spielerziehung. Die Einheiten bauen teilweise aufeinander auf. Zur Orientierung kann die Reihenfolge im Inhaltsverzeichnis dienen.

Die Unterrichtseinheiten des zweiten Kompetenzfeldes „**Bewegung gestalten**" sowie des dritten Kompetenzfeldes „**Fit werden, gesund bleiben**" können dagegen in beliebiger Reihenfolge eingesetzt werden. Wo bestimmte Abfolgen zu empfehlen sind, geben die Autoren entsprechende Hinweise auf vorzuschaltende oder im Anschluss zu unterrichtende Stunden.

Die Stundenbilder sind so konzipiert, dass sie in einer 45-Minuten-Sportstunde umgesetzt werden können. Sie weisen in ihrer Darstellung eine einheitliche Struktur auf. Im oberen Bereich des Stundenbildes kann sich der Leser schnell und zielführend einen Überblick über den gewählten **Sportbereich** und den **Schwerpunkt** der Stunde verschaffen. Rechts oben werden die für ein Stundenbild entscheidenden und als **Knotenpunkte** bezeichneten didaktischen Momente genannt. Neben den Phasen einer Sportstunde (Einstimmung, Hauptteil, Ausklang) und dem übersichtlich und leserfreundlich gestalteten Unterrichtsverlauf in der linken Spalte ist es vor allem die rechte „didaktische" Spalte, die entscheidende Kommentierungen und Hinweise enthält.

Viele der dargestellten Unterrichtseinheiten können auch in der 1. und 2. Jahrgangsstufe zur Anwendung kommen, wenn sie entsprechend altersgemäß angepasst werden.

Umgekehrt können gegebenenfalls auch einige Stundenbilder aus dem Band für die 1./2. Klasse in der 3. oder 4. Jahrgangsstufe unterrichtet werden, wenn Ziele, Inhalte und Methoden auf diesen Anspruch zugeschnitten werden.

Manche Unterrichtseinheiten wirken in Bezug auf die Vorbereitung von Materialien und Geräten zunächst sehr aufwendig. Hier geben die Autoren immer vereinfachende Varianten und Alternativen an. Falls sich nicht die Möglichkeit einer Sportdoppelstunde (90 Minuten) bietet, ist es jederzeit möglich, die Anregungen und Ideen auf weitere, folgende Sportstunden auszuweiten, sie zu reduzieren oder Teile auszulagern.

Abwechslungsreiche und spannende Sportstunden brauchen immer das Engagement der Sportlehrkraft. Organisatorisches Geschick, Vorbereitungen in der Halle vor Beginn der Stunde oder eine Zusammenarbeit mit den anderen Sportlehrern in Bezug auf gemeinsame Nutzung von Geräteaufbauten lassen auch aufwendigere Stunden gelingen!

Wiederkehrende organisatorische Prinzipien (Sitz- oder Stehkreis, Rituale, Gruppenbildung) werden in ausgewählten Stundenbildern exemplarisch hervorgehoben. Die unterrichtende Lehrkraft muss diese Prinzipien auch bei allen weiteren Unterrichtseinheiten umsetzen, wenn die Situation dies erforderlich macht. Weitere Tipps sind in den didaktischen Ausführungen zum jeweiligen Stundenbild enthalten.

Die einschlägigen Bestimmungen zum Sicherheits- und Gesundheitsschutz sind immer Grundlage des Unterrichts. Neben den zahlreichen Hinweisen hierzu in den Stundenbildern wird die Kenntnis der aktuellen amtlichen Bestimmungen vorausgesetzt.

Erklärung der Icons:

Hinweise zu Sicherheitsvorkehrungen

Pädagogische Tipps

Didaktische Knotenpunkte

Musikstücke (Digitales Zusatzmaterial)

Filmszene (Digitales Zusatzmaterial)

Bild- und Aufgabenkarten (Digitales Zusatzmaterial)

„Wenn er aber kommt, dann lauf ich nicht davon!"

Sportbereich: Spielen mit Bällen	**Knotenpunkt:** Spielen lernen

Schwerpunkt: Bälle in verschiedenen Spielformen passen und fangen

Material: verschiedene Bälle (½ Schülerzahl), ca. 6 große Handtücher, 2 Turnmatten oder 2 Kastendeckel, Filmszenen

Phase	Durchführung	Ergänzende Hinweise
Einstimmung	**Heiße Bälle (Aufwärmspiel)** Jeder, der mit dem Umziehen fertig ist, läuft in der Halle umher. Der Lehrer wirft den Kindern nach und nach verschiedene Bälle (halbe Schülerzahl) zu. Achtung: Die Bälle sind heiß! Wenn ein Kind einen Ball gefangen hat, muss es stehen bleiben und ihn so schnell wie möglich einem Mitspieler zuwerfen. Danach darf es weiterlaufen. Wer zum Fangen bereit ist, signalisiert das dem Ballhalter durch Zuwinken. **Heiße Bälle fliegen weit** Die Halle wird gedrittelt, die Grenzen sind die 3-m-Linien des Volleyballfeldes. Die Kinder verteilen sich gleichmäßig auf die 3 Abschnitte. Das Spiel verläuft wie „Heiße Bälle", nur müssen diesmal die Bälle einem Mitspieler zugeworfen werden, der in einem der anderen beiden Drittel der Halle steht.	offener Stundenbeginn ⚠️ Keine Basketbälle oder schweren Bälle verwenden!
Hauptteil	**Zielwürfe** Die Schüler stehen an einer Linie und versuchen durch Würfe mit ihrem Ball, Ziele (z. B. Kastendeckel, hochgestellte oder liegende Matte, von zwei Schülern gehaltenes Handtuch) zu treffen. Das Spiel kann an beiden Schmalseiten der Halle gleichzeitig durchgeführt werden. **Dreierball** Jeweils 3 Kinder spielen durch Passen, Laufen und Fangen einen Ball von einer auf die andere Hallenseite. Wer den Ball fängt, muss stehen bleiben und den Ball im Stehen weiterpassen. Der Spieler, der beim Start den Ball hatte, darf an der Ziellinie einen „Tor"-Versuch auf ein Ziel (siehe „Zielwürfe") machen. Es werden 3 Durchgänge gespielt, sodass jeder Spieler einen Zielwurf starten kann. **Dreierball mit Störer** Das Spiel verläuft wie „Dreierball", nur dass jetzt noch Störer in der Hallenmitte stehen, die jeweils eine 3er-Gruppe behindern dürfen. Ein Störer darf sich nur in der Hallenmitte bewegen und dort versuchen, den Ball abzunehmen. Gelingt es ihm, darf die Gruppe keinen Torversuch in dieser Runde mehr starten.	**Spielen lernen** Spielvorbereitung: Zielwürfe üben, Spielform mit unbedrängtem Zielwurf ⚠️ Bälle erst holen, wenn alle geworfen haben! Spielnahe Aufgabenstellung 🎬 Filmszene 💡 Einen Durchgang vom Lehrer und 2 Schülern zu Beginn demonstrieren lassen! Spielform mit Gegenspielerdruck 🎬 Filmszene

Phase	Durchführung	Ergänzende Hinweise
Hauptteil	Variante 1: Das Spiel kann auch mit jeweils einem weiteren Störer gespielt werden, der kurz vor der Endlinie steht. Variante 2: Es wird um Torpunkte gespielt. Jeweils 2 3er-Gruppen zählen bei 3 Durchgängen ihre erzielten Tore. Die Gruppe mit mehr Toren hat gewonnen. **Handtuchball** Immer 6 Kinder bilden eine Spielgruppe. Die Spielgruppen spielen parallel nebeneinander her. Jede Gruppe hat ein Handtuch und einen Ball. Es wird in der Gruppe 2 gegen 2 auf jeweils ein Handtuchtor gespielt. Die Kinder, die das Handtuch halten, sind neutral und gehören zu beiden Teams. Sie stehen hinter einer Linie und dürfen sich entlang der Linie mit dem Handtuch bewegen, um den Ball im Handtuch aufzufangen. Die Ballspieler beginnen etwa ab dem Mittelkreis, auf das Handtuchtor zu spielen. Es ist nicht erlaubt, mit dem Ball in der Hand länger als 3 Sek. zu laufen. Ebenso ist Dribbeln nicht erlaubt! Spielbegrenzungen gibt es seitlich nicht, die Spieler dürfen aber nicht die Linie vor dem Handtuchtor übertreten (Taburaum). Nach einem Tor wechselt der Spieler, der das Tor geworfen hat, mit einem der Handtuchhalter. Es werden also keine Tore für ein Team gezählt, es gibt keinen Gewinner und Verlierer. Nach einem Tor oder Torversuch beginnt das andere Team ab dem Mittelkreis einen neuen Spielzug. 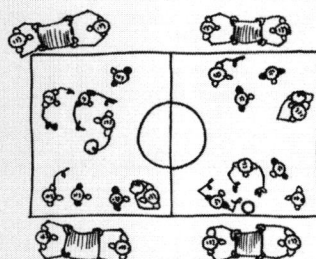 Falls die Spielerzahl nicht aufgeht, können in einer Gruppe auch 8 Kinder sein, um dann 3 gegen 3 auf das Handtuch zu spielen. Variante: Spiel um Torpunkte Ein Handtuchhalter wird nach einem Tor nicht ausgetauscht, sondern das Spiel wird etwa 3 Min. lang gespielt und die Tore gezählt. Für den 2. Durchgang wird das Handtuchhalterpaar gegen ein Spielerpaar ausgetauscht und erneut 2 gegen 2 gespielt, ebenso für den 3. Durchgang. Zum Schluss sollten alle Teams gegeneinander gespielt haben, sodass ein Sieger ermittelt werden kann.	⚠ Laufwege demonstrieren! 🪢 **Spielen lernen** Spiel in 6er-Gruppen und 2er-Teams 🎬 Filmszene Die 4 Gruppen sollen sich nicht gegenseitig behindern.
Ausklang	**Spielkonferenz** *Was ist in eurer Gruppe gut gelungen? Was müssen wir noch vertiefen? Sollen wir Regeln verändern? ...*	🪢 **Spielen lernen** Erfahrungsaustausch und Reflexion im Sitzkreis

Stundenbild von Barbara Spitzenpfeil

Didaktische Überlegungen: „Wenn er aber kommt, dann lauf ich nicht davon!"

Das sichere Passen und Fangen ist eine technische Grundvoraussetzung für die klassischen Ballspiele wie Handball oder Basketball. Schon früh sollen die Kinder lernen, den Ballflug mit seiner Geschwindigkeit und die Trefferhärte einzuschätzen (Ballberechnung, Timing). Ängste sollen hier abgebaut bzw. deren Entstehung verhindert werden. Spielschwächere Kinder geraten dann bei Teamspielen nicht in eine Außenseiterrolle, weil sie den Spielfluss eventuell behindern. Die ersten Erfahrungen mit dem Fangen sollten daher eher alleine (gegen Wände oder an Stationen) erfolgen, um erst dann über Spielformen mit einem Partner oder einer Kleingruppe das Passen und Fangen zu festigen. Auch im Grundschulalter wird schon auf die unterschiedlichen Wurfarten eingegangen, indem meistens an kreativen Stationen Würfe geübt werden. Den eigentlichen Handlungsablauf des Passens und Fangens aber, der im Sportspiel ja ständig unter anderen Bedingungen auftritt, können sich die Kinder nur in kleinen Spielformen (die realen Spielsituationen möglichst nahekommen) aneignen.

Spielen lernen

In der beschriebenen Stunde tauchen besonders Spiele ohne Gewinner und Verlierer auf. So wird bei den Schülern kein Druck erzeugt, dass aufgrund ihres eventuell noch nicht ausgeprägten technischen Vermögens ein Spiel verloren wird.

Beim Spiel „Heiße Bälle" geht es jeweils nur darum, sicher zu fangen und zielgenau einem Mitspieler zuzupassen. Durch das Zuwinken und den Augenkontakt werden aber auch schon spieltaktische Züge (Spielkommunikation) vorbereitet.

Bei Spielen wie „Dreierball" entwickeln die Schüler den Ehrgeiz, Punkte oder Tore – in erster Linie für sich selbst und noch nicht für ein bestimmtes Team – zu erzielen. Wichtig bei allen Spielformen ist eine kurze Demonstration eines Spielzuges, damit die Kinder sich ein Bild von den Aufgaben machen können. Auch um Zusammenstöße zu vermeiden, sollte vorab immer geklärt werden, wie die Laufwege der Schüler zurück zum Ausgangspunkt aussehen. Durch Abwandlung des Spiels können die Kinder an dieser Stelle das faire Gewinnen und das Akzeptieren eines verlorenen Spiels erlernen. Hier bietet sich die Möglichkeit, dass jeweils zwei Dreiergruppen um Punkte gegeneinander spielen (Variante 2).

Spiele mit zwei großen Teams sind für normale Grundschulklassen mit einer gewissen Heterogenität eher ungeeignet. Vielmehr müsste darauf geachtet werden, die Schüler in kleinen Gruppen mit bis zu acht Schülern (zusammen und gegeneinander) spielen zu lassen. So entsteht ein schnellerer Lernerfolg durch das Prinzip „Spielen lernen durch Spielen". In Kleingruppen zu spielen wie bei „Handtuchball", eignet sich hervorragend zur Differenzierung. So können einzelne Gruppen, die lieber gegeneinander spielen wollen, weil sie schon sicherer mit Bällen umgehen können, die Variante mit Tore-Zählen wählen. Für andere Schüler, deren Schwerpunkt noch auf dem Vertiefen des Passens und Fangens liegt, stellt dieses Spiel eine geeignete Form dar, in der die Balltechniken spielerisch und ohne langweilige Übungsreihen intensiviert werden.

„Inselball" (90 Min.)

Sportbereich: Teamspiel mit Schwerpunkt Passen und Fangen	🪢 Knotenpunkt: Gemeinschaft (Kommunikation), Ballspielentwicklung
Schwerpunkt: Ein neues Ballspiel lernen und gestalten	

Material: Ballwagen, viele verschiedene Bälle, 3 Kästen (je 2 Kastenteile), Kastendeckel, Teppichfliesen (oder Fahrradreifen), Mannschaftshemden, 🎵 Wortkarte, 🎬 Filmszene

Phase	Durchführung	Ergänzende Hinweise
Einstimmung	Verschiedene Bälle liegen in der Halle. Die Schüler bekommen schon beim Verlassen der Umkleide eine Wortkarte: *Ball – Boden – Partner* und entwickeln dazu Ideen. **Sortiermaschine** Gespräch im Stehkreis über die Eigenschaften der Bälle: *Springt der Ball? Wie springt er? …* Jeder Schüler sucht sich einen Ball aus. Die Bälle werden gemeinsam nach ihrer Sprungkraft sortiert: Die Schüler stellen sich auf einer Linie nebeneinander auf, von links nach rechts, je höher der Ball springt. Die Bälle werden dann durch Aufspringenlassen in die aufgestellten Kästen sortiert. Jeder Schüler versucht, seinen Ball über den Boden (Aufsetzer) je nach Kraft, die benötigt wird (wenig, ein bisschen, viel), in einen der 3 bereitgestellten Auffangbehälter aus je 2 Kastenteilen einzusortieren.	Lösungsoffene Bewegungsaufgabe; Ballgewöhnung 📜 Wortkarte ⚠️ Keine Aktionen, die andere verletzen könnten! 🪢 **Ballspielentwicklung** 🔍 Kastenteile direkt an eine Wand stellen
Hauptteil	**Aufsetzerball** Die Schüler stellen sich zu einer Gasse auf. Gegenüberstehende Kinder bilden ein Paar. Jedes Paar bekommt vom Lehrer einen Ball aus dem Ballwagen. Aufgaben: • die Partner spielen sich den Ball einhändig oder beidhändig indirekt über den Boden zu; • während der Flugzeit des Balles führt der Fänger eine witzige Bewegung aus (Hüpfer, Drehung, Twist, Klatschen …); • der den Ball passende Schüler gibt die Bewegung vor (Spiegelbild); • die Bälle werden durchgewechselt (Flugeigenschaften); • Aufgabe mit 2 Bällen: Die Partner spielen sich die Bälle gleichzeitig zu, gemeinsames Kommando! **Inselball** Aufbau und Aufstellung: Gespielt wird innerhalb des Volleyballfeldes. Darin werden Teppichfliesen verteilt (mehr als die Anzahl der Schüler). In 2 Kastenteilen	🪢 **Ballspielentwicklung** Differenzierungsfähigkeit: Flugeigenschaften, Krafteinsatz, Ballberechnung, Timing (→Bewegung lernen) 🪢 **Gemeinschaft** Kommunikation mit dem Spielpartner 🪢 **Gemeinschaft** Kommunikation, Teamfähigkeit

Hauptteil	befinden sich jeweils 12 Bälle in der Mitte des Feldes. An den Wänden hinter den Grundlinien des Feldes sind auf beiden Stirnseiten 2 verschieden hohe Kastenteile als Ziele aufgestellt (Zielvariante: 2 Schüler halten ein Handtuch). 2 Teams (mit Mannschaftshemden gekennzeichnet) mit je 12 Spielern spielen gegeneinander: • 9 Spieler eines Teams verteilen sich auf den Teppichfliesen im Hauptspielfeld. Ein Bein muss immer auf der Fliese stehen. Die Fliese muss am Platz liegen bleiben. • 2 Spieler pro Team stehen jeweils recht und links neben dem Spielfeld und bringen nicht gefangene Bälle zum Ballfütterer zurück. • 1 Spieler pro Team steht am Ballbehälter (Kastenteil) und „füttert" seine Inselspieler ständig mit Bällen. Er muss also nicht warten, bis der vorherige Ball im Ziel ist. Spielverlauf: • Ziel ist es, durch Passen die Bälle im Team bis in die Nähe des Kastens zu bringen. Es dürfen max. 4 Pässe gespielt werden. Der Ball darf nicht wieder zum selben Spieler zurückgespielt werden. • Am Ende der Wurfkette muss ein Zielspieler, der sich nahe am Kastenziel befindet, den Ball in einen der beiden Kästen werfen. Dieser Zielspieler wird nach jedem gelungenen Wurf vom letzten Zuspieler abgelöst. • Wird ein Ball von den Spielern auf den Fliesen nicht gefangen und fällt auf den Boden, so muss der zum Team gehörende Randspieler den Ball holen. Der Ball muss in die Startbox (Kastenteil) zurückgebracht werden. • Variante 1: Auf ein Signal des Lehrers (Pfiff) wechseln alle Spieler die Position (Teppichfliese). • Variante 2: Nach jedem gespielten Ball muss die Position gewechselt werden. Ende des Spiels: • Variante 1: Welches Team hat zuerst alle ihre Bälle ins Ziel gebracht? • Variante 2: Wie viele Bälle sammelt ein Team in 5 Min.?	Filmszene Hinweis: Die Spielbeschreibung ist hier für insgesamt 24 Schüler ausgelegt. **Ballspielentwicklung** nicht gefangene Bälle bringen Tempo und Spannung in das Spiel
Ausklang	**Sitzkreis** *Müssen wir die Spielregeln verändern oder erweitern?* **Aufräum-Maschine** Die Schüler bilden eine Reihe vor dem Ballwagen oder einem anderen geeigneten Auffangbehälter. Sie versuchen, ihren Ball durch Aufsetzer (= indirekter Bodenwurf) in den Wagen „aufzuräumen". Wer mit seinen Ball getroffen hat, darf gleich zum Umziehen gehen. Variante: Ball mit „Basketballwurftechnik" hineinwerfen.	**Gemeinschaft** Reflexion, Kommunikation, Regeln gestalten

Stundenbild von Michaela Schollerer

Didaktische Überlegungen: „Inselball"

„Inselball" ist ein Spiel, das einerseits Spaß macht und andererseits beim Vermitteln technischer Fertigkeiten (Passen und Fangen) in vielfältigen Spielsituationen hilft.

Wichtig ist vor allem der Grundgedanke, dass die Kinder hier miteinander spielen können, ohne dass Zweikämpfe einen zu starken Druck ausüben. Das hilft vor allem denjenigen Schülern, die noch nicht sicher fangen und passen können.

Ballspielentwicklung

Das Spiel fördert die allgemeine Spielfähigkeit. „Inselball" soll eine Erweiterung des Spielrepertoires für die Kinder bieten. Auch Elemente der großen Ballspiele wie Basketball oder Handball (vgl. Wurfvarianten) werden altersgemäß thematisiert.

Aus diesem Grund ist die dargestellte Stunde für zwei Stunden à 45 Minuten konzipiert. Die Schüler sollen die Entwicklung des Spiels schrittweise durchlaufen, was mehr Zeit erfordert.

Damit alle Kinder angstfrei das Spielen mit dem Ball lernen, ist der Grundsatz vom „berechenbaren Ball" über das „einfühlsame Werfen" bis hin zum flüssigen, dynamischen Passspiel wichtig. Dabei ist im Zielspiel unerheblich, ob der Ball direkt oder indirekt (als Aufsetzer) von Insel zu Insel gepasst wird.

Im Zentrum steht die Verbesserung der koordinativen Fähigkeiten:

- Orientierungsfähigkeit: Wie bewegt sich der Schüler im Spannungsfeld Raum-Mitspieler-Ball?
- Differenzierungsfähigkeit: Mit welchem Krafteinsatz muss der Ball gespielt werden?
- Reaktionsfähigkeit: Wie reagiert der Schüler auf den Ball in den jeweiligen Situationen?

Materialtipp: Teppichfachgeschäfte stellen oft kostenlos Teppichreste zur Verfügung (meist auch gleich zugeschnitten, optimal ca. 30 x 40 cm).

Gemeinschaft

Ein weiterer wichtiger Aspekt bei „Inselball" ist die Kommunikation. Bereits in der Einstimmungsphase (Sortiermaschine) sollen sich die Schüler über die Eigenschaften der Bälle austauschen. In diesem Zusammenhang ist auch der offene Einstieg in die Stunde bewusst gewählt, um die Schüler zu aktivieren, neue Bewegungsmöglichkeiten auszuprobieren und gemeinsam gestaltend tätig zu werden.

Am Ende der Stunde sollen die Schüler ihren persönlichen Eindruck über das Spiel und die Zusammenarbeit in der Klasse mitteilen. Auch eventuelle Verbesserungsvorschläge oder Erweiterungen können diskutiert werden. Dadurch entsteht für die Klasse ihr eigenes spezifisches Spiel. Die Schüler lernen, dass man auch gemeinsam um eine Sache spielen und kämpfen kann. Dieses Thema kann im weiteren Unterricht aufgegriffen werden. Ebenso kann das Spiel zur Vorbereitung im Klassenzimmer besprochen werden, damit die ersten grundlegenden Regeln bereits vor dem Betreten der Halle klar sind.

„Gigaball"

Sportbereich: Spielen mit Bällen	**Knotenpunkt:** Differenzierung
Schwerpunkt: Bälle mit Händen und Füßen spielen	

Material: ca. 16 Stangen oder Hütchen (Tormarkierungen), kleine Hallenfußbälle oder Softbälle (die auch mit der Hand geworfen werden können), 2 Tore, Feldmarkierungen (Linien oder Hütchen), farbige Mannschaftshemden, 2–4 farbige Mannschaftsbänder, Filmszene

Phase	Durchführung	Ergänzende Hinweise
Einstimmung	**Dribbeltore (Aufwärmspiel)** Stangen- bzw. Hütchentore werden gleichmäßig in der Halle verteilt aufgebaut, jedes Tor ist etwa 2 m breit. Die Schüler haben je 1 Ball und bewegen sich in beliebiger Reihenfolge dribbelnd von Tor zu Tor. Die Tore können von beiden Seiten durchdribbelt werden. Aufgaben: • möglichst viele verschiedene Tore durchdribbeln; • mit vielen Richtungs- und Tempowechseln dribbeln; • die beiden Torpfosten in Form einer Acht umdribbeln; • Wettbewerb: Wer hat zuerst 10 Tore durchdribbelt?	**Differenzierung** Ballgewöhnung: jeder hat <u>seinen</u> Ball ⚠ Zusammenstöße vermeiden!
Hauptteil	**Dribbeln mit Fuß und Hand** 8 Hütchen und 2 Tore werden aufgestellt. Jeder Schüler hat 1 Ball. Die Klasse wird in 2 Gruppen aufgeteilt, die sich jeweils außerhalb des Volleyballfeldes in einer Reihe aufstellen: Reihe „Hand" (H) und Reihe „Fuß" (F). Jede Gruppe zielt auf ein Tor. Außerhalb des Volleyballfeldes wird bis zum 1. Hütchen (Mittellinie) gedribbelt. Die Handreihe dribbelt mit der Hand und versucht, mit der Hand einen Torwurf zu erzielen. Die Fußreihe dribbelt mit dem Fuß und versucht, mit dem Fuß einen Torschuss zu erzielen. Nach dem Torversuch stellt sich jeder Schüler an der gegenüberliegenden Reihe an. In den nächsten Runden darf jeder Schüler wählen, von welchem Hütchen aus er einen Torversuch unternehmen möchte. In den ersten Runden wird gegen den Uhrzeigersinn gespielt (besonders für die Rechtshänder/-füßer leichter!), in den folgenden Runden im Uhrzeigersinn. 	⚠ Laufwege nach Schuss oder Wurf vorher festlegen! **Differenzierung** Einzelaufgabe, pro Schüler 1 Ball

Phase	Durchführung	Ergänzende Hinweise

Haupteil

Gigaball

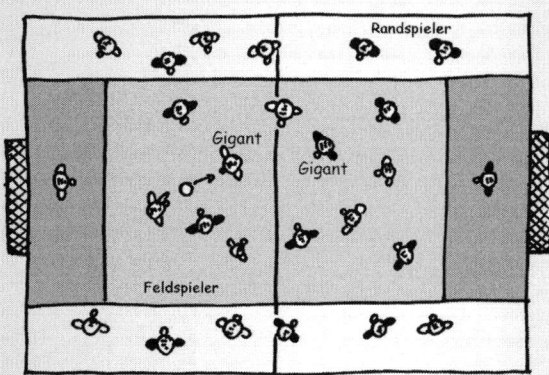

Die Klasse wird in 2 Teams eingeteilt, die auf 2 Tore spielen. Jedes Team wiederum wird in 2 etwa gleich große Gruppen geteilt: die Feldspieler (mit 1 Torspieler und 1 Giganten) und die Randspieler. Nach der Hälfte der Spielzeit werden die Rollen innerhalb jedes Teams getauscht.

- **Feldspieler:** bewegen sich nur innerhalb des Hauptspielfeldes; spielen den Ball nach normalen, altersgemäßen Fußballregeln.
- **Torspieler:** darf mit der Hand nur bis zur Volleyballgrundlinie spielen, sonst nach allgemeinen Fußballregeln.
- **Gigant:** mit zusätzlicher Kennzeichnung (farbiges Band oder andersfarbiges Mannschaftshemd); bewegt sich innerhalb des Hauptspielfeldes; darf den Ball zusätzlich auch mit der Hand spielen (passen, fangen und dribbeln), mit dem Ball in der Hand aber nur wenige (3–4) Schritte laufen. Tore darf der Gigant sowohl mit dem Fuß als auch mit der Hand erzielen.
- **Randspieler:** bewegen sich außerhalb des Hauptspielfeldes; dürfen (wie der Gigant) den Ball mit den Füßen *und* mit der Hand spielen (passen, fangen und dribbeln), mit dem Ball in der Hand aber nur wenige (3–4) Schritte laufen. Tore dürfen die Randspieler sowohl mit dem Fuß als auch mit der Hand erzielen.

Variante: Statt nur 1 Giganten könnten auch in jedem Team 2 Giganten bestimmt werden.

Ausklang

Reflexion und Stretching
Abschließend erfolgt ein Stretching im Sitzkreis, dabei wird über das neue Spiel gesprochen.
Was ist schon gut gelungen? Sollen wir Regeln verändern?

Hauptspielfeld: Verlängerte Volleyballfeldlinien

Spiel in 2 Teams

💡 kindgerechten Fußball oder festen Softball verwenden

🎬 Filmszene

💡 Die Rolle des Giganten eignet sich besonders für spielschwächere Schüler!

⚠️ Beim Aufnehmen des Balles vom Boden mit der Hand darf nicht versucht werden, mit dem Fuß den Ball zu erobern! Verletzungsgefahr!

🎗️ **Differenzierung**
Aufteilung in Gruppen, Rollenverteilung nach Leistungsvermögen der einzelnen Kinder

Stundenbild von Barbara Spitzenpfeil

Kompetenzfeld: Miteinander spielen

Didaktische Überlegungen: „Gigaball"

Viele Lehrkräfte und Kinder kennen keine Spiele, bei denen Bälle mit Füßen und Händen gespielt werden dürfen. Diese unterschiedlichen Ballspieltechniken werden üblicherweise separat erarbeitet und vertieft. Die Faszination von „Gigaball" liegt gerade darin, diese beiden Techniken in einem Spiel zu vereinen. Durch die Einrichtung von verschiedenen Zonen kann das Spiel sehr gut mit einer ganzen Sportklasse gespielt werden, da die Schüler so kaum in „großen Trauben" dem Ball hinterherlaufen und somit mehr Aktivität am Ball für jeden einzelnen Schüler möglich ist. Auch wird das Spiel der Heterogenität von Grundschulklassen gerecht, in denen sowohl Vereinsspieler wie auch Kinder, die noch nie Fußball gespielt haben, gemeinsam unterrichtet werden sollen.

Gigaball eignet sich auch besonders gut für draußen. Die Randspieler wirken dabei wie eine „lebende Bande" (→ hohe Bewegungsintensität; sie verhindern, dass ständig Bälle zurückgeholt werden müssen).

Die Einführung eines neuen Spiels braucht Zeit und Geduld. Gigaball kann nicht in einer 45-Minuten-Stunde so vermittelt werden, dass alle Kinder das Spiel verinnerlicht haben.

Differenzierung

Ein methodisch geschickter Einstieg für viele Ballstunden ist es, eine Aufgabe zu wählen, bei der jeder Schüler zunächst einmal seinen eigenen Ball besitzt. So müssen die Schüler nicht gleich zu Beginn um Bälle konkurrieren. Auch schwächere Schüler haben so ihren Ball und können ohne Bedrängnis sehr intensiv damit spielen und üben.

Bereits der Einstieg in die Sportstunde rund um das Spiel „Gigaball" bietet die Möglichkeit zur leistungsbezogenen Differenzierung. „Dribbeln mit Füßen und Händen" ist eine bewegungsreiche Aufwärmung, die auf die Spielsituationen bei „Gigaball" vorbereitet (siehe Giganten und Randspieler). Nach der zweiten Runde können sich die Schüler individuell nach ihrem Leistungsvermögen selbst den Abstand für den Torschuss aussuchen. Ein kürzerer Abstand zum Tor macht das Treffen jedoch nicht unbedingt einfacher, da der Winkel zum Tor immer spitzer wird! Wichtig ist der Wechsel der Bewegungsrichtung, weil auch im Spiel ein Spieler von beiden Seiten auf das Tor schießen oder werfen wird.

Beim Spiel „Gigaball" sollte zunächst einmal der Lehrer die Giganten bestimmen. Diese Position ist besonders für spielschwächere Schüler geeignet. Kinder, die wenig oder noch nie Fußball gespielt haben, sind es oft noch nicht gewohnt, dass sie den Ball nicht mit der Hand annehmen dürfen. Beim „normalen" Fußball in der Klasse entstehen dadurch oft Spielsituationen, die eigentlich als „Handspiel" unterbunden werden müssten und somit zu häufigen Unterbrechungen im Spielfluss führen.

Gerade in der Grundschule ist es wichtig, immer wieder Spielformen zu finden, die sinnvolle Individualisierung und Differenzierung möglich machen. Kennt der Lehrer die Klasse gut, kann er auch die beiden Gruppen (nicht die Teams!) individuell nach ihren Leistungen unterteilen. So können jeweils die beiden stärkeren Gruppen gegeneinander als Feldspieler spielen, während die schwächeren Spieler die Randspieler darstellen. In der zweiten Spielhälfte spielen dann die beiden schwächeren Gruppen gegeneinander im Feld und das Spiel wird nicht von einzelnen Spielstarken dominiert, da diese momentan nur am Rand spielen dürfen.

Literatur und Medien

Ruck, R. (2006): Faszination Fußball. Bayerische Landesstelle für den Schulsport, Philippka Sportverlag, Münster

„Ein Ball zeigt, was er kann"

Sportbereich: Dribbeln mit Bällen	Knotenpunkt: Üben und Festigen

Schwerpunkt: Bälle vielfältig prellen und dribbeln

Material: verschiedene Bälle, Plakate, Stifte, 2 Körbe oder Kisten, kleine Gegenstände (z. B. Wurfring, Bierdeckel, ...), 4 Langbänke, Seile, Bohnensäckchen, 📃 Aufgabenkarten, 🎵 evtl. Laufmusik

Phase	Durchführung	Ergänzende Hinweise
Einstimmung	**Hallo (Aufwärmspiel)** Jeder Schüler nimmt sich einen Ball aus dem Ballkorb und dribbelt frei in der Halle. Er nimmt mit den Augen und durch Zuwinken Kontakt zu einem Mitspieler auf, beide dribbeln aufeinander zu und begrüßen sich mit einem Handschlag oder Handabklatschen. Variante: Verliert ein Spieler den Ball, dribbelt er zur Schmalseite der Halle, wo Plakate an der Wand befestigt sind und Stifte bereitliegen. Mit dem Ball prellend soll er nun einen Punkt auf das Plakat malen. Anschließend dribbelt er zurück und spielt weiter.	**Üben und Festigen** Dribbeln mit der Hand 💡 alle gut springenden Bälle eignen sich 💡 Dribbelhand und Begrüßungshand wechseln (evtl. auf Lehrersignal)
Hauptteil	**Fließband** Alle stehen im Kreis und jeder prellt einen Ball. Der Lehrer nimmt immer wieder einen kleinen Gegenstand (Seil, Isorohr, Bierdeckel, Wurfring, ...) aus einem Korb und gibt ihn im Wechsel nach links und nach rechts jeweils dem ersten Schüler. Alle Schüler prellen weiter ihre Bälle und reichen dabei mit der freien Hand den Gegenstand weiter. Der letzte Schüler legt den Gegenstand in einem weiteren Korb ab.	**Üben und Festigen** Koordinationsaufgabe im Stehkreis
	Rhythmische Speisekarte Die Schüler halten die Bälle, während der Lehrer einen Begriff aus einer erfundenen Speisekarte vorspricht und gleichzeitig rhythmisch prellt. Ohne Verzögerung prellen die Schüler den Begriff im vorgegebenen Rhythmus nach. Es folgen weitere Durchgänge mit verschiedenen Begriffen. Beispiele:	**Üben und Festigen** Koordinationsaufgabe im Stehkreis 💡 möglichst gleiche Bälle für alle verwenden, 1 Ball je Schüler 💡 Auch ein Schüler kann die Begriffe vorsprechen.

♩	♩♩	♪♪♩	♩♪♪	♪♪♪♪
Eis	Knödel	Himbeereis	Pfannkuchen	Nudelsuppe
Wurst	Torte	Blumenkohl	Weißwürste	Apfelstrudel
Tee	Schnitzel	Honigmilch	Obstsalat	Traubenzucker
Ei	Nudeln	Hefezopf	Fischstäbchen	Birnenkuchen
Saft	Limo	Schnittlauchbrot	Maiskolben	Schweinebraten

Variante: Je nach Leistungsstand einhändig oder beidhändig prellen lassen.

Differenzierung

Stationen-Dribbeln

In jeder Ecke der Halle werden 2 Aufgabenkarten abgelegt (Verteilung siehe Hallenplan unten). Als Verbindung zwischen den 4 Stationen werden 4 Langbänke an den Außenseiten des Volleyballfeldes aufgestellt.

Die Schüler werden in 4 Gruppen eingeteilt, die sich jeweils hinter einer Langbank in einer Reihe aufstellen.

1. Durchgang (Aufgaben ohne Zusatzgerät):

auf den Bänken gehen und den Ball dabei auf den Boden prellen, dann den Auftrag der Aufgabenkarte 1, 2, 3 bzw. 4 in der Ecke ausführen, über die nächste Bank zur nächsten Ecke gehen usw., bis alle Gruppen wieder an ihrem Ausgangspunkt angelangt sind.

2. Durchgang (Aufgaben mit Zusatzgeräten):

auf dem Boden gehen und den Ball auf der Bank prellen, dann den Auftrag auf Aufgabenkarte 5, 6, 7 bzw. 8 in der Ecke ausführen usw.

3. Durchgang (freie Wahl der Aufgabe):

auf den Bänken gehen und den Ball auf der Bank prellen, dann eine der beiden Aufträge auf den Aufgabenkarten in der Ecke ausführen.

Aufgaben ohne Zusatzgeräte

- **Aufgabe 1:** den Ball beidhändig fest gegen den Boden prellen, eine Drehung machen und den Ball wieder auffangen
- **Aufgabe 2:** den Ball im „Achter" zwischen den gegrätschten Beinen durchprellen
- **Aufgabe 3:** den Ball mit einer Hand prellen, sich dabei langsam auf den Bauch legen und wieder aufstehen
- **Aufgabe 4:** den Ball einhändig so auf den Boden prellen, dass er gegen die Wand prallt und zurückspringt

Aufgaben mit Zusatzgeräten

- **Aufgabe 5:** den Ball mit einer Hand prellen, mit der anderen Hand ein Seil kreisen
- **Aufgabe 6:** den Ball mit einer Hand prellen und einen 2. Ball mit der anderen Hand prellen (gleichzeitig oder im Wechsel)
- **Aufgabe 7:** den Ball mit einer Hand prellen, mit der anderen Hand ein Bohnensäckchen hochwerfen und auffangen
- **Aufgabe 8:** den Ball mit einer Hand prellen und mit der anderen Hand versuchen, sich einen Schuh auszuziehen

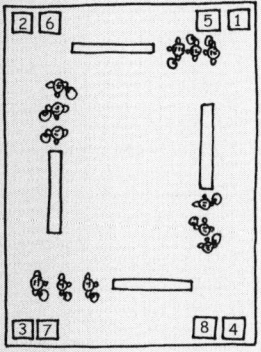

Ergänzende Hinweise

🎣 **Üben und Festigen**
bewegungsreicher Stationenunterricht

Hinweis zur Unterrichtsorganisation

💡 Die Kinder sollen in der Gruppe zusammenbleiben. Der Lehrer sagt den Wechsel der Stationen an.

🎵 evtl. mit Laufmusik, bei Musikstopp an der nächsten Bank anstellen

📄 Aufgabenkarten

💡 auf Wechsel der Prellhand achten

Phase	Durchführung	Ergänzende Hinweise
Ausklang	**Erlöserkreis** 2 bis 3 Kinder sind Fänger (ohne Bälle). Der Rest der Klasse läuft dribbelnd vor den Fängern davon. Wenn ein Kind gefangen wird oder seinen Ball beim Dribbeln verliert, bleibt es stehen, hebt eine Hand und prellt mit der anderen den Ball weiter. Es kann von einem Mitspieler durch einen Erlöserkreis (einmal im Kreis um das Kind herumdribbeln) befreit werden. In dieser Zeit darf keiner der beiden gefangen werden. Variante: Schütteln sich 2 Kinder die Hände, während sie den Ball prellen, können sie nicht abgeschlagen werden.	Üben und Festigen Abschlussspiel (sozialer und thematischer Aspekt) „Befreite" Kinder können umgehend wieder mitspielen.

Stundenbild von Barbara Spitzenpfeil

Aufgabe 2

Aufgabe 8

Kompetenzfeld: Miteinander spielen

Didaktische Überlegungen: „Ein Ball zeigt, was er kann"

Der Begriff „Dribbeln" bezeichnet in den verschiedenen Ballsportarten die Fortbewegung mit dem Ball mit der Hand oder dem Fuß, unter „Prellen" versteht man das Aufspringenlassen des Balls mit der Hand.

Üben und Festigen

Bei kleinen Ballspielen in der Grundschule sollte der Ball – außer beim Fußballspielen – möglichst durch Passen und Fangen vorwärtsbewegt werden. Erst wenn Kinder im Passen und Fangen relativ sicher sind, könnte man beginnen, die Minihandball- und Minibasketballregeln anzuwenden und auch den Ball im Spiel zu dribbeln. Dennoch darf die wichtige koordinative Fertigkeit des Dribbelns nicht außer Acht gelassen werden. In eigenen Unterrichtseinheiten sollte das Dribbeln mit Dribbelspielen als Vorbereitung auf die großen Sportspiele geübt und gefestigt werden. „Ein Ball zeigt, was er kann" steht als Beispiel für eine Stunde, in der speziell auf das Dribbeln mit der Hand eingegangen wird.

Das Eingangsspiel „Hallo" eignet sich auch für einen offenen Stundenbeginn. Jeder Schüler, der umgezogen ist, darf sich in der Halle einen Ball holen und zu spielen beginnen. Dabei ist es von Vorteil, den Schülern unterschiedliche Bälle anzubieten, die auf ein Signal hin getauscht werden sollen. Das variantenreiche Agieren mit Bällen fordert ständige Anpassungsreaktionen (Nerv-Muskel-Zusammenspiel) auf unterschiedliche Situationen (unterschiedlich springende Bälle) und fördert somit den Lernprozess. Besonders für die Verbesserung koordinativer Fähigkeiten bedarf es stets vielseitiger Bewegungsreize. Mit dem Ziel, die Ballkontrolle nicht zu verlieren, werden vielfältige Eindrücke (optisch, akustisch, kinästhetisch, taktil) aufgenommen, motorisch verarbeitet und gespeichert.

Auch bei „Fließband" müssen sich die Kinder immer auf das Greifen nach einem neuen Gegenstand konzentrieren, sodass nicht nur stereotype Bewegungsmuster automatisiert werden. Hier wird das Ballprellen automatisiert und besonders das Lösen des Blicks vom Ball geübt, das später für alle Ballspiele immens wichtig ist.

In Sportspielen ist z. B. beim Korbleger (Element aus dem Basketballspiel) auch die sogenannte Rhythmusfähigkeit gefragt, die bei „Rhythmische Speisekarte" gefordert und geübt wird. Diese Aufgabenstellung könnte auch schon im Musikunterricht mit Klatschen und Sprechen vorbereitet werden, um das rhythmische Prellen mit Bällen später zu erleichtern.

Dribbelaufgaben sind für die Kinder eine spannende Herausforderung. Durch abwechslungsreiches Üben können hier enorme Lernfortschritte erzielt werden. Die Kinder erwerben eine sportmotorische Fertigkeit, die sie im späteren Teamspiel handlungsfähig macht.

Literatur und Medien

Müller, B. (1995): Ball-Grundschule. Borgmann Publishing, Dortmund

Müller, B. (1999): Spaß für alle durch kleine Ballspiele. Bd. 2. Meyer & Meyer Verlag, Aachen

Medler, M./Schuster, A. (2003): Ballspielen – Grundschule, Orientierungsstufe, Sportverein. 3. Auflage. CM-Sportbuch-Verlag Medler, Flensburg

„Ritterballturnier"

Sportbereich: Spielen mit Bällen an Stationen	🐚 **Knotenpunkt:** Gemeinschaft, Motivierung, Intensivierung

Schwerpunkt: Kommunikation bei Rückschlagspielen mit Bällen

Material: mind. 3 Softbälle, pro Kind 3 Bänder (alternativ Wäscheklammern oder Tücher), 2 Medizinbälle, 2 gut springende Bälle (z. B. Volleyball), evtl. Augenbinden für ⅓ der Klasse, Leine, 2 „Sichtschutzwände" (z. B. 2 große Kästen, Matten an Kästen gelehnt), Reckstange (oder Seil), großes undurchsichtiges Tuch (z. B. Bettlaken), Stoppuhr, 🎵 Hallenplan, 🎬 Filmszenen

Phase	Durchführung	Ergänzende Hinweise
Einstimmung	**Lehrererzählung im Sitzkreis** *Der König will für seine Tochter einen Ritter als Gemahl finden. Er sucht aber keinen waghalsigen und mutigen Ritter, der sich sinnlos in Gefahr begibt, sondern einen gewieften, flinken und intelligenten Mann! Die 3 besten Ritter des Landes dürfen mit ihrem Gefolge auf dem Ritterturnier antreten. Der König lässt verlauten, dass es sich dabei um einen Ballsportwettbewerb handle. Damit sich alle Ritter auf den Wettbewerb vorbereiten können, wird auf dem Turnierplatz zuerst ein gemeinsames Spiel durchgeführt.* **Ouvertüre (Aufwärmspiel)** Alle Kinder sind Ritter und tragen jeweils 3 gut sichtbare Flaggen (befestigte Tücher, Bänder oder Wäscheklammern). Es wird mit 3 oder mehr Softbällen gespielt. Die Ritter dürfen sich gegenseitig mit Softbällen abwerfen. Wenn ein Kind direkt mit dem Ball abgeworfen wurde, muss es dem Werfer eine Flagge abgeben. Wenn es dagegen einen Ball gefangen hat, muss der Werfer diesem Kind eine seiner Flaggen geben. Wenn ein Kind keine Flaggen mehr hat, muss es versuchen, wieder Bälle zu fangen. Mit dem Ball dürfen max. 3 Schritte oder alternativ nicht länger als 3 Sekunden gelaufen werden. Die 3 Kinder, welche die meisten Flaggen gesammelt haben, werden die Anführer von jeweils einer Gruppe. Die Lehrkraft verteilt die restlichen Kinder gleichmäßig (Mädchen und Jungen, sportstarke und sportschwache Kinder) auf die 3 Gruppen. **Das große Ritterturnier** Die Schüler bauen nach Hallenplan bzw. Anweisungen des Lehrers die 3 Stationen auf. Die Lehrkraft hilft bei schwierigen Stationen (z. B. Station 3). Besprechung im Stehkreis: An jeder Station ist nur eine Rittergruppe, die gemeinsam Punkte sammelt. Die Punkte zählen die Kinder selbstständig. Nach einer bestimmten Zeit werden die Stationen gewechselt. Achtung: Fair Play! Ein Ritter schummelt niemals!	⚠️ Die Bänder nicht zu lang heraushängen lassen und nicht um den Hals legen! ⚠️ Die Bälle nicht in Kopfhöhe werfen! 💡 Gruppennamen finden (Yeti-Ritter, Glücksritter, Sportritter, ...-Ritter) Infinityprinzip 📝 Hallenplan

Phase	Durchführung	Ergänzende Hinweise
Hauptteil	**Ritterturnier-Stationen**	Bewegungszeit an den Stationen max. 4 Min.; bei Pfiff Wechsel
	• **Station 1: Einmal durch das Königreich (Wanderstaffel)** Die Kinder stehen in einer Reihe hintereinander. Der Medizinball wird durch die gegrätschten Beine nach hinten und über die Hände wieder nach vorne durchgereicht. Er darf den Boden nicht berühren. Jede Umrundung gibt 1 Punkt. Variante 1: Nach 2 Min. (Signal: Doppelpfiff) geben die Kinder 2 Bälle seitlich am Körper entlang auf der linken Seite nach vorne und auf der rechten Seite nach hinten. Variante 2: Mit Augenbinden die Aufgabe blind durchführen.	**Intensivierung, Gemeinschaft** Kommunikation
	• **Station 2: Mit halb-offenem Visier kämpfen** Die Gruppe wird halbiert, beide Teilgruppen stehen sich in 2 Feldern gegenüber. Die Mittelbegrenzung ist eine Reckstange mit übergehängtem Bettlaken, unten bleibt ein ca. 50 cm breiter Spalt. Ein gut springender Ball (z. B. Volleyball) muss als indirekter Bodenpass unter dem Laken durchgespielt werden. Jeder gefangene Ball ergibt 1 Punkt.	**Motivierung** Die Rittergruppe steht in 2 Feldern, spielt aber um gemeinsame Punkte.  Filmszene
	• **Station 3: Unsichtbare Verbündete** Ein kleines Spielfeld wird durch eine ca. 1,5 m hohe Leine in 2 Hälften geteilt. In jedem Feld befindet sich nur ein Feldspieler. Die Verbündeten des Feldspielers warten in einer Reihe hinter der Wand (z. B. Weichbodenmatte, Abstand zur Schnur ca. 4–5 m). Ein Feldspieler wirft den Ball über die Leine, der Feldspieler auf der anderen Seite versucht, ihn zu fangen. Wer den Ball gerade geworfen hat, läuft sofort hinter die Wand und „schlägt" den nächsten Spieler ab. Dieser läuft sofort ins Spielfeld und versucht, den wieder in der Luft befindlichen Ball zu fangen (Rundlaufprinzip). Jeder gefangene Ball gibt 1 Punkt.	Leine an Sprossenwänden und/oder Reckpfosten festmachen.  Filmszene Verbündete und Feldspieler auf beiden Seiten spielen um gemeinsame Punkte!
	• Variante 1: Der Ball darf einmal aufspringen. • Variante 2: Hier wird ohne Sichtschutzwand gespielt. Die Kinder sitzen am Ende des Spielfeldes mit dem Rücken zum Spielfeld. Nach Antippen darf das nächste Kind losrennen.	Differenzierung für schwächere Schüler
	Jetzt heißt es: Platz schaffen für die große Hochzeit! Der Turnierplatz muss aufgeräumt werden ...	Gemeinsamer Abbau der Stationen
Ausklang	**Siegerehrung** Der Ritter (Sieger des Flaggenspiels aus der Aufwärmung), dessen Rittergruppe in den Wettbewerben insgesamt die meisten Punkte erspielt hat, darf die Prinzessin heiraten. Alle Kinder dürfen sich gegenseitig auf die Schulter klopfen.	Die gewonnenen Punkte werden nur der Lehrkraft mitgeteilt.

Stundenbild von Thomas Feilmeier

Didaktische Überlegungen: „Ritterballturnier"

Im Ritterballturnier spielt jede der drei Rittergruppen an den Stationen um gemeinsame Punkte. Auch wenn wie bei Station 2 und 3 wieder Untergruppen gebildet werden, so ist doch auch an diesen Stationen das „Miteinander" (Infinity) der leitende Gedanke. Ritterballturnier ist also eine Mischung aus „Spielen um gemeinsame Punkte" und dem Wettbewerbsziel, mit den gemeinsam gesammelten Punkten die anderen Rittergruppen zu übertreffen.

Motivierung

„Ball-über-die-Schnur" ist ein beliebtes Grundschulspiel, das die Grundidee des Volleyballspiels in sich trägt. Der Ball besitzt von jeher einen hohen Aufforderungscharakter (intrinsische Motivation). Als Lehrkraft sollte man diesen natürlichen Spieltrieb nutzen und Motivation schaffen, Spiele auch außerhalb der Schule zu spielen, zu erfinden und zu verändern. Durch eine Mauer, eine Hecke – mit „verdeckter Sicht" – können witzige Ballspiele entstehen.

Intensivierung

In „Ritterballtunier" werden grundlegende koordinative Fähigkeiten (besonders Reaktions- und Orientierungsfähigkeit) sowie Wurf- und Fangtechniken vermittelt. Das Stationenprinzip schafft zudem Möglichkeiten, nahezu alle Kinder gleichzeitig und umfassend zu beschäftigen.

Gemeinschaft – Kommunikation

Neben dem Wettbewerb (die Rittergruppen messen sich untereinander) erfahren die Kinder in dieser Sporteinheit auch, dass Spiele nur dann funktionieren, wenn die Teams harmonieren, d. h. die Teammitglieder sich gegenseitig helfen und gut kooperieren bzw. kommunizieren. Dieser erzieherische Gedanke steht im Mittelpunkt des Stationenwettbewerbs.

In sozialer Hinsicht und in Vorbereitung auf die angestrebte Mündigkeit tritt bei diesem Wettbewerb – wie fast bei jedem Spiel – auch wieder der Aspekt der Fairness in den Vordergrund. Jede Rittergruppe erringt bei jedem Spiel eine bestimmte Anzahl an Punkten, die sie im Gesamtwettbewerb besser oder schlechter stellt. Hier ist wichtig, dass mit den Kindern der Grundsatz fairen Verhaltens (Punkte wahrheitsgemäß zählen und an den Lehrer weitergeben) thematisiert wird. Schummeln passt nicht zu Rittern, Schummeln passt auch nicht zu Sport, Spiel und Spaß (gemeinsames Sportverständnis)!

Die Kinder müssen an den jeweiligen Stationen selbst Entscheidungen treffen, die wenigen vorgegebenen Regeln einhalten und dabei Spielidee und Spielregeln den ständig wechselnden Bedingungen anpassen.

Als Anschluss an diese Stunde könnten volleyballähnliche Inhalte folgen. Möglich wäre hier z. B. eine Art „Ball-über-die-Schnur ohne Sicht" („No-Look-Ball" mit über dem Volleyballnetz hängendem Laken). Die Schüler können dann ihre erworbenen Fähigkeiten und Fertigkeiten in den Bereichen Kommunikation und Kooperation, aber auch Reaktion und Orientierung weiter festigen. Als Sporthausaufgabe könnten die Schüler in ihrer Wohnumgebung Plätze suchen, wo „No-Look-Ball" gespielt werden kann (Freibad, Teppichstange im Garten). Sie sollen dies mit Freunden ausprobieren und ihre Erfahrungen notieren.

Literatur und Medien

Fleer, E. (2002): Volleyball – ein spielorientierter Einstieg. In: sportpädagogik 26 (1), S. 6–7

Draack, C./Klupsch-Sahlmann, R. (2002): Wir spielen volley. In: sportpädagogik 26 (1), S. 8–10

Lange, H./Sinning, S. (2002): Werfen und Fangen. In: sportpädagogik, 26 (6), S. 4–11

Kugelmann, C. & Prumbaum, U. (2002). Lilly ist stocksauer. In: sportpädagogik, 26 (6), S. 16–19

Hilbert, G. (2003): Hin und her einmal anders. In: Sport & Spiel 3 (9), S. 10–15

„Punch-Ball"

Sportbereich: Spielen mit Pezzibällen	🪢 **Knotenpunkt:** Gemeinschaft

Schwerpunkt: Aggressionen durch Spielidee und Ballmaterial abbauen

Material: 2 Pezzibälle, 1 Gymnastikball pro Schüler, Hütchen, Mannschaftshemden, Medizinbälle, 2 Weichbodenmatten (an den Stirnwänden fixiert)

Phase	Durchführung	Ergänzende Hinweise
Einstimmung	**Laufspiel mit Bewegungsaufgaben** Alle Schüler sollen einen der 2 herumrollenden Pezzibälle kurz berühren, der Ball muss immer in Bewegung sein. Direkt nach einer kurzen Ballberührung muss eine Zusatzaufgabe eigener Wahl im Randbereich der Halle ausgeführt werden: • Weichbodenmatten boxen; • Medizinball treten (Medizinbälle sind an Hallenwänden fixiert); • Medizinball boxen (Medizinbälle liegen in der Sprossenwand).	🪢 **Gemeinschaft** Aggressionen abbauen ⚠️ Orientierung im Raum; auf andere Schüler achten!
Hauptteil	**Ballwanderung (Pendelstaffel)** Die Klasse wird in 2 Teams aufgeteilt, die gegeneinander spielen. Jeweils die Hälfte eines Teams stellt sich auf einer Stirnseite der Halle auf, die andere Hälfte gegenüber davon. Die Teams müssen je einen Pezziball nur mit einem in beiden Händen gehaltenen Gymnastikball zur anderen Seite treiben. Auf der gegenüberliegenden Seite übernehmen die Spielpartner und treiben den Ball wieder zurück. **Punch-Ball** Die 2 Teams der Ballstaffel können gleich übernommen werden. Jeder Schüler bekommt einen Gymnastik- oder Volleyball. An den Stirnseiten der Halle steht jeweils 1 Weichbodenmatte als Tor. Ziel ist es, den Pezziball mit dem Gymnastikball (oder Volleyball), der mit beiden Händen festzuhalten ist, durch Zuspiel im Team in das gegnerische Tor zu befördern (zu boxen). Die Wände spielen als Bande mit. Angriffs-/Abwehrzone Mittelfeld Angriffs-/Abwehrzone	Ballgewöhnung vorbereitende Spielform 🪢 **Gemeinschaft** 💡 Mannschaftshemden sind wichtig! ⚠️ Kein Ball darf mit dem Fuß gespielt werden. Das Spielfeld wird in 3 Zonen eingeteilt, das die jeweiligen Teams mit Angriff-, Mittelfeld- und Abwehrspielern besetzen müssen.
Ausklang	**Schüttelspiel im Stehkreis (Lockerung)** Nach dem anstrengenden Spiel müssen die Muskeln kräftig durchgeschüttelt und gelockert werden: • von den Armen bis zu den Beinen; • bis der ganze Körper „bebt".	💡 Entspannung und Lockerung der Arme und Hände nach der Belastung

Stundenbild von Michaela Schollerer

Didaktische Überlegungen: „Punch-Ball"

Der Pezziball hat für die Schüler einen starken Aufforderungscharakter. Dieser übergroße, weiche Ball, der auch in vielen Schulen als Sitzgerät im Klassenzimmer Verwendung findet, wird hier in „Punch-Ball" für Bewegungsspiele eingesetzt, die zum einen Spaß machen und zum anderen gezielt den Abbau von Aggressionen möglich machen.

Gemeinschaft – Aggressionsabbau

Für den Einstieg in die Stunde bietet sich eine spielerische Phase der Ballgewöhnung an. Das Treiben des großen Balles gefällt den Kindern in der Regel sehr. Hierbei können sie ihren Bewegungsdrang, ihre ganze überbrandende Energie in die großen Bälle stecken. Im Einstimmungsteil dürfen sie sogar gegen Weichbodenmatten und Medizinbälle treten und boxen. Die Zusatzaufgaben beim Aufwärmspiel bieten für die Schüler eine weitere Herausforderung an die Orientierung im Raum. Körperkontakt und Spielen des Balles mit dem Fuß ist in jedem Fall zu vermeiden. Eventuell muss dies vorher kurz im Gesprächskreis geklärt werden. Denkbar ist nach dem Aufwärmspiel auch eine kurze Reflexion über die gesammelten Erfahrungen.

Bei „Punch-Ball" werden die Schüler auch kommunikativ gefordert: Wie kommuniziere ich am besten mit meinen Mitspielern, um erfolgreich zu sein? In der Spielform „Punch-Ball" wird auf Weichbodenmatten gespielt. Fallen zu wenig Tore, könnte als neues Ziel definiert werden, dass der Ball wie beim Football (Touch down) in einer vorher festgelegten Zielzone an der Stirnseite der Halle abgelegt werden muss.

Die Schüler halten bei „Punch-Ball" ständig einen Gymnastik- bzw. Volleyball fest in ihren Händen. Zur Lockerung der Hände, Arme und Beine ist eine Entspannungsphase am Ende der Stunde ratsam. So werden die Arme – im Hinblick auf die folgenden Unterrichtsstunden, in denen wieder geschrieben werden muss – gezielt entlastet.

Sportklassen weisen unterschiedliche soziale Strukturen auf. Spiele, die mit der einen Gruppe gut funktionieren, können mit einer anderen zu Problemen führen. Schon in der Vorbereitung muss die Lehrkraft das soziale Gefüge im Auge behalten und die Ziele, Inhalte und Organisationsformen darauf abstimmen.

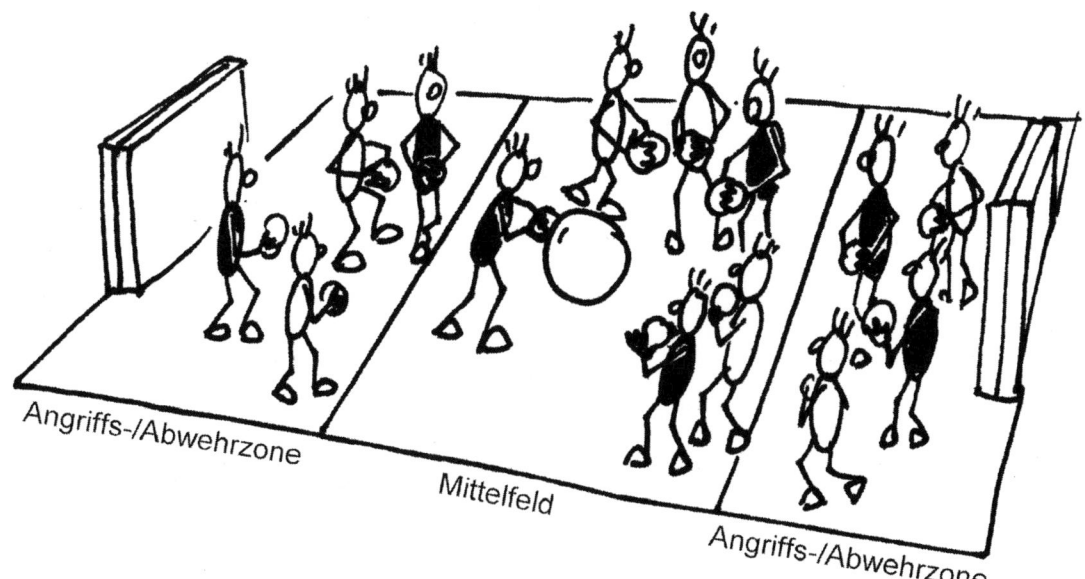

Angriffs-/Abwehrzone   Mittelfeld   Angriffs-/Abwehrzone

„Unschlagbar – Spiele mit Schlägern"

Sportbereich: Hockeyähnliche Spielformen	🪢 Knotenpunkt: Unterrichtsorganisation, Intensivierung

Schwerpunkt: Mit Schaumstoffschlägern gegeneinander auf Tore spielen

Material: Schaumstoffschläger (mind. ½ Schülerzahl; Bauanleitung → didaktische Überlegungen), trockene Wischtücher (½ Schülerzahl), einige Kastenmittelteile, Langbänke, 4 Turnmatten, Hütchen, Hockey-/Tennisbälle, Mannschaftshemden, 🎬 Filmszene

Phase	Durchführung	Ergänzende Hinweise
Einstimmung	**Putzkolonne (Aufwärmspiel)** Die Schüler gehen zu zweit zusammen. Einer der beiden Schüler läuft umher und bestimmt den Weg. Der Partner – mit einem Wischtuch und einem Schaumstoffschläger ausgestattet – folgt ihm. Im Laufen schiebt er mit dem Schläger das Wischtuch in der Halle umher. Auf einen Pfiff wechseln die Partner die Rollen. **Kurze Reflexion im Stehkreis** *Wenn wir später mit Schläger und Ball spielen, dann muss der Schläger genauso wie das Wischtuch in Bodennähe bleiben. Ihr haltet euren Schläger wie ein Eishockeyspieler seitlich, nicht vor dem Bauch!*	allgemeines Aufwärmen und Gewöhnen an das Spielen mit Schlägern ⚠️ Auf entgegenkommende Schüler achten! ⚠️ Den richtigen Umgang mit dem Schläger besprechen!
Hauptteil	**Mit Ball und Schläger laufen** Die Schüler schlängeln sich hintereinander durch Längsreihen aus Hütchen in der Halle und dribbeln mit Ball und Schläger in der Gasse (Umlaufbetrieb; Schüler starten, wenn der Vordere in der Mitte der Bahn ist, alle hintereinander). Alternative: Sind nicht genügend Schläger vorhanden, übergeben die Ersten nach dem Durchlauf ihren Schläger an die hinten Anstehenden. Am Ende der Bahn darf auf ein Tor aus 4 aufgestellten Turnmatten geschossen werden (Ball nur schlenzen bzw. lupfen oder wegdrücken, mit dem Schläger nicht ausholen!). **Reflexion** *Wie kann der Ball mit dem Schläger gestoppt werden? Wie kann ich den Ball zielgenau spielen?*	🪢 **Unterrichtsorganisation** Segmentierung ermöglicht optimale Bewegungszeiten ⚠️ Schläger nie über Hüfthöhe! Rücklaufwege einhalten (rechts bzw. links außen, Ball und Schläger in der Hand halten)! Auf rollende Bälle nach dem Schuss aufpassen! ⚠️ Ball drücken, keine Schlagschüsse! 🎬 Filmszene (korrekte Ballführung) Stehkreis (Zwischenreflexion)

Phase	Durchführung	Ergänzende Hinweise
Hauptteil	**Kreishockey** Die Schüler bilden 2–3 große Innenstirnkreise. Die Schüler spielen sich einen Ball im Uhrzeigersinn flach am Boden zu. Klappt das sicher, dann kann auch ein zweiter Ball hinzugenommen werden. Alternative: Sind nicht genügend Schläger vorhanden, wird nur in einem Hallensegment Hockey gespielt. In den anderen Segmenten spielen die Schüler selbstständig „Schlappentennis" (jeder Schüler zieht einen Schuh aus, der als „Schläger" benutzt wird) und/oder Floorball (wenn die Ausstattung vorhanden ist → didaktische Überlegungen). **Hockeykleinfeldspiel** Aus umgedrehten Langbänken wird die Halle in 3 Quersegmente geteilt. In jedem Segment sind 2 Kastenmittelteile als Ziele aufgestellt. Es wird 4 gegen 4 ohne Auslinien oder sonstige Begrenzungen gespielt. Bevor auf das Ziel gespielt wird, muss der Ball mindestens von 2 Mitspielern gepasst worden sein. Ein Punkt ist erzielt, wenn der Ball durch das Kastenteil gespielt wurde (von beiden Seiten möglich!). Die Schläger werden vor der Ausklangsphase eingesammelt und weggeräumt.	Intensivierung ⚠ Schläger nie über Hüfthöhe! Mehrere Kastentore steigern die Erfolgsquote für Spielschwächere.
Ausklang	**Waschanlage** Die Schüler stehen in einer Gasse (Waschstraße). Nacheinander dürfen alle einzeln durch die Waschstraße gehen, dort werden sie vorsichtig von den anderen Kindern gewaschen (Muskelmassage).	Regeneration Gassenaufstellung

Stundenbild von Michaela Schollerer

Didaktische Überlegungen: „Unschlagbar – Spiele mit Schlägern"

Hockeyähnliche Spielideen sind für Grundschüler in der Regel sehr attraktiv. Durch die in dieser Stunde zu verwendenden Schaumstoffschläger ist auch die sonst gegebene Verletzungsgefahr gering. Die Schaumstoffschläger gibt es im Sporthandel (Ball-Bouncer), können aber auch einfach selbst hergestellt werden. Evtl. gibt es die Möglichkeit, die Schläger zusammen mit den Eltern anzufertigen (Anleitung siehe unten). Dadurch bekommen diese gleichzeitig einen kleinen Einblick in den Sportunterricht ihrer Kinder.

Wenn an der Schule eine Floorballausrüstung (Hallenhockeyschläger aus Plastik mit entsprechendem Ball) vorhanden ist, kann alternativ auch diese verwendet werden.

Tipp: Steckt man in den löchrigen Hockeyplastikball eine kleine Plastiktüte, dann wird der Ball für die Kinder berechenbarer. Auch ein ungefährlicher Puck (zwei mit einem Isolierband zusammengeklebte Marmeladenglasdeckel) kann als Spielscheibe verwendet werden.

Unterrichtsorganisation und Intensivierung

In der hier vorgestellten Unterrichtseinheit wird die Klasse in kleinere Spielgruppen aufgeteilt, die sich mit unterschiedlichen Spielaufgaben beschäftigen. Diese effektive Unterrichtsorganisation gewährleistet, dass kaum „Leerlauf" entsteht und die Schüler somit optimale Bewegungszeiten haben. Die Aufteilung gibt der Lehrkraft zudem die Möglichkeit, sich um die einzelnen Spielgruppen bzw. Schüler intensiver zu kümmern (Intensivierung).

Die Aufwärmaktivität „Putzkolonne" eignet sich gut, um in die Spielweise des Balls in den folgenden Aufgaben einzusteigen. Auf die Bewegung muss im Gespräch unbedingt eingegangen werden: Der Tennisball wird nicht geschlagen, sondern muss kraftvoll weggedrückt werden. Wenn anschließend die Schläger zum Einsatz kommen, gilt als wichtigste Grundregel: Keine Ausholbewegung über Hüfthöhe! Passen und Annehmen sowie das Ballführen (Dribbeln) werden gezielt eingeführt und damit schon die wichtigsten hockeybedeutsamen Fertigkeiten vermittelt.

Beim nun folgenden Hockey-Kleinfeldspiel steigt die Motivation, denn hier müssen die Kinder ihr Spiel selbst regeln und ggf. auftretende Probleme gemeinsam lösen. Evtl. kann auf die bereits im Stundenbild „Wild spielen" vermittelte allgemeine Spielfähigkeit der Schüler zurückgegriffen werden (siehe *Moderner Sportunterricht in 40 Stundenbildern* für die 1./2. Klasse, Seite 61).

Die Aufteilung in drei Spielgruppen bringt den wesentlichen Vorteil, dass alle Kinder Ballkontakte bekommen und alle Positionen spielen können (Angriff, Verteidigung). Nach einem Torerfolg wird sofort weitergespielt. Das Spiel soll fließen und die Kinder sollen spüren, wie anstrengend Spielen sein kann!

Bauanleitung für Schaumstoffschläger

Ein Gymnastikstab (möglichst aus Plastik) wird auf einer Seite mit einem Stück Heizungsrohrisolierung (im Baumarkt erhältlich) ummantelt. Der Innendurchmesser der Isolierschale muss zum Stabdurchmesser passen. Nun muss die Isolierschale im Schlägerkopfbereich noch konisch zugeschnitten werden. Ein kräftiges Klebeband kann die Verbindung zum Schlägerstil verbessern (Vorlage → siehe Bild „Ball-Bouncer" im Internet).

„Kellnerball"

Sportbereich: Spielen mit Schlägern	🪢 **Knotenpunkt:** Gemeinschaft, Ballspielentwicklung
Schwerpunkt: Partner- und Teamspiel mit Schlägern	

Material: kleine Tennis- oder Softbälle (alternativ Sandsäckchen), pro Schüler 1 Schläger, sonst 1 Schläger für je 2 Schüler (→ didaktische Überlegungen), Hütchen, Kleingeräte, 2 Turnmatten, Mannschaftshemden in 2 Farben, 🎬 Filmszene

Phase	Durchführung	Ergänzende Hinweise
Einstimmung	**Freies Bewegen mit Schläger und Ball** Nach Möglichkeit erhält jeder Schüler einen Schläger und einen Ball, der gut springt. *Du hast bestimmt viele Ideen, wie man mit diesen beiden Dingen spielen oder sich bewegen kann.* → Die Schüler probieren für sich verschiedene Möglichkeiten aus und stellen anschließend einige ihrer Ideen vor, die von den Mitschülern erprobt werden. Bei Bedarf gibt der Lehrer Anregungen. **Bewegungsaufgaben mit Partner, Schläger und Ball** Die Schüler stehen in Gassenaufstellung. Einander gegenüberstehende Kinder spielen zusammen. • **Fangen:** Jedes Paar hat einen Ball, aber keine Schläger. Der Ball wird hin und her geworfen und zunächst beidhändig gefangen. Als Steigerung erfolgt dann der Versuch, den Ball nur mit einer Hand zu fangen. • **Zuwerfen:** Der Ball liegt auf dem Schläger und wird von da aus dem Partner zugeworfen bzw. zugespielt; dieser versucht, ihn mit den Händen zu fangen. **Staffelspiele (Pendelstaffeln)** Ca. 8 Schüler bilden eine Gruppe. An beiden Enden der Laufstrecke stellt sich an einem Hütchen je eine Hälfte der Gruppe auf. Es werden verschiedene Transportstaffeln gespielt, in denen der Ball oder ein Sandsäckchen auf dem Schläger transportiert wird: • ohne Hindernisse; • mit Hütchen als Slalomstrecke; • über Kleingeräte (Medizinball o. Ä.) steigen; • mit dem Partner in Handhaltung.	Motivierung, Aktivierung ⚠️ Die Bälle nicht gefährlich durch die Halle schießen! 🪢 **Gemeinschaft** Kooperation mit Partner und Team; gezielte Vorbereitung auf das Spiel 🔦 Startpunkte und Rücklaufwege klar markieren

Phase	Durchführung	Ergänzende Hinweise
Hauptteil	**Kellnerball (Sitzkreis)** *Wir spielen heute Kellnerball. Dazu brauchen wir die Schläger und einen Ball (bzw. ein Sandsäckchen).* → Die Schüler stellen Vermutungen dazu an, warum das Spiel „Kellnerball" heißt und was dies mit Schläger und Ball zu tun haben könnte. Evtl. Lehrerimpuls: *Wie bringt denn der Kellner im Restaurant die Getränke an den Tisch? Er trägt sie auf einem Tablett. Auch bei uns muss der Ball auf einem Schläger (Tablett) transportiert werden.* **Das Spiel** Gespielt wird mit 1 Ball (alternativ: Sandsäckchen) in 2 Teams gegeneinander in der gesamten Halle. Die Schüler spielen immer paarweise in Handhaltung zusammen; einer hält in der freien Hand einen Schläger, mit dem der Ball transportiert wird (Kellner), der andere Schüler sammelt den gespielten Ball ein und legt ihn auf den Schläger (Helfer). Die Paare verteilen sich auf dem Spielfeld. 2 Turnmatten dienen als Ziele; dorthin soll der Ball mit dem Schläger transportiert werden. Ein Paar darf erst loslaufen, wenn der Ball auf dem Schläger liegt. Allerdings darf dieser nicht länger als 3 Sek. (zu Beginn evtl. länger) auf dem Schläger liegen; nach Ablauf dieser Zeit muss er abgespielt werden. Wurde der Ball erfolgreich im Ziel abgelegt, erhält das andere Team den Ball und startet einen neuen Angriff. Beide Teams spielen mit einem Ball gegeneinander. Bälle dürfen mit dem Schläger transportiert, gepasst und auch geschlagen werden. Fällt der Ball zu Boden, dürfen beide Teams versuchen, ihn wieder aufzuheben. Bei Unklarheiten bezüglich der Regeln wird das Spiel kurz unterbrochen und eine Zwischenreflexion eingeschoben.	**Ballspielentwicklung** **Gemeinschaft** Kooperation mit Partner und Team Filmszene Rollen immer wieder tauschen Platzierung der Ziele z. B. im Basketballkreis oder an den schmalen Hallenseiten; evtl. mit den Kindern ausprobieren und entwickeln; evtl. Zielzonen festlegen, die nicht betreten werden dürfen die Zeitregel mit den Schülern vereinbaren
Ausklang	**Reflexion im Gesprächskreis** *Wie hat euch das Spiel gefallen?* *Wie hat die Zusammenarbeit mit dem Partner geklappt?* *Was ist sonst im Spiel gut gelungen? Woran sollte man noch etwas verbessern?* *Habt ihr eine Idee, wie ihr beim nächsten Mal noch mehr Treffer erzielen könntet?*	**Ballspielentwicklung** Anregungen für die Weiterentwicklung des Spiels

Stundenbild von Yvonne Friedl

Didaktische Überlegungen: „Kellnerball"

⚓ Gemeinschaft

Tennisähnliche Schlägerspiele sollten zunächst unter dem Gesichtspunkt „miteinander spielen" gesehen werden. Sie bieten eine hervorragende Möglichkeit zur Kooperation. Selbst große Sportklassen können so effektiv und sinnvoll „bewegt" werden.

„Kellnerball" lässt sich aufgrund seiner Spielstruktur ohne große technische Voraussetzungen und Fähigkeiten spielen und eignet sich damit bereits von Anfang an für den Bereich der Rückschlagspiele. Dennoch empfiehlt es sich, zumindest in einer Einführungsstunde die Kinder Erfahrungen im Umgang mit Ball und Schläger sammeln zu lassen. Im Anschluss daran kann zu diesem einfachen Teamspiel übergegangen werden.

Als Sportgeräte können die unterschiedlichsten Schlägerarten benutzt werden – je nachdem, welche Ausrüstung die Turnhalle bietet. Grundsätzlich muss beachtet werden, dass kurze Schlägergriffe für die Kleinen unabdingbar sind (Erleichterung der Auge-Hand-Koordination). Besser als die oft zu schweren Tennisschläger sind Strandschläger, GOBA-Schläger (siehe Fachhandel), kleine Küchenschneidebretter aus Holz oder Kescherschläger (Schläger mit Netzauffangsack), die aus alten Federballschlägern selbst hergestellt werden können. Statt Sandsäckchen können später auch Bälle (z. B. Tennisbälle) verwendet werden. Eine Kombination aus Alltagsmaterialien (Bierdeckel und Filmdose) wäre ebenfalls denkbar. Bei der Wahl der Schläger und Spielgeräte kann so eine Differenzierung stattfinden, die vor allem den schwächeren Schülern zugute kommt.

⚓ Ballspielentwicklung

Die grundsätzliche Spielidee basiert auf zwei wichtigen Grundregeln:

1. Zunächst lebt „Kellnerball" von der Kooperation mit dem Partner. Hier kann der Lehrer bewusst Tandems aus einem spielstarken und einem spielschwachen Schüler bilden. Der eine Schüler wird zum Coach und muss sich auf den Schwächeren einstellen. Die beiden Kinder können sich zum Beispiel mit einem Tennisring (oder in Handfassung) festhalten. Insgesamt lassen sich durch die Spielertandems besonders die Sozialkompetenzen wie Teamfähigkeit u. a. fördern, da neben dem Zusammenspielen innerhalb des eigenen Teams auch eine gute Kommunikation mit dem Partner erforderlich ist.
2. Das zweite Element ist das Einhalten der Zeitregel. Diese muss dem Alter und dem Können der Schüler angepasst werden. So kann die Zeit, die das Sandsäckchen oder der Ball auf dem Schläger liegen bleiben darf, zum Kennenlernen zunächst etwa auf fünf Sekunden festgelegt werden. Dann muss weitergespielt werden. Am Anfang sollte der Lehrer laut die Sekunden vom Ablegen des Sandsäckchens/des Balls auf dem Schläger bis zum Weiterspielen mitzählen. Im Laufe der Zeit übernehmen dies die Schüler selbst.

Hinsichtlich der Gestaltung des Zielbereichs sind der Fantasie des Lehrers keine Grenzen gesetzt. Beispielsweise können große oder kleine offene Kästen, Bananenkisten, Reifen oder Tore (mit und ohne Torspieler) als Ziele dienen. Ein bewegtes Ziel ist ebenfalls möglich: Ein Schüler, der in einer Zielzone steht (z. B. auf einer Matte oder einem kleinen Kasten), muss dabei das Sandsäckchen oder den Ball mit den Händen oder mit einem umgedrehten Hütchen fangen. Wenn das Spiel gut läuft, kann mit zwei oder drei Bällen gleichzeitig gespielt werden.

Insgesamt bieten sich beim „Kellnerspiel" zahlreiche Möglichkeiten an, die Regeln und Vorgaben dem Können der Schüler anzupassen, sie dadurch immer wieder neu zu fordern und ihre Motivation zu erhalten. Aber auch die Kreativität der Kinder ist gefragt. Denn im Laufe des Spielgeschehens tauchen mit Sicherheit immer neue Situationen auf, in denen gemeinsam neue Regeln vereinbart werden müssen. Somit gestalten die Schüler nach und nach ihr eigenes „Kellnerspiel".

„Kommt ja gar nicht in den Becher!"

Sportbereich: Mit Joghurtbechern und Tennisbällen spielen	**Knotenpunkt:** Handlungsfähigkeit, Ballspielentwicklung

Schwerpunkt: Unter erschwerten Bedingungen werfen und fangen lernen

Material: Tennisbälle, Auffangbehälter für Tennisbälle (Schülerideen), große Joghurtbecher (in Anzahl der Schüler)

Phase	Durchführung	Ergänzende Hinweise
Einstimmung	**Zuspielvarianten mit Becher, Ball und Partner** Im Stehkreis zeigt die Lehrkraft Joghurtbecher mit Bällen. Die Schüler äußern sich spontan. *Wie könnte man mit dem Becher den Ball fangen und werfen? Habt ihr verschiedene Ideen?* Die Kinder gehen paarweise zusammen, nehmen sich Joghurtbecher und Tennisbälle und probieren aus: • die Kinder stehen sich gegenüber und werfen sich den Tennisball direkt und indirekt (über den Boden) zu, gefangen wird mit dem Becher; • der eine Partner steht mit dem Rücken zum anderen, dieser ruft und wirft anschließend den Ball zu, den der andere aus der Drehung heraus mit dem Becher fangen soll; • beide Partner bewegen sich jetzt frei im Raum, auf Zuwurf des einen mit der Hand muss der andere den Ball mit dem Becher in der Laufbewegung fangen. Die Spielpartner erfinden weitere Schwierigkeitsstufen mit Ball und Becher.	Aktivierung, lösungsoffene Aufgabenstellung ⚠ Einfühlsam und bogenförmig zuwerfen! **Ballspielentwicklung** Auge-Hand-Koordination
Hauptteil	**Das Joghurtbecher-Spiel** *Wir erfinden heute ein Spiel mit Joghurtbecher und Tennisball!* Die Schüler erarbeiten im Sitzkreis ein einfaches Spiel mit Tennisbällen und Joghurtbechern. Die einzige Vorgabe des Lehrers: 2 Teams spielen auf 2 gegenüberliegende Ziele mit Passen und Fangen. Mögliche Spielregeln: • Jeder Schüler hat einen Becher in der einen Hand und wirft den Ball mit der anderen. • Jeder Schüler hat einen Becher, wirft und fängt nur mit dem Becher (beide Hände am Becher). • mindestens 5 Pässe bis zum Zielwurf • Wurfziel: offener Kasten • Wurfziel: ein von 2 Schülern gehaltenes Handtuch; die Schüler mit dem Handtuch können sich auch bewegen Maßnahmen bei Regelverstößen werden ebenfalls mit den Schülern geklärt. Ebenso Fragen wie: Ist das Abwehren des Balls mit der Hand erlaubt? → **Durchführung des Joghurtbecher-Spiels**	**Ballspielentwicklung** Regeln gestalten, Varianten gemeinsam erarbeiten **Handlungsfähigkeit** 💡 Immer wieder Reflexionsphasen zu Regelveränderungen einbauen Erprobung und Durchführung

Phase	Durchführung	Ergänzende Hinweise
Ausklang	**Reflexion** *Wie hat sich das Spiel entwickelt, wie ist es „gewachsen"?* *Kann es weiterentwickelt werden?* **Balljagd** Die Schüler stehen im Kreis, jeder hat einen Becher. Ein Ball wird – immer nur mit dem Becher – herumgereicht. 2 Bälle werden gegenüber losgeschickt. Wer holt den anderen ein?	🪢 **Handlungsfähigkeit** Regeländerungen besprechen

Stundenbild von Michaela Schollerer

Didaktische Überlegungen: „Kommt ja gar nicht in den Becher!"

Es ist immer wieder spannend zu sehen, welches teilweise unerwartete Potential in den Schülern steckt. Durch die in Teilen offene Gestaltung und handlungsorientierte Herangehensweise der hier beschriebenen Unterrichtseinheit können sich für Schüler und Lehrer neue Chancen ergeben.

🪢 Handlungsfähigkeit und 🪢 Ballspielentwicklung

In „Kommt ja gar nicht in den Becher!" werden zunächst einige wenige Grundregeln vorgegeben. Gespielt wird nach dem Parteiballprinzip: Zwei Mannschaften spielen gegeneinander um möglichst viele Punkte. Jeder Schüler erhält einen Joghurtbecher. (Empfehlung: Zwei Becher ineinanderstecken, damit das „Fanggerät" stabiler wird und länger hält!) Die Gestaltung aller weiteren Regeln wird von den Schülern übernommen. Durch die Entwicklung eines eigenen Spiels bekommen sie die Möglichkeit, aktiv und produktiv am Sportunterricht teilzunehmen. Im Sinne der geforderten Schlüsselkompetenzen des Lehrplans werden den Schülern ausreichend Freiräume für ihr Handeln gegeben. Während des Entstehungsvorgangs der Spielregeln wird den Schülern bewusst, welchen Zweck Regeln in einer Gemeinschaft haben. Themen wie Fairness und Chancengleichheit werden angesprochen. Auch der Umgang mit Regelverstößen muss untersucht werden: Sollen diese immer gleich eine Bestrafung nach sich ziehen? Wer wird bestraft, das ganze Team oder der einzelne Spieler? Gäbe es andere Möglichkeiten z. B. Zusatzaufgaben? In den zwischengeschalteten Reflexionsphasen werden im Gesprächskreis Konflikte und Regelprobleme thematisiert. Diese Auseinandersetzung im Rahmen des Sportunterrichts wirkt sich auch positiv auf den Umgang miteinander im Klassenverband aus. Die offene Gestaltung der Unterrichtseinheit ermöglicht auch schwächeren Schülern eine aktive Teilnahme am Unterrichtsgeschehen.
Durch das Erfinden von Bewegungsvarianten wird jeder Schüler angesprochen. Die fest eingeplanten Phasen zur Regelveränderung und Regelgestaltung ermöglichen allen Kindern eine Identifikation mit dem Spielvorhaben. Ein selbst und neu erarbeitetes Spiel sollte unbedingt in der folgenden Sportstunde nochmals gespielt werden. Aufgrund der notwendigerweise immer wieder zwischengeschobenen Besprechungen bringt die Stunde ggf. zu wenig Bewegung. Deshalb muss in der nächsten Sportstunde die Möglichkeit gegeben werden, das Ergebnis der Spielidee auch zu erleben. Die Regeln könnten nochmals im fächerübergreifenden Zusammenhang im Deutschunterricht ausformuliert werden.

„Ring, Ring, Ring!"

Sportbereich: Wurfspiele mit Tennisringen	🪢 **Knotenpunkt:** Gestalten, Spielen lernen
Schwerpunkt: Wurfspiele mit Tennisringen	

Material: Tennisringe (in Anzahl der Schüler), 15–20 Jonglierkegel, Volleyballnetz, Gummiband (Zauberschnur) oder Reivoband (ca. 10 cm breites, elastisches Band), Hütchen oder Holzstab

Phase	*Durchführung*	*Ergänzende Hinweise*
Einstimmung	**Stundenbeginn im Stehkreis** Die Schüler erhalten jeweils einen Tennisring. Zunächst bewegen sie sich frei im Raum und testen die Eigenschaften des Rings durch Rollen, Werfen, Fangen in verschiedenen Varianten: Werfen ähnlich wie beim Frisbee usw. Möglichkeiten werden vorgestellt und von allen ausprobiert. **Reflexion** *Wie lässt sich der Tennisring werfen und fangen?*	🪢 **Gestalten** Tennisringe als neues Spielgerät kennenlernen, freies Gestalten 💡 vertraut werden mit dem Sportgerät
Hauptteil	**Einfühlsam werfen – sicher fangen (Partnerspiel)** Eine Zauberschnur (falls vorhanden auch Reivoband oder Volleyball-langnetz) wird längs durch die Halle gespannt (Höhe ca. 1,30 m). Die Schüler stellen sich paarweise auf beiden Seiten des Netzes gegenüber auf und spielen sich einen Ring zu (auch unten durch). • Variante 1: Der Werfer gibt an, wie der Fänger den Ring fangen muss (nur mit links, mit rechts, im Sitzen, …). • Variante 2: Der Fänger gibt dem Werfer vor, wie er werfen soll (mit links, mit rechts, über der Schnur, unter der Schnur, …). **Ring über die Schnur** Je nach Schüleranzahl wird 1 gegen 1, 2 gegen 2 oder 3 gegen 3 auf vorher festgelegten Feldern (Quersegmenten) gespielt. Der Ring darf jetzt nur über die Schnur gespielt werden. Kann er nicht gefangen werden, gibt es einen Punkt für das Werferteam.	🪢 **Spielen lernen** Kooperation ⚠ Auf sichere Verankerung achten! Die Zauberschnur darf sich keinesfalls lösen! 💡 in der Mitte einen Kasten unterstellen, damit das Seil nicht durchhängt Ball-über-die-Schnur-Prinzip 💡 beidseitig werfen und fangen

Phase	Durchführung	Ergänzende Hinweise

Hauptteil

Bäume fällen (kooperatives Teamspiel)

Zwei Teams werfen oder rollen jetzt die Ringe auf Kegel, die an den Stirnseiten der Halle aufgestellt sind.

Die vorhandenen Tennisringe werden dazu auf beide Teams aufgeteilt. Diese stehen Rücken an Rücken in Höhe der Mittellinie.

Das Spiel ist zu Ende, wenn alle Bäume eines Teams gefällt worden sind.

Spielen lernen

Sicherheitsbewusstsein: Die Ringe dürfen erst geholt werden, wenn alle verfügbaren Ringe eines Teams geworfen worden sind (Signal der Lehrkraft)!

Ausklang

Auffädeln

Die Schüler versuchen, aus kurzer Distanz ihren Ring auf eines von mehreren Hütchen zu werfen.

Variante: Der Lehrer hält einen Holzstab schräg nach vorne.

Stundenbild von Michaela Schollerer

Kompetenzfeld: Miteinander spielen

Didaktische Überlegungen

Spielformen wie Völkerball, Fußball oder Brennball sind den Schülern in zahlreichen Varianten bekannt. Kinder entdecken aber gerne neue Spiele, die schnell zu Lieblingsspielen werden können. Das steigert die Motivation und fördert die Kreativität der Kinder.

Tennisringe sind in vielen Turnhallen und sogar Schwimmbädern vorhanden. Es gibt zwei Ausführungen:

Variante 1: weicher Moosgummi (Ringe sind etwas dicker)

Variante 2: relativ harter Gummi (Ringe sind etwas dünner)

 Gestalten

Zeitgemäßer Unterricht bezieht Schüler auch in die Themen- und Inhaltsplanung mit ein. Viele tolle Spielideen sind oft gar nicht bekannt, wenn die Kinder im familiären Umfeld mit einem eingeschränkten Bewegungs- und Spielangebot konfrontiert sind. Kein Wunder, dass sie dann nur nach Fußball und Völkerball rufen, wenn man sie nach Ideen für den Unterricht fragt. Die Aufgabe der Sportlehrkraft ist es aber, ihnen die facettenreiche Spielewelt zu zeigen und sie zum Erfinden von Spielen zu ermutigen. Die Kinder merken dann, welche Gestaltungskraft in ihnen steckt.

„Ring, Ring, Ring!" bietet eine einfach umzusetzende Spielidee. Der Einsatz der Tennisringe bringt Abwechslung und Spannung in den Unterricht. Die Schüler erkennen, wie vielfältig manche Kleingeräte verwendbar sind – eine Erkenntnis, die ihnen in der Freizeit viel Nutzen bringen wird und ihre kindliche Fantasie anregt.

Um die anschließende Spielform adäquat umsetzen zu können, empfiehlt es sich, die gefundenen Spielvarianten mit dem Tennisring kurz im Stehkreis mit allen Schülern zu besprechen.

Spielen lernen

Die Schüler kennen die Flugeigenschaften der Ringe noch nicht und müssen auch Wurftechniken erst erproben. Dies erfolgt am besten zunächst mit einem Partner. Da hier der Partner Bewegungsaufgaben stellt, werden auch Kommunikation und Kooperation gefördert.

Durch die langsame Steigerung des Schwierigkeitsgrades von der Partnerarbeit über das Kleingruppenspiel hin zum Teamspiel, können sich die Schüler langsam an das neue Spielgerät und seine Wurfeigenschaften herantasten.

Die altersgemäße Aufgabenstellung „Bäume fällen" motiviert die Kinder zusätzlich. Die Aufgabe ist für alle Kinder zu schaffen: Erfolgserlebnisse (umfallende Kegel) sind sicher. Als Herausforderung könnte später der Schwierigkeitsgrad gesteigert werden und die Aufgabe lauten: „Wirf den Tennisring frisbeeähnlich über Stangen, Hütchen oder auch über von Kindern gehaltene Gymnastikstäbe!"

„Rollen, drehen, tanzen"

Sportbereich: Bewegung zur Musik und Bewegungsgrundformen aus dem Bodenturnen	🪢 **Knotenpunkt:** Bewegung lernen

Schwerpunkt: Grundbewegungsformen Rollen und Drehen in Tanz- und Turnbewegungen umsetzen

Material: Langbänke, Turnmatten, Reifen, 📝 Wortkarte, 🎵 Musik (z. B. Walzer- oder Meditationsmusik, Lied: „Fürsten und Burgfräulein"), 🎬 Filmszenen

Phase	Durchführung	Ergänzende Hinweise
Einstimmung	**Drehen mit einem Partner** Die Schüler betreten die Halle und lassen sich nur von einer Wortkarte und der laufenden Musik zur Bewegung inspirieren. Impuls: *Sammle Ideen zum Drehen mit einem Partner!* → Die Schüler bewegen sich mit einem Partner in freier Weise zur Musik: • im Stehen oder Gehen synchron drehen; • auch mit Handhaltung (beidhändig, einhändig); • kleine Sprungdrehungen, auch synchron; • mit einem Fuß (oder beiden Füßen) am Boden drehen. **Drehen und Rollen am Boden (Gruppenaufgabe)** Es werden 4 Gruppen gebildet, die sich jeweils eine Matteninsel bauen (immer 3 Matten an der Längsseite aneinandergelegt). *Welche Bewegungsideen zum Rollen kannst du in deiner Gruppe finden?* Stehkreis: Sammeln der Schülerideen Beispiele: • alleine oder mit Partner drehen oder rollen • am Boden vorwärts (rückwärts) rollen • seitwärts rollen (Judorolle)	offener Unterrichtsbeginn 🎵 Musik 📝 Wortkarte 🪢 **Bewegung lernen** 🕐 ca. 6 Min. Bewegungsideen sammeln 🕐 ca. 6 Min.
Hauptteil	**Aufgaben zur Bewegungsfamilie Drehen und Rollen** Jede Gruppe stellt noch 2 Langbänke hinter ihre Matteninsel. Die Aufgaben werden von allen nacheinander durchgeführt. • **Aufgabe 1:** über die Matten rollen (Rolle vorwärts); auf 2 Langbänken im Gehen immer wieder über die Fußspitzen drehen • **Aufgabe 2:** zu zweit seitlich (wie ein Baumstamm) rollen, die Schüler geben sich dabei die Hände; nach der Mattenbahn zu zweit in einem Reifen stehend weiterdrehen oder sich im Reifen twistend vorwärtsbewegen (Reifen in Hüfthöhe) • **Aufgabe 3:** ein Partner rollt den anderen seitlich auf der Matte; danach neben der Langbank zu zweit „Walzer tanzen"	🪢 **Bewegung lernen** Bewegungsverwandtschaften Tanz und Bodenturnen 🎬 Filmszene 🎬 Filmszene 🎵 evtl. Musik 🎬 Filmszene

Kompetenzfeld: Bewegung gestalten

Phase	Durchführung	Ergänzende Hinweise
Hauptteil	• **Aufgabe 4:** Judorolle einzeln ausführen; auf der Langbank tanzen, twisten, drehen **Drehen und Rollen in der Gruppe** Die Schüler sollen in den 4 Gruppen jeweils gemeinsam eine Tanz-Turn-Verbindung erstellen. Es sollten mindestens 3 der bereits gelernten Elemente enthalten sein. Jede Gruppe bekommt dafür 2 Matten und 2 Reifen. **Präsentation im Sitzkreis** Jede Gruppe darf ihre Idee in der Mitte der Halle vorstellen. Diese kleine Aufführung könnte auch im Sinne einer projektartigen Ausweitung in die nächsten Sportstunden ausgelagert werden. Jede Gruppe könnte dazu ihre Ideen und einen Ablauf aufschreiben sowie ihre eigene Musik mitbringen.	Gruppenaufgabe, freies Gestalten ♪ Musik 🎬 Filmszenen 🕐 ca. 10 Min. ♪ Musik Projektarbeit
Ausklang	**Kettenreaktion** Alle stellen sich zusammen in einen großen Innenstirnkreis. Ein Schüler macht eine Drehbewegung im Stehen vor, die vom Partner rechts sofort nachgemacht wird. Wie bei einer Kettenreaktion durchläuft die Bewegung den ganzen Kreis. Evtl. mehrere Durchgänge mit immer neuen Vorgaben machen. **Drehvölkerball** (alternativer Ausklang) Gespielt wird wie beim normalen Völkerball, ein Werfer muss sich aber vor seinem Wurf einmal schnell um die eigene Achse drehen.	kooperative Schlussaufgabe (thematischer oder sozialer Aspekt) 💡 Falls die Schüler noch großen Bewegungsdrang zeigen, könnte ein bekanntes Spiel mit thematischem Bezug sinnvoll sein. Die Lehrkraft muss dies situativ entscheiden.

Stundenbild von Thomas Froschmeier

Didaktische Überlegungen: „Rollen, drehen, tanzen"

 **Bewegung lernen – Bewegungsverwandtschaften**

Zeitgemäßer Sportunterricht an der Grundschule thematisiert Bewegung und Spiel auch aus dem Blickwinkel von Lernfeldern, die sich auf vergleichbare Wurzeln zurückführen lassen. Dabei geht es u. a. darum, die Bewegungsgrundformen (gehen, laufen, springen, werfen, fangen, stoßen, prellen, balancieren, klettern, schaukeln, schwingen, hangeln, drehen, wälzen, rollen) in immer wieder neuer Weise zum Gegenstand des Unterrichts zu machen.

Statt einer frühen Spezialisierung (Erlernen normierter Sportarten) wird auf eine Vertiefung bestimmter Bewegungsstrukturen gesetzt. „Es geht um ein strukturbezogenes Transferdenken. Das, was über unterschiedliche Bewegungsformen hinweg identisch ist, müsste eigentlich zu positiven Übertragungseffekten führen und es dürfte letztlich egal sein, im Rahmen welcher Technikgebäude und situativer Kontexte die ausgewählten und anvisierten Fertigkeitsbausteine geübt werden." (aus Kröger, C./Roth, K. (1999): Ballspielschule – ein ABC für Spielanfänger. 3. Aufl. Verlag Karl Hofmann, Schorndorf)

Der Schüler erkennt im Unterricht bestimmte wiederkehrende bewegungsverwandte Prinzipien wieder, die man auch als Bewegungsfamilien bezeichnen könnte.

Die Besonderheit der vorliegenden Unterrichtseinheit „Rollen, drehen, tanzen" besteht darin, dass hier sogar eine sportbereichsübergreifende Bewegungsverwandtschaft vom Tanz zum Turnen hergestellt wird. Die Idee ist, Grundbewegungsformen aus dem Bodenturnen in die Dimension des Tanzes zu übertragen oder umgekehrt.

Bei diesem Ansatz bieten sich kooperative Aufgabenstellungen wie Partner- und Gruppenaufgaben besonders an und stellen eine Vernetzung mit dem Lernbereich *Gemeinschaft* her. Darüber hinaus werden Fähigkeiten wie Gestalten und Kreativität gefördert (Vernetzung mit dem Teillernbereich *Gestalten*).

Aus dem Bereich der Koordination werden insbesondere die Orientierungsfähigkeit und die Rhythmusfähigkeit thematisiert.

„Hit me up"

Sportbereich: Bewegen zur Musik – moderne Tanzformen	🪢 **Knotenpunkt:** Unterrichtsmethoden

Schwerpunkt: Erlernen einer komplexen Tanzchoreografie

Material: Kappen (½ Schülerzahl), Halstücher (½ Schülerzahl), ruhige Musik für den Ausklang, 🎵 Lied: „Hit me up", 🎵 Lied: „Free your mind" für den Warm-up, 🎬 Filmszenen, 🎴 Bildkarten

Phase	Durchführung	Ergänzende Hinweise
Einstimmung	**Thematische Einstimmung** Einteilung der Kinder in 2 Gruppen: die „Caps" (Kappen) und die „Bandits" (Halstücher) Impuls: *Stellt euch vor, 2 Banden wohnen in einer großen Stadt, die Bandits und die Caps. Sie hatten nie viel miteinander zu tun, bis sie ein gemeinsames Hobby entdeckten – das TANZEN! Das machte sie zu Freunden.* **Tanzspezifisches Warm-up** *Die „Bandits" und „Caps" begegnen sich in der Großstadt.* → lässiges, lockeres Umhergehen im Raum. Die Lehrkraft bewegt sich dabei mit den Kindern und gibt durch ein Signal (2-mal klatschen) immer neue Bewegungsmuster vor: • Fußballkick: einen Fuß wie bei einem Torschuss vor- und zurück-schwingen • Snowboard 360°: Ganzkörperdrehung über die rechte bzw. linke Schulter und Handklatsch • Sumo-Squats: 2 Seitstellschritte in beide Richtungen, wie ein Sumoringer tief- und hochgehen • Sonnengruß: im Stehen auf 4 ZZ (Zählzeiten) zuerst den einen Arm halbkreisförmig von innen nach oben außen führen, dann auf weitere 4 ZZ den anderen Arm • Duckwalk: wie eine Ente tief in der Hocke laufen und die Arme dabei nach vorne führen • Monster erschrecken: umhergehen und sich immer wieder gegen-seitig erschrecken, auch mit „Monsterrufen" • Abklatschritual „Give me five": Caps und Bandits klatschen sich ab, rechte Hand, linke Hand, beide Hände, beide Unterarme überkreuzen.	Stehkreis Identifikation mit dem Stundenthema 🎵 Lied: „Free your mind" läuft von Anfang an ohne Unterbrechung Spielerische Einführung von Tanzelementen 🎬 Filmszene 🪢 **Unterrichts-methoden** induktive Unterrichtsweise, freies Bewegen im Raum 🎴 Bildkarten 💡 Partnerelemente einbauen

Choreografie „Hit me up"

Choreo A (Auftaktphase)

Caps → stellen sich jeweils neben einem Bandit auf, linke Hand an der Kappe, misstrauischer Blick zum Bandit

Bandits → Hände an die Hüfte, musternder Blick zum Cap

Caps und Bandits → auf *„Baby Baby"* Fußballkicks vor und zurück, bei den Caps bleibt die linke Hand an der Kappe

Choreo B (Hauptteil)

Caps + Bandits

1. auf *„I did cause a commotion"* drehen sich beide Partner 360° nach rechts + Handklatsch
2. wieder zurück nach links + Handklatsch
3. dto., Drehung nach rechts + Handklatsch
4. dto., Drehung nach links + Handklatsch
5. auf *„if you want me"* machen die Partner 2 Sumo-Squats nach vorne, sie schauen sich dabei an
6. dto., 2 Sumo-Squats wieder zurück in den Stand
7. auf *„you better step up"* führen beide Partner den „Sonnengruß" aus, Blick zueinander
8. dto., „Sonnengruß" anderer Arm
9. dynamisches Gehen nach vorne (1, 2, 3), auf 4 „Monster erschrecken"
10. zurückdrehen, erneut nach vorne gehen auf 5, 6, 7; auf 8 wieder „Monster erschrecken"

11. zurückdrehen, erneut nach vorne gehen auf 1, 2, 3; auf 4 „Monster erschrecken"
12. auf 5, 6, 7, 8 tief in die Hocke gehen
13. auf *„say hey what's it"* im „Duckwalk" zurückgehen
14. dto., wieder im „Duckwalk" nach vorne

Phase: Hauptteil

Ergänzende Hinweise

Filmszene

Lied: „Hit me up"

Unterrichtsmethoden
deduktive Unterrichtsweise (Blockaufstellung); Bodenmarkierungen

1 x 8 ZZ (=Zählzeiten)

KICK

2 x 8 ZZ

die Textstellen gemeinsam heraushören (im Musikunterricht)

1 x 4 ZZ

360°

1 x 4 ZZ
1 x 4 ZZ
1 x 4 ZZ
1 x 4 ZZ

SUMO

1 x 4 ZZ

1 x 4 ZZ

SONNENGRUß

1 x 4 ZZ

1 x 4 ZZ

MONSTER

1 x 4 ZZ

individuelle Ideen der Kinder zulassen

1 x 4 ZZ

1 x 4 ZZ
1 x 8 ZZ
1 x 8 ZZ

DUCKWALK

Phase	Durchführung	Ergänzende Hinweise
Hauptteil	**Choreo C (Schlussteil)** Caps → bleiben nun tief, schauen zum Bandit und stützen sich mit der rechten Hand auf dem Knie auf Bandits → stehen dabei auf (1, 2, 3, 4) und twisten mit einem Knie, Blick zum Partner Bandits → geben Caps die Hand (5, 6) und ziehen sie schwungvoll hoch (7, 8) Bandits + Caps → klatschen sich ab (1, 2, 3, 4, 5, 6); auf 7, 8 kleiner Sprung (Vierteldrehung zurück); auf *„Baby Baby"* kleine, schnelle Trippelschritte zurück zur Ausgangs-Blockaufstellung **Choreo D (Wiederholung B und C)** Nun wird die Choreografie B und C wiederholt. Danach laufen die „Tanzpartner" winkend von der „Bühne".	1 x 8 ZZ 1 x 4 ZZ 1 x 4 ZZ 2 x 8 ZZ GIVE ME 5
Ausklang	**Kontaktimprovisationen (Partneraufgabe)** Die „Tanzpartner" bleiben zusammen und tanzen völlig frei zu ruhiger Musik. • *Tanzt in verschiedenen Abständen ... ganz nah, weiter weg ... haltet Augenkontakt ... beobachtet, was der Partner macht ... lasst eure Bewegungen von der Musik leiten!* • *Zuerst machen die Caps Bewegungen vor, die Bandits machen sie nach, danach Rollenwechsel!* **Kappen fangen** Jeder Bandit versucht, einem Cap die Kappe abzujagen. Die Caps dürfen die Kappen nicht festhalten. Erwischt ein Bandit eine Kappe, setzen sich Cap und Bandit auf die Bank und sprechen über die Tanzstunde.	ruhige Musik **Unterrichts-methoden** offene Unterrichtsphase: Kommunikation, Gestalten ⚠ Auf andere Tänzer achten! 💡 Alternative für einen bewegungsreichen Ausklang incl. Reflexion!

Stundenbild von Thomas Froschmeier

Didaktische Überlegungen: „Hit me up"

Unterrichtsmethoden

Bewegung zur Musik weckt bei Jungen wie Mädchen Emotionen und lässt schöpferische Fähigkeiten zur Entfaltung kommen. Individueller Ausdruck und Kreativität machen die besondere Faszination dieses tänzerischen Bereichs aus. Die Improvisation zur Musik in offenen Unterrichtsphasen ist deshalb ein wesentliches Element der Tanzerziehung.

„Hit me up" zeigt – unterstützt vor allem durch die Videos im Digitalen Zusatzmaterial – wie die Lehrkraft Tanz unterrichten kann. Von Anfang an brauchen die Kinder Bewegungsbilder und Tanzgeschichten: Sie bewegen sich wie Tiere, wie Zirkusartisten oder wie Indianer (vgl. *Moderner Sportunterricht in 40 Stundenbildern* für die 1./2. Klasse, Stundenbilder „Känguru-Tanz" und „Indianer gestalten einen Trommeltanz", Seiten 97 und 100). Eine gezielte Rhythmuserziehung sollte den Tanzunterricht unbedingt begleiten. Rhythmusspiele können auch im Klassenzimmer (Bewegungspause) durchgeführt werden.

Freies Bewegen zur Musik steht am Anfang der Tanzerziehung – aber nicht nur dort. Auch wenn feste Tanzelemente erarbeitet werden, können Improvisationen und freie Gestaltungen der Kinder immer wieder „Inseln" bilden, die Raum für das eigene Bewegungsgefühl und die Kreativität bieten.

Bewegungsimpulse werden durch ein Rahmenthema (zwei Banden werden über den Tanz zu Freunden), Bewegungsbilder („Monster erschrecken") oder Musik gegeben. Die Kinder sollen sich von Musik und Rhythmus, von Geschichten und Erlebniswelten in ihrer Bewegungsführung leiten lassen. Bewegungsideen der Kinder sollte die Lehrkraft aufgreifen und in den Tanzunterricht integrieren. So wird die Kreativität gefördert und das Selbstvertrauen der Kinder gestärkt. Einfache tänzerische Grundschritte, welche z. B. in einem tanzspezifischen Warm-up von der Lehrkraft möglichst spielerisch und bildhaft vorgetanzt werden, ergänzen die Ideen der Kinder und bilden die Grundlage für die spätere Tanzchoreografie von „Hit me up". Die Schritte und Bewegungsmuster sollten bildhaft unterrichtet werden.

Äußerst wichtig für die Lehrkraft ist es, dass sie mit dem musikalischen Aufbau der verwendeten Musiknummer (Musikbogen, Phrasen, Zählzeiten) vertraut ist. Auf das spiegelbildliche Vormachen („face to face"), das Mitzählen und Vorgeben des Musikbogens sowie das rechtzeitige Ansagen der Tanzelemente (Cuing) in kindgemäßer Form sollte sie sich vorab gut vorbereiten.

Im Tanzunterricht darf es kein „Richtig" oder „Falsch" geben. Ein gesundes Selbstwertgefühl, gerade im körperlichen Ausdruck, ist das wichtigste Ziel! In den musischen Bereichen können Kinder schon früh Verunsicherung erfahren, wenn die Lehrkraft nicht einfühlsam vorgeht. In „Hit me up" wurden bewusst Partnerelemente eingebaut. Im Rahmen eines altersgemäßen Themas (Banden in der Großstadt) lassen sich die Kinder leichter auf einen Partnertanz ein. Mit den beiden Rollen (Bandits mit Tüchern, Caps mit ihren Kappen) können sich Jungen und Mädchen gleichermaßen identifizieren. So kann sich jenseits von Geschlechterrollen ganz unverkrampft ein interessanter, kindgemäßer Tanzdialog entwickeln.

„Feuer!" (90 Min.)

Sportbereich: Spielen mit der Bewegung – Gymnastikbänder	Knotenpunkt: Gestalten

Schwerpunkt: Gruppengestaltung mit dem Band

Material: 1 Gymnastikband pro Schüler, evtl. Musik, Zusatzmaterialien (Groß- und Kleingeräte, Sprossenwände), Filmszenen

Phase	Durchführung	Ergänzende Hinweise
Einstimmung	**Gespräch im Sitzkreis** Der Lehrer legt Gymnastikbänder in den Mittelkreis, die Schüler äußern sich dazu. **Bandzeichner** *Jetzt darfst du selbst ausprobieren, welche Bilder du mit deinem Band in die Luft zeichnen kannst.* Der Lehrer zeigt die beste Stabhaltung, die Schüler erproben verschiedene Bandzeichnungen. *Erinnert dich deine Bandzeichnung an etwas Spezielles?* Die Schüler geben ihren Bandzeichnungen Namen (z. B. Schlange, Wasser, Feuer, ein O, Sonne, …).	thematischer Implus **Gestalten** freies Erfinden und Gestalten 2 Min. evtl. Musik Nicht auf die Bänder steigen! Knoten sofort lösen!
Hauptteil	**Feuerbeispiele** Es wird ein Sitzkreis gebildet. Die Schüler können ihre Ideen vorführen. Falls das Bild „Feuer" von den Kindern nicht selbst eingebracht wurde, gibt der Lehrer einen Impuls: *Erinnert dich diese Bandzeichnung an etwas Gefährliches?* Der Lehrer demonstriert senkrechte Bandschlangen: *Welche Arten von Feuer kennst du? Wo gibt es Feuer? Wie entsteht Feuer?* Kurzes Gespräch, anschließend finden die Kinder verschiedene Formen von Feuer und stellen diese dar. Mögliche Ideen: • **Waldbrand:** vorwärts oder rückwärts laufen mit senkrechten Schlangen, die immer höher werden; • **Häuserbrand:** die Sprossenwände hochklettern und Bandschlangen zeichnen; • **Lagerfeuer:** im Schneidersitz am Boden kleine Schlangen von links nach rechts vor dem Körper zeichnen; • **Funkenflug:** Band werfen (das Gelenkstück des Bandes zwischen Band und Stab in der Hand halten und mit gestrecktem Arm rückwärts abwerfen); • **Vulkanausbruch:** alle Kinder stehen am Mittelkreis und werfen ihr Band gleichzeitig rückwärts über den Kopf;	Impuls: Hinführung zum Thema „Feuer" **Gestalten** Bewegungsideen gemeinsam entwickeln Filmszene Stabhaltung wie bei „Funkenflug"

Hauptteil

- **Lava:** im Stehen mit dem Band von oben nach unten waagrechte Schlangen zeichnen;
- **Blitz:** großen Blitz mit dem Band zeichnen;
- **Sonne:** ein Kind macht große Bandkreise vor dem Körper, die anderen laufen mit kleinen Bandzeichnungen als Sonnenstrahlen rückwärts weg;
- **Feuerwehrauto:** vorwärts laufen und mit dem Band waagrechte Kreise (als Blaulicht) über dem Kopf zeichnen;
- **Feuer löschen:** mit einem Band (stellt Wasser aus dem Schlauch dar) mit einem großen Schwung einen „Brand" löschen.

Feuerfantasien
Die Schüler suchen sich einen Platz, legen sich hin, ruhen sich aus und denken über Feuerbeispiele nach.

Reflexion; Erholungsphase

Feuergeschichten erfinden
Die Lehrkraft gibt eine kleine Einführung im Sitzkreis. Die Schüler werden in Kleingruppen eingeteilt.
Jede Gruppe erfindet eine Feuergeschichte. Überlegt euch:

Gestalten
Anregungen durch die Lehrkraft im Sitzkreis

- *Wie entsteht euer Feuer (Sonne, Vulkan, Funke)?*
- *Was passiert? Was brennt? (Breitet sich das Feuer aus? Müssen Menschen oder Tiere, z. B. Schlangen, fliehen? ...)*
- *Wie geht das Feuer wieder aus? (Trifft es auf einen Fluss? Kommt die Feuerwehr? ...)*

Ein Kind kann auch Erzähler sein, während andere die Geschichte darstellen. Nicht jedes Kind muss etwas mit dem Band darstellen, einige können innerhalb der Geschichte etwas anderes verkörpern (z. B. einen Baum).

Die Schüler sammeln in ihrer Gruppe Ideen und einigen sich schließlich auf eine Geschichte; der Lehrer unterstützt einzelne Gruppen.

Feuergeschichten vorzeigen
Darbietung der Ergebnisse, die Zuschauer sitzen auf den Bänken.

 Filmszene

Ausklang

Reflexion im Sitzkreis
Welche Geschichte hat dir gefallen und warum? Was hast du bei der einen oder anderen Geschichte nicht verstanden? Welche war spannend?
Die Schüler beschreiben ihre Empfindungen.

Gestalten
Austausch, konstruktive Kritik

Feuer – Wasser – Blitz
Die Schüler laufen frei in der Halle, auf Zuruf des Lehrers führen sie eine Bewegung aus:
- **Feuer:** auf Sprossenwände klettern;
- **Wasser:** auf Langbänke steigen;
- **Blitz:** im Mittelkreis auf den Boden legen.

bewegungsreiches Abschlussspiel

Stundenbild von Barbara Spitzenpfeil

Didaktische Überlegungen: „Feuer!"

Obwohl das Handgerät „Band" der rhythmischen Sportgymnastik entstammt – einem Bereich, dem ein eher mädchenspezifisches Image anhängt – gelingt es mit dem Unterrichtsthema „Feuer", auch die Jungen der Sportklasse zum Bewegen mit diesem Gerät anzuregen. Erst in Folgestunden sollte ggf. auf eher sportartspezifische Strukturen und Elemente eingegangen werden, indem beispielsweise Gruppen- oder Einzelkompositionen auch ohne Thema entstehen oder Videosequenzen gezeigt werden.

Für die Grundschüler sind nur die kürzeren, vier Meter langen Bänder geeignet, nicht die sechs Meter langen Standardbänder. Die Bänder könnten passend zum Thema Feuer eingefärbt werden; blaue Bänder können evtl. das Wasser darstellen.

Gestalten

Gestalterische Themen brauchen in der Regel Zeit, damit die gewünschte Kreativität ausgelöst wird. Deshalb ist „Feuer!" als Doppelstunde konzipiert, kann jedoch ebenso in zwei Einzelstunden unterrichtet werden. Es wird ein spezielles Thema vorgegeben, mit dem die Kinder sich gestalterisch auseinandersetzen und dabei ihre Kreativität und Fantasie entdecken und ausleben können. Hier sollen nicht nur einzelne Bewegungen mit dem Sportgerät erfunden, sondern diese Bewegungen in Form einer kurzen Geschichte „in Szene gesetzt" werden. Bei der Aufgabe „Bandzeichner" geht der eigentlichen Inszenierung einer Geschichte das Erfinden von Bewegungsmustern voraus. Allein dadurch, dass die Kinder den einzelnen Bandzeichnungen Namen geben, entstehen Ideen und es entwickelt sich vor allem Lust auf deren Ausgestaltung. Ganz ohne Anregungen fehlen manchen Kindern allerdings zunächst oft die Ideen. Deshalb werden in der gemeinsamen Phase „Feuerbeispiele" einige Impulse geliefert, die von den einzelnen Schülern selber in der Phase Bandzeichner entstanden sind und deshalb nicht vom Lehrer komplett vorgegeben werden. Bei einer Doppelstunde könnte eine kurze, beruhigende Pause („Feuerfantasien") sinnvoll sein. Es könnte an dieser Stelle auch ein kleines Spiel als rhythmisierende Maßnahme gespielt werden.

Die Einteilung der Gruppen sollte nicht nach dem Zufallsprinzip erfolgen. Fühlen sich Kinder in ihrer Gruppe nicht wohl, behindert dies die Kreativität. Alternativ könnten sich die Kinder auch paarweise zusammenfinden, wenn eine gleichmäßige Gruppenbildung schwierig ist. Evtl. kann der Lehrer Zusatzgeräte (Kasten, Kleinkästen) für die Gestaltung zulassen. Wichtig ist dabei, dass das Band im Mittelpunkt bleibt und die Kinder in ihrem Übereifer nicht alle Geräte des Geräteraumes mitverwenden. Hier muss der Lehrer die Gruppen geschickt lenken, ohne ihnen das Gefühl zu geben, sie zu beeinflussen.

Eine schöne Erinnerung an die Geschichten sind Fotos, die während der Darbietung der einzelnen Geschichten gemacht werden. Hier kann im Anschluss oder fächerüberübergreifend in einer Deutschstunde eine Bildergeschichte oder ein Comic gestaltet werden.

Weitere Bewegungsformen mit dem Band:

„Jonglier-Spektakulum"

Sportbereich: Jonglieren mit Tüchern	Knotenpunkt: Motivierung, Individualisierung, Üben und Festigen

Schwerpunkt: Jonglieren mit Tüchern in 3 Stufen erlernen

Material: 3 Jongliertücher pro Schüler, Zirkusmusik und ruhige Musik, 🎵 Stationenkarten, 🎬 Filmszenen

Phase	Durchführung	Ergänzende Hinweise
Einstimmung	**Freies Bewegen mit dem Tuch** Jeder Schüler bekommt ein Jongliertuch. *Bewege dich frei zur Musik mit einem Tuch!* • **Kunststücke:** *Versuche jetzt, dich besonders kunstvoll oder trickreich mit deinem Tuch zu bewegen (halbe Drehung, kleine Sprünge, ...)!* • **Tüchertausch:** *Alle Schüler laufen frei in der Halle umher. Wenn sich 2 begegnen, tauschen sie durch einen Wurf ihre Tücher!* **Schwebende Tücher (Einzelaufgabe)** *Wer schafft es, sein Tuch so hochzuwerfen, dass es lange schwebt?* **Zwischenreflexion im Sitzkreis** *Wie fliegt das Tuch besonders schön? Wie muss es geworfen werden? Wo fasst du das Tuch? Wie und wann lässt du es am besten los?* → Am besten das Tuch in der Mitte fassen, die Enden nach unten hängen lassen, schnell nach oben ziehen und etwa in Schulterhöhe loslassen! **Schwebende Tücher (Partneraufgaben)** • *Laufe jetzt noch einmal und begrüße, während das Tuch hochfliegt, deinen Partner mit Handschlag!* • *Lasst die Tücher zwischen euch fliegen. Geht das auch mit 3 oder 4 Tüchern?*	**Motivierung** Zirkusmusik ruhige Musik 💡 auch in einer Gruppe von 3–4 Schülern mit mehreren Tüchern möglich
Hauptteil	**Jonglieren lernen an Stationen** *Jetzt lernen wir das Jonglieren! Dafür brauchen wir 3 Stationen. Erst wenn du die Aufgabe an der 1. Station sicher beherrschst, kannst du zur 2. Station gehen! Auch hier musst du die Aufgabe sicher bewältigen, um zur 3. Station wechseln zu dürfen.* Dreiteilung der Halle, in jedem Bereich wird eine Stationenkarte ausgelegt.	**Motivierung** durch Zielangabe evtl. Zirkusmusik 3-Stufen-Methodik; der Lehrer als Beobachter und Lernbegleiter 📝 Stationenkarten

Phase	Durchführung	Ergänzende Hinweise
Hauptteil	• **Station 1: Jonglieren mit 1 Tuch** Das Tuch mit rechts nach schräg links oben werfen und mit links fangen, anschließend umgekehrt. Variante: zwischen Werfen und Fangen kleine Kunststücke einbauen (Beispiele siehe Stationenkarte). • **Station 2: Jonglieren mit 2 Tüchern** Kurz nacheinander das in der rechten Hand gehaltene Tuch nach links oben und das in der linken Hand nach rechts oben werfen; dann nacheinander mit der jeweils anderen Hand auffangen; anschließend das Ganze im Bewegungsfluss. Tipp zum Werfen: *Denke dir 2 Punkte in der Luft, die etwa dort liegen, wo du mit der linken und der rechten Hand mit gestreckten Armen über deinem Kopf gerade noch hingreifen kannst.* Tipp zum Fangen: *Lass die Tücher jeweils in deine Hand zurücksinken und greife das Tuch erst, wenn es vor dir etwa in Bauchhöhe angekommen ist.* • **Station 3: Jonglieren mit 3 Tüchern** Hier muss der Lehrer erst die Tuchhaltung erklären. (Daumen und 2. Finger der rechten Hand halten das 1. Tuch; 4.+5. Finger klemmen das 2. Tuch an den Handballen.) Aufgaben: • 2 Tücher rechts, 1 Tuch links; nacheinander (rechts, links, rechts) alle Tücher hochwerfen, ohne sie zu fangen; • genauso, mit Auffangen nur der beiden 1. Tücher (das 3. fällt zu Boden); • genauso, mit Auffangen der 3 Tücher; • wenn alle 3 Tücher sicher gefangen werden können, vor dem Auffangen des 3. Tuches das 1. wieder hochwerfen; dann sukzessive das erneute Hochwerfen aller Tücher probieren.	**Individualisierung, Üben und Festigen** Filmszene An allen Stationen für Linkshänder gegengleich bzw. im Verlauf des Übens auch mit der schwächeren Hand beginnen lassen. Filmszene ggf. Demonstration durch die Lehrkraft mit akustischer Unterstützung: „Wurf! Wurf! Schnapp! Schnapp!" Filmszenen 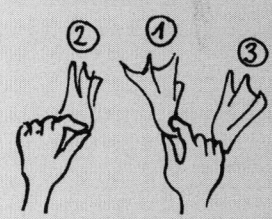
Ausklang	**Gespenstertanz** 4–6 Jongleure mit jeweils einem Tuch • In Kreisaufstellung: Die Tücher werden gleichzeitig mit der rechten Hand zum rechten Nachbarn hin schräg hochgeworfen. Jeder fängt also das Tuch seines linken Nachbarn. • In Kreisaufstellung: Die Tücher werden gleichzeitig mit einer Hand gerade hochgeworfen. Anschließend macht die ganze Gruppe auf Kommando einen Schritt nach rechts und jeder fängt auf dem neuen Platz das Tuch des Vorgängers. • In Linienaufstellung: Während der Flugphase (gerade nach oben werfen) wechseln alle einen Platz nach rechts; das äußerste Kind läuft an das linke Ende der Linie und fängt das Tuch des ersten Kindes.	ohne Musik Filmszenen

Stundenbild von Yvonne Friedl

Didaktische Überlegungen: „Jonglier-Spektakulum"

Immer wieder ist zu beobachten, dass Zirkuskünste auf Kinder eine ganz besondere Faszination ausüben und den kindlichen Lerneifer wecken. Mit einigem Üben können in diesem Bereich alle Kinder Erfolge erzielen. Zum Einstieg in das Jonglieren bieten sich Tücher an: Die Tücher lassen aufgrund ihrer Leichtigkeit viel mehr Zeit zum Agieren und Reagieren, was den Lernprozess vereinfacht. Nach dem Prinzip „vom Leichten zum Schweren" (methodisch wie materialbezogen) wird deshalb vorgeschlagen, eine entsprechende Anzahl von Tüchern zu besorgen. Vielleicht gibt es auch Eltern, die aus geeigneten Stoffen solche Tücher nähen können.

In der Stunde „Jonglier-Spektakulum" steht spielerisches und bildhaftes Lernen im Vordergrund. Die Tücher sollen zunächst in der Luft schön schweben.

Individualisierung und Motivierung
An den drei Stationen wird danach konzentriert geübt und trainiert. Mit den eigenen Lernfortschritten wächst auch der Spaß am Üben! Da die Schüler unterschiedlich schnell lernen, können sie in dieser Stunde selbst entscheiden, wann die nächste Stufe sinnvoll ist. In Zwischenreflexionen muss ggf. darüber gesprochen werden, dass es hier nicht um Schnelligkeit oder Wettbewerb geht. Erst wenn ein Kind eine Stufe sicher beherrscht, kann es die nächste Erfolg versprechend angehen (Drei-Stufen-Methodik). Als Beobachter und Lernbegleiter hat der Lehrer während dieser Stunde die Aufgabe, auf Probleme bei einzelnen Bewegungsschritten differenziert einzugehen. Die Schüler sollen in erster Linie durch eigenes Ausprobieren lernen. Nur wenn klar erkennbar ist, dass ein Kind nicht weiterkommt, sollte der Lehrer ihm Hilfestellungen geben. Oftmals ist es ratsam, wieder einen Schritt (eine Station) zurückgehen.

Üben und Festigen
Nicht alle Kinder werden in einer Stunde das Jonglieren mit Tüchern lernen. Im Sinne der Nachhaltigkeit sollte den Kindern deshalb in den darauffolgenden Stunden unbedingt die Möglichkeit gegeben werden weiterzuüben. Gute Jongleure könnten bereits spielerische Variationsmöglichkeiten ausprobieren, kleine Choreografien erstellen, den Schwächeren Tipps geben oder sogar erste Erfahrungen in der Balljonglage sammeln. Dann bleibt bei allen die Motivation erhalten. Beim Jonglieren wäre es auch sehr sinnvoll, eine Sporthausaufgabe zu geben: Jeden Tag zehn Minuten üben. Der Erfolg wäre sicher überwältigend!
Das Ende der Jongliersequenz könnte auch mit einer kleinen Aufführung in der Aula abgerundet werden.
Eine mögliche thematische Anbindung ist im Stundenbild „Schmetterlinge auf einer Blumenwiese" (siehe *Moderner Sportunterricht in 40 Stundenbildern* für die 1./2. Klasse, Seite 94) gegeben.

Kompetenzfeld: Bewegung gestalten

„Da bin ich vielleicht gespannt!" (90 Min.)

Sportbereich: Körperspannung und Kinderakrobatik	Knotenpunkt: Gemeinschaft, Motivierung, Aktivierung

Schwerpunkt: Körperspannung – Akrobatik, Pyramidenbau

Material: Turnmatten oder Bodenläufer, 🎵 Laufmusik, 🎵 Bildkarten

Phase	Durchführung	Ergänzende Hinweise
Einstimmung	**Superkleber** Die Kinder bewegen sich zur Musik in der Halle. Auf den Pfiff des Lehrers finden sie sich paarweise zusammen und „kleben" sich mit bestimmten Körperteilen (z. B. Schulter, Händen, Rücken, Po) aneinander. *Wichtig: Lehnt euch so aneinander, dass sich nur die genannten Körperteile berühren und ihr somit ein stabiles Dach bildet.* **Reflexion im Gesprächskreis** *Wie muss dein Körper sein, damit das Dach stabil ist? Was ist Körperspannung?* **Aufgaben zur Körperspannung** • **Brett anheben:** Ein Kind liegt angespannt auf dem Rücken. Der Partner hebt es an den Fußgelenken vom Boden ab, bis nur noch Schultern und Kopf aufliegen. Oberkörper, Hüfte und Beine bilden eine Linie. • **Wer fängt mich auf?** Im Stehkreis wird immer von 1 bis 5 durchgezählt. Nun laufen alle Spieler auf relativ engem Raum (z. B. auf einem halben Volleyballfeld) durcheinander, bis der Lehrer eine der Zahlen von 1 bis 5 ruft. Die entsprechenden Kinder schreien kurz auf und lassen sich langsam fallen, als ob sie ohnmächtig würden. Die anderen versuchen, sie zu stützen bzw. aufzufangen. • **Sternbalance:** Alle Kinder stehen in einem Innenstirnkreis, fassen sich an den Händen und zählen mit 1, 2, 1, 2 usw. durch. Alle 2er lehnen sich zurück, die 1er dazwischen legen sich gleichzeitig nach vorne, bis die Arme gestreckt sind, dann umgekehrt.	**Gemeinschaft** Kooperation, Selbst- und Fremdwahrnehmung, Körperspannung, Vertrauen, Gleichgewicht 🎵 Laufmusik 🕐 Einstimmung max. 10 Min. ⚠ Auf die richtige Hebetechnik achten: aus den Knien anheben! ⚠ Den Kindern erklären, dass sie sich langsam und möglichst steif „umkippen" lassen sollen! 💡 Signal für gemeinsamen Beginn vereinbaren
Hauptteil	*Wozu braucht man Körperspannung? Wer braucht noch Körperspannung? Denkt mal an den Zirkus ...* → Zirkusakrobaten *Ihr sollt heute selbst Akrobaten sein und Pyramiden bauen. Dabei gibt es einige Dinge, die man unbedingt beachten muss!*	**Motivierung** Reflexion im Gesprächskreis

Phase	Durchführung	Ergänzende Hinweise

Hauptteil

Gesprächskreis: Regeln für das Pyramidenbauen
- Haltung: gerader Rücken; gleichmäßige Gewichtsverteilung bei der Bankstellung durch hüftbreit aufgesetzte Knie und schulterbreite Hände; nur auf Schultern und Becken treten, niemals auf die Wirbelsäule!
- Vorher absprechen, wer welche Position einnimmt (schwere und kräftige Kinder unten, leichtere Kinder oben)!
- Kontrollierter Abbau, nie abspringen!
- Bei Schmerzen oder nachlassenden Kräften sofort Kommando „ab"!

Immer 2 Turnmatten zusammen werden für je ca. 4 Kinder als Inseln in der Halle verteilt (Alternative: Bodenläufer ausrollen).
Geturnt wird barfuß oder mit Socken.

Einfache Bauwerke zu zweit (Basistechniken)
- **Die Bank:** 1 Kind steht in Bankstellung, das andere zeigt verschiedene Figuren auf dem Rücken des Partners.
- **Der Liegestütz:** 2 Kinder stellen sich in entgegengesetzten Liegestützen aufeinander oder in 2 gleichgerichteten Liegestützen hintereinander, wobei der vordere Partner seine Füße auf die Schultern des hinteren Partners legt.

Komplexere Bauwerke (Gruppenpyramiden)
Der Lehrer zeigt den Schülern jeweils ein Bild einer 3er-Pyramide. Die Schüler bilden 3er-Gruppen und probieren sie aus.

Sicherheitsbewusstsein schaffen!

Das Wichtigste auf einem Plakat festhalten

Rituale vereinbaren

Gemeinschaft
Kooperation, Aktivierung

selbstständige Arbeit mit Bildkarten

Bildkarten

Die Schüler immer wieder auf Hilfestellungen hinweisen!

Bildkarten

Wichtig für die Lehrkraft: Alle Gruppen im Blick behalten!

Ausklang

Präsentation und Würdigung der Ergebnisse
Jede Gruppe wählt ihr Lieblingsbauwerk aus und darf es den anderen zeigen.

Gemeinschaft, Motivierung, Aktivierung

Stundenbild von Yvonne Friedl

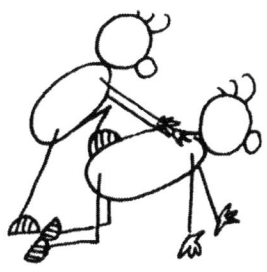

Didaktische Überlegungen: „Da bin ich vielleicht gespannt!"

Motivierung
Akrobatik übt erfahrungsgemäß eine große Faszination auf die Kinder aus. Durch das Ausprobieren ständig neuer Elemente bleibt die Begeisterung über mehrere Stunden erhalten (Verlaufsmotivation). Auch sportschwächere Kinder sind hier schnell zu motivieren. Sie finden ihre Rolle, ihre Aufgabe als Helfer, stabiles Fundament, Baumeister oder Künstler. Die erforderlichen technischen Grundlagen werden in der vorliegenden Stunde angebahnt und können in der Einheit „Vertrau mir, ich helf dir!" (siehe Seite 122) zur Stärkung der kindlichen Persönlichkeit genutzt werden.

Gemeinschaft – Kooperation
Zunächst ist es wichtig, die Kinder körperlich, vor allem aber mental auf die Stunde einzustimmen. Dabei stehen Fähigkeiten wie Körpergefühl, Körperspannung und Gleichgewicht sowie gegenseitiges Vertrauen im Zentrum der Unterrichtsplanung. Die Aufgaben zur Körperspannung können eine ganze Stunde bestimmen, aber auch immer zu Beginn einer Kinderakrobatikstunde zur Einstimmung und Vorbereitung genutzt werden.
Vorab wird mit den Kindern über die passende Sportkleidung gesprochen (rutschfeste, eng anliegende Sportkleidung, barfuß oder mit Socken). Die Absicherung mit Matten, das Absprechen von Kommandos sowie das strikte Einhalten von vereinbarten Regeln sind in der Kinderakrobatik von großer Bedeutung. Gegenseitiges Helfen und Sichern kennen die Schüler aus dem Turnen an Geräten und können es hier wieder anwenden. Auch das Reflektieren von Erfahrungen (*Hat dir etwas wehgetan? Was muss dein Partner anders machen? Was hat gut geklappt?*) ist unverzichtbarer Bestandteil dieser Sportstunden.
Aus zwei Basiselementen – Bankstellung und Liegestütz – lassen sich attraktive Kombinationen und Bauwerke entwickeln, die für etliche Stunden ausreichend sind. Vor allem für die Bankposition gilt es zu beachten, dass sie stabil und richtig ausgeführt werden muss (Arme und Beine stehen senkrecht und bilden zum Körper jeweils einen 90°-Winkel; die Arme stehen in Schulter- und die Beine in Hüftbreite auseinander; gerader Rücken). Ein kleiner „Partnercheck" (*Ist die Bank stabil?*) ist hilfreich. Dabei versucht ein Schüler, seinen Partner in der Bankstellung wegzudrücken. Kippt die Bank sofort, ist sie nicht stabil!

Aktivierung
Bei komplexeren Bauwerken (3er-Pyramiden) empfiehlt es sich, mit Bildkarten zu arbeiten. Die Abbildungen können die Schüler in ihrer Vorstellungskraft unterstützen. Außerdem ermöglichen bildliche Darstellungen ein selbstständiges, sicheres Erarbeiten in der Kleingruppe. Der Lehrer steht den Gruppen unterstützend und beratend zur Verfügung. Diese Phase in der Kleingruppe kann durch weitere Abbildungen beliebig ausgedehnt werden. Evtl. können die gebauten Pyramiden fotografiert und die Bilder im Klassenzimmer ausgestellt werden.

Literatur und Medien
Blume, M. (2007): Akrobatik mit Kindern und Jugendlichen. 8. Auflage. Meyer & Meyer Verlag, Aachen
Kikow, A./Kruber, D. (2007): Übungskarten zur Freizeitakrobatik in Schule und Verein. Vorbereitung, Grundpositionen und Unterrichtseinheiten. 2. Auflage. Pohl-Verlag, Celle
Dober, R. (2006): Akrobatik und Turnen in der Sek. I. Zugriff am 15.07.2014 unter http://www.sportunterricht.de/akro

„Alles steht Kopf"

Sportbereich: Turnen an Geräten – Handstand

Schwerpunkt: Wege zum Handstand

Material: Mannschaftshemden, 2 große Kästen, 2 Reckanlagen, Turnmatten, Sprossenwände, 🎬 Filmszenen

Phase	Durchführung	Ergänzende Hinweise
Einstimmung	**Aufbau der Stationen** Gemeinsamer Aufbau mit den Schülern: • an einem Ende der Halle 2 für die Schüler etwa hüfthohe Kästen (ca. dreiteilig) mit Mattensicherung; • 2 Reckanlagen mit Mattensicherung; • 2 Sprossenwände mit Matten davor; • 2 Matten, beliebig an einer Hallenwand platziert. **Rette sich, wer kann! (Aufwärmspiel)** 2–3 gekennzeichnete Fänger versuchen, andere Schüler abzuschlagen. Durch einen Sprung in den Stütz an einem der Geräte (Kästen, Recks) kann man sich vor dem Gefangenwerden retten. Dort darf man sich jedoch nur 3 Sek. aufhalten. Ein Gerät darf nicht mehrmals hintereinander benutzt werden. Die Fänger dürfen auch nicht neben den Geräten warten, sondern müssen versuchen, einen anderen Schüler abzuschlagen. Wer erwischt wird, ist neuer Fänger. Variante: Die Schülerzahl pro Gerät begrenzen!	⚠️ Auf sachgerechten Gerätetransport achten! Vorbereitung der Stützmuskulatur (unabdingbare Voraussetzung für den Handstand) Umbau: Über die beiden Reckstangen wird eine alte biegsame Matte gelegt (Alternative: Isorohr aus dem Baumarkt).
Hauptteil	**Drei Schritte zum Handstand** Die methodische Reihe besteht aus 3 aufeinander aufbauenden Lernschritten. **Lernschritt 1: Stationen zum Kopfüberstehen** Die Kinder gehen zu dritt zusammen. Sie suchen sich die Station aus, an der sie als nächstes üben wollen, und tauschen dort selbstständig die Rollen. Für alle Stationen gilt: Wenn das Kind im Handstand steht, kann es (mit oder ohne Hilfe) entweder aus dem Handstand abrollen oder die Beine wieder absetzen. Die Helfer müssen den Handstandturner immer an die Spannung („Steh wie ein Brett!") erinnern! • **Station 1: Großkasten** Der Schüler liegt in Bauchlage auf dem Kasten und schiebt sich mit dem Oberkörper nach vorne über diesen hinaus (Hüftknick), bis er mit den Händen die Matte berührt. Die beiden Helfer sichern ihn ab und führen ihn mit Klammergriff am Oberschenkel bis in den Handstand und zurück in die Liegeposition. • **Station 2: Reck** Prinzip wie am Großkasten	🪢 **Bewegung lernen, Differenzierung** die Schüler auf selbstständige, verantwortungsbewusste Gruppenarbeit vorbereiten ⚠️ Hände immer zum schnellen „Zupacken" bereithalten! 🎬 Filmszene

Phase	Durchführung	Ergänzende Hinweise
Hauptteil	• **Station 3: Sprossenwand** Ein Schüler stellt sich mit dem Rücken zur Sprossenwand, setzt seine Hände auf die Matte und „klettert" mit den Füßen an der Sprossenwand empor. Dabei muss er mit den Händen weiter zur Wand wandern, damit er schließlich in die Senkrechte (Bauch Richtung Sprossenwand) kommt. Die Helfer beobachten genau und erinnern an das Nachrutschen der Hände.	Filmszene ängstliche Schüler wieder mit Klammergriff unterstützen
	• **Station 4: Hallenwand** Prinzip wie an der Sprossenwand	Filmszene
	Umbau: Bis auf die Matten, von denen nun jeweils 2 hintereinandergelegt werden, alle Geräte abbauen.	
	Lernschritt 2: Zappelhandstand Der Lehrer oder ein Schüler zeigt den Zappelhandstand. Anschließend versuchen die Kinder, diesen ohne Hilfe nachzumachen. Aus dem Vierfüßlerstand oder später auch aus dem Stand schwingen sie die Beine nach oben und zappeln. Das Beinezappeln hilft, die Balance zu finden.	**Bewegung lernen, Differenzierung** Bewegung visuell erfassen Filmszene Hinweis für Kinder: *Keine Angst, wenn du das Gleichgewicht verlierst! Rolle wie bei den Stationen ab oder komme zurück auf den Boden!*
	Lernschritt 3: Handstand Jeder Schüler versucht, aus dem Stand mit so viel Schwung aufzuschwingen, dass er möglichst nah an die Senkrechte kommt. 2 Schüler geben Hilfestellung und bilden gemeinsam jeweils mit dem entfernteren Arm eine Art Schranke. Mit der freien Hand, die zu dem turnenden Kind zeigt, können sie bei zu wenig Schwung nachhelfen. Sobald das Kind im Handstand steht, schließen sie die Gasse (Schranke), sodass die Beine des Turners in einem Ring stabilisiert werden. Dadurch verhindern sie ein Überkippen nach hinten.	**Bewegung lernen, Differenzierung** Hilfestellung durch die „Schranke" 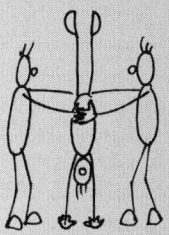
Ausklang	**Reflexion im Gesprächskreis** *Welche Stationen haben dir etwas gebracht? Hast du in der Stunde Fortschritte gemacht? Hast du etwas Neues gelernt?* **Massagestraße** Die Klasse stellt sich in einer Gasse auf. Ein Kind nach dem andern darf langsam durch diese Massagestraße hindurchgehen, während die anderen ihm durch Streicheln, Klopfen, Reiben ... die Armmuskeln massieren.	**Bewegung lernen** Erlebtes reflektieren, Erfolgserlebnisse bewusst machen

Stundenbild von Yvonne Friedl

Didaktische Überlegungen: „Alles steht Kopf"

Beim Erlernen des Handstands trifft man bei Grundschulkindern auf sehr unterschiedliche Voraussetzungen. Aus diesem Grund ist es nötig, zunächst die Stützkraft zu verbessern. Dies gelingt nicht, wenn nur am Stundenanfang einige Stützaufgaben eingebaut werden. Die Stützkraft muss in spielerischer Form intensiv über mehrere Wochen (Sporthausaufgabe) erarbeitet werden.

🐌 Bewegung lernen und 🐌 Differenzierung

Um den Schülern einen ersten Eindruck zu vermitteln, wie es sich anfühlt, kopfüber zu stehen, sind im ersten Lernschritt ganz bewusst zwei Aufgabenstellungen gewählt (Kasten und Reck), bei denen das schwierige „Im-Gleichgewicht-Halten" noch ausgeklammert ist. Die Schüler erfahren trotzdem das Gefühl: „Ich stehe kopfüber!". Ohne Hilfe wäre für viele Kinder das Stehen im Handstand kaum möglich. Mangelnde Stützkraft und das Problem, nach dem Hochschwingen den Körper ins Gleichgewicht zu bringen, würden den Lernerfolg verhindern. Differenzierend könnte ein zusätzlicher Bewegungsauftrag hinzugefügt werden: „Versuche nun, deine beiden Helfer zu unterstützen, indem du mit deinen Beinen ein bisschen Schwung holst!" Wichtig ist hier, dass die Lehrkraft den Kindern die Hilfe- und Sicherheitsstellungen (Klammergriff an Oberschenkel) immer wieder erklärt und zeigt. Gute Turnkinder können den schwächeren sinnvolle Tipps geben.

Das „Hochklettern" an der Sprossen- bzw. an der Hallenwand verlangt bereits eine gute Stützkraft. Durch eigene Anstrengung kann die Handstandposition nahezu erreicht werden. Aber auch hier kommt den Lernbegleitern eine wichtige Rolle zu. Sie beobachten und erinnern an das Nachrücken der Hände sowie an die Körperspannung. Generell muss auch beim Helfen und Sichern auf die körperlichen Voraussetzungen der Helfer geachtet werden. Ein zierliches Kind kann unmöglich ein korpulenteres Kind sichern.

Im zweiten Lernschritt (Zappelhandstand) sind die Ausgleichsbewegungen mit den Beinen durchaus erwünscht, um das Gleichgewicht zu erhalten bzw. wieder herzustellen. Evtl. hilft den Schülern hier die Vorstellung von einem Eichhörnchen, das seine Balance im Sprung auch durch den „steuernden Schwanz" herstellt.

Nach den Bewegungserfahrungen mit dem Zappelhandstand fällt es den Schülern leichter, sich vorzustellen, wie sie zum Handstand gelangen. Auch im dritten Lernschritt helfen die Ausgleichsbewegungen der Beine, das Gleichgewicht zu finden. Die Hilfestellung (Klammergriff am Oberschenkel) bleibt für viele Kinder eine wichtige Unterstützung. Bei denjenigen, die genügend Stützkraft aufbringen, um ihr Körpergewicht selbst zu halten, sollten sich die beiden Helfer lediglich beim Hochschwingen in der Bewegungsrichtung eine Hand reichen, um ein Vornüberfallen zu verhindern. Das hochschwingende Bein kann ggf. mit der freien Hand unterstützt werden. Danach schließen die beiden Hilfesteller die Arme wie zwei Schranken. Das Kind kann nun innerhalb dieser Schranken versuchen, ins Gleichgewicht zu kommen. Mit ihrer anfangs freien Hand können die Helfenden sich vor einem unabsichtlichen Fußschlag schützen. Fortgeschrittene Turner können alternativ gegen eine an der Wand stehende Weichbodenmatte aufschwingen und versuchen, sich von dieser zu lösen. Dafür müssen die Schüler jedoch über ausreichend Stützkraft verfügen, damit sie nicht zusammensacken.
In den weiteren Sportstunden könnte als Fortsetzung das selbstständige Aufschwingen in den Handstand mit anschließendem Abrollen erlernt oder der Handstand in eine kleine Bodenkür mit bereits bekannten Elementen (Rolle, Sprünge, Standwaage, ...) integriert werden. Auch das synchrone Turnen mit einem Partner macht den Schülern oft viel Spaß.

Literatur und Medien
Gerling, I. E. (2006): Basisbuch Gerätturnen. Von Bewegungsgrundformen mit Spiel und Spaß zu Basisfertigkeiten. 5. Auflage. Meyer & Meyer Sport, Aachen
Gerling, I. E. (2006): Kinder turnen. Helfen und Sichern. 3. Auflage. Meyer & Meyer Sport, Aachen

„Von Liane zu Liane" (90 Min.)

Sportbereich: Turnen an Geräten – Schwingen an Ringen und Tauen	🪢 **Knotenpunkt:** Sicherheit, Individualisierung

Schwerpunkt: Klettern, Schwingen und Hängen an Tauen und Ringen

Material: 4 Paar Ringe, 4 Hängetaue, evtl. Swing Top, 1 Weichbodenmatte, 10 Turnmatten, Kastendeckel und Kleinkästen, Medizinball, Reifen, 4 Langbänke, 🖼 Bildkarten, 🎬 Filmszenen

Phase	Durchführung	Ergänzende Hinweise
Einstimmung	Zuerst werden in 4er-Gruppen die Matten und Kastenteile aufgebaut. 6er-Gruppen legen die Weichbodenmatte ab und stellen die Bänke auf. Die Ringe und Taue werden nach dem Aufwärmen vom Lehrer vorbereitet. **Schlangenlauf** Der Lehrer oder ein Schüler bildet den Schlangenkopf, der Rest der Kinder die Schlange. Der Schlangenkopf führt die Schlange um und über die Matten und Langbänke; später auch mit kleinen Zusatzaufgaben (Hüpfen, Stützspringen an der Bank, Wechselspringen an der Bank; Änderung der Laufrichtung auf Lehrersignal: der Schlangenschwanz wird der neue Kopf). **Dehnen, Kräftigen und Mobilisieren an Langbänken** Die Schüler sind gleichmäßig auf alle Bänke verteilt. • Liegestützwandern oder Krebsgang um die Langbank (mit Füßen oder Händen auf der Langbank) • Dehnungen der Handgelenke • Dehnungen der Schultergürtel • Liegestützsteigen auf die Bank und ab Während die Schüler die Aufgaben durchführen, befestigt und überprüft der Lehrer die Taue und Ringe. **Demonstration der Bewegungen an den Stationen** Die Klasse sitzt in der Mitte der Halle auf den Langbänken. Jeweils ein Schüler zeigt die vom Lehrer vorgegebene Bewegungsaufgabe und besonders die vorgeschriebenen Laufwege zur nächsten Station.	Stationenaufbau 🪢 **Sicherheit** ⚠ Aufbauregeln beachten! Laufspiel 🖼 Bildkarten 🔅 jeweils einen großen und einen kleinen Schüler zur Höhenanpassung heranholen 🪢 **Sicherheit** ⚠ Laufwege; Abbremsen; „Warteplatz" an den Langbänken bestimmen
Hauptteil	**Parcours zum Klettern, Schaukeln und Schwingen** Der Lehrer teilt die Schüler in 8 Gruppen ein und bleibt an der Station 1. Alle anderen Stationen können ohne Lehrerhilfe bewältigt werden.	🪢 **Sicherheit** Sicherheitshinweise zu den Stationen → siehe didaktische Überlegungen 🪢 **Individualisierung** arbeitsteiliger Geräteparcours

Phase	Durchführung	Ergänzende Hinweise
Hauptteil	• **Station 1: Ringe** Der Lehrer gibt je nach Leistungsvermögen individuell einfache oder schwierige Aufgabenstellungen an den Ringen (Sturzhang, Durchhocken im Hang vorwärts und rückwärts, Klimmzug). • **Station 2a: Ringe für größere Schüler** • **Station 2b: Ringe für kleinere Schüler** jeweils schwingen an den Ringen • **Station 3: Ringe, tief hängend** in den Ringen stehen und schaukeln (evtl. mit Partnerunterstützung) • **Station 4: Tau, Kastendeckel, kleiner Medizinball** den Ball auf dem Kleinkasten zwischen die Füße klemmen, am Tau zur Matte schwingen und den Ball auf der Matte in einen Reifen fallen lassen • **Station 5: Tau** vom Kastendeckel abschwingen und möglichst in weiter Entfernung vom Kastendeckel auf einer Niedersprungmatte landen • **Station 6: Tau** von Kleinkasten zu Kleinkasten schwingen • **Station 7: Tau** das Tau bis zur Markierung hinaufklettern **Demonstration guter Bewegungslösungen** Während des Parcours kann der Lehrer unterbrechen und einzelne, gelungene Bewegungsausführungen von Schülern an den Ringen demonstrieren lassen.	**Individualisierung** Filmszenen zu den Stationen Bildkarten Die Lehrkraft befindet sich immer an Station 1! evtl. mit Swingtop **Individualisierung**
Ausklang	**Erfahrungsaustausch im Sitzkreis** *Welche Aufgabe war für dich am schönsten ... anstrengendsten ... leichtesten ... und warum?* → Die Schüler berichten über ihre Bewegungserfahrungen. *Welche Fähigkeit braucht man an Ringen und Tauen besonders, um nicht herunterzufallen?* → Kraft! *Eine der Stationen wollen wir nächste Woche genauer betrachten.*	Reflexionsphase Ausblick

Stundenbild von Barbara Spitzenpfeil

Didaktische Überlegungen: „Von Liane zu Liane"

Ziel dieser Stunde ist es, den Schülern möglichst viele Bewegungsanreize zur Verbesserung der konditionellen Fähigkeit Kraft zu bieten. Sicheres und angstfreies Beherrschen der Bewegungsgrundformen sind für alle späteren komplexeren Fähigkeiten und Fertigkeiten von elementarer Bedeutung.
Diese Stunde bietet die Möglichkeit, viele typische Sicherheitsmaßnahmen zu erläutern, die auf andere Stunden übertragen werden können.

Individualisierung
Station 1 muss vom Lehrer betreut werden. Mit seiner Hilfe können die Schüler hier je nach individuellen Leistungsvoraussetzungen einfache turnerische Fertigkeiten erlernen und später der Sportklasse demonstrieren.

Sicherheit beim Gerätetransport
Ziel ist ein sicherer, effektiver und zügiger Aufbau. Der richtige Transport der Geräte und das Verhalten im Geräteraum sollten bereits von der 1./2. Jahrgangsstufe her bekannt sein. Der Lehrer muss wissen, welche Stationen die Schüler ohne seine Hilfe aufbauen können und wo er unterstützen muss (vorausschauende Unterrichtsplanung). In der Stunde „Von Liane zu Liane" ist es wichtig, dass die Taue und Ringe erst nach dem Aufwärmen aufgebaut werden, damit die Kinder sich nicht an herabhängenden Ringen oder Tauen verletzen. Grundsätzlich sind zuerst die Stationen aufzubauen, die weiter vom Geräteraum entfernt sind, damit sie andere Transporte nicht behindern, sowie diejenigen, die zeitaufwendiger sind.

Aufbauregeln
- Nicht an aufgebauten Geräten turnen!
- Nicht über die Matten laufen und springen (Stolpergefahr)!
- Nach dem Aufbau an einem vereinbarten Punkt absetzen und auf neue Aufgaben warten!

Sicherheit an den Stationen
Der Stand des Lehrers ist prinzipiell an Station 1 mit Blick zu den anderen Stationen, also nicht mit dem Rücken zur Halle. Knoten in den Tauen müssen immer wieder vom Lehrer gelöst werden, bei bestimmten Bewegungsaufgaben dürfen keine Knoten im Hängetau sein (Gefahr von Hodenquetschungen beim Abwärtsklettern). Ein sogenannter „Swing Top" lässt sich schnell befestigen und erleichtert das Schwingen, da sich die Kinder auf dem Teller abstellen können. Unfälle passieren oft durch unkontrollierte Zusammenstöße, wenn die Schüler von einer Station zur nächsten laufen. Deshalb sind die Laufwege vorab zu klären und gegebenenfalls mit Markierungen (z. B. geklebte Pfeile) zu verdeutlichen. In vorliegender Einheit hilft das Absetzen auf den Langbänken für die Besprechung, um Unruhe zu vermeiden. Geübt wird an den Stationen mit Blick zur Wand, da sich die Schüler so weniger leicht von den anderen ablenken lassen.
Vor Beginn des Stationendurchlaufs weist der Lehrer die Klasse auf folgende Sicherheitsvorkehrungen hin und lässt diese demonstrieren:
- Station 2: Beim Schwingen an den Ringen wird beim Rückwärtsschwingen durch Schleifen der Füße auf den Matten abgebremst und vorwärts ausgelaufen.
- Station 3: Beim Schaukeln in den Ringen muss jeweils ein Schüler den anderen abbremsen und beim Absteigen unterstützen.
- Station 4: Der Balltransport sollte unbedingt in Richtung Hallenwand erfolgen, sodass der Ball nicht unkontrolliert zur Hallenmitte rollen kann.
- Station 7: Beim Tauklettern sollen die Schüler nicht hinunterrutschen, sondern „abklettern". Es entstehen sonst leicht Brandblasen an den Händen oder Verletzungen im Genitalbereich.
- Bei allen Stationen gilt: „Ich teile meine Kraft ein und beende die Übung rechtzeitig!"

„Schiffbruch"

Sportbereich: Turnen an Geräten – Stützen und Schwingen am Reck	**Knotenpunkte:** Motivierung, Aktivierung, Erlebnisorientierung

Schwerpunkt: Stützkraft, Turnen an und mit verschiedenen Stangen

Material: Gymnastikholzstäbe (⅓ Schüleranzahl), Reckstangen, evtl. Holme, Reck, Turnmatten, Weichbodenmatten, 🎞 Filmszenen

Phase	Durchführung	Ergänzende Hinweise
Einstimmung	**Lehrererzählung im Sitzkreis** *Schiffbruch! Unser Schiff ist auf einer einsamen Insel gestrandet! Dort sind viele Spinnen, vor denen wir davonlaufen müssen ...!* **Spinnenbiss (allgemeines Aufwärmen)** 1–2 verfluchte Seeleute (Fänger) versuchen, die restlichen Seeleute (alle anderen Kinder) in Spinnen zu verwandeln (abzuschlagen). Die verwandelten Inselspinnen müssen allerdings rücklings auf allen Vieren krabbeln. Diese Spinnen dürfen nun auch weitere Seeleute und zuletzt sogar die verfluchten Seeleute beißen (abschlagen), die sich dann auch in Inselspinnen verwandeln. Wenn alle Kinder zu Inselspinnen geworden sind, entwickelt der zuerst gebissene Seemann ein „Antivirus" und wird wieder zum Seemann. Auch die anderen Spinnen können sich zurückverwandeln, wenn es ihnen gelingt, einen Seemann zu berühren. Allerdings haben die Seemänner Angst vor den Spinnen und versuchen zu fliehen.	Hallenaufbau: Die Pfosten für die Reckanlage sind bereits aufgebaut **Motivierung** ⚠ Das Spiel muss in dem Hallensegment durchgeführt werden, in dem keine Reckpfosten stehen.
Hauptteil	*Jetzt haben wir noch einen weiten Fußmarsch vor uns, weil das nächste Inseldorf viele Meilen weg ist! Einige Seeleute werden müde. Wir müssen aber weiter! Komm, wir helfen den müden Seeleuten! Im Dschungel liegen viele Äste herum. Die können wir doch als Tragehilfe nehmen!* **Tragetechniken mit Gymnastikholzstäben** Gymnastikholzstäbe werden in der Mitte der Halle bereitgelegt. Je 3 Kinder (2 halten den Holzstab, das 3. Kind turnt) probieren Tragetechniken aus. • Tragen im Stütz; • Tragen im Sitzen auf dem Stab. *Viele Seeleute sind nun wieder fit, aber noch nicht alle! Wir nehmen uns jetzt einen längeren Ast und tragen zusammen in der Gruppe einen Seemann.*	💡 Alle Kinder können ab hier barfuß turnen! **Aktivierung** ⚠ Auf einen geraden Rücken bei den tragenden Kindern achten.

Phase	Durchführung	Ergänzende Hinweise
Hauptteil	**Tragetechniken mit der Reckstange** Die Kinder probieren selbst abwechselnd die Übungen mit der Reckstange aus. 6 Kinder halten die Reckstange, das 7. Kind turnt. Die Reckstangen werden in bereits aufgestellten Pfosten eingehängt. *Auf der Wanderung sind mehrere Hindernisse zu überwinden. Ein Bach, in dem Krokodile lauern …* **Turnen am Reck (Hindernisse überwinden)** Die Kinder verteilen sich an den Reckanlagen und führen die Aufgaben aus: • Unterschwung an der Reckstange (über die Krokodile hinwegschwingen); • Schwingen aus dem Hang heraus (über den Bach schwingen = Seil auf der Turnmatte). *Wir erreichen unseren Lagerplatz. Weil uns langweilig ist, klettern wir an den Bäumen herum, wie wir es bei den Affen gesehen haben.* → Die Kinder überlegen sich an der Reckstange, welche Kunststücke sie machen wollen. Schwierige Bewegungen werden ggf. vorher dem Kapitän (Lehrkraft) gezeigt. • durchhocken aus dem Hang – vorwärts und rückwärts unter der Reckstange hindurch • Felgaufschwung, Unterschwung, Rolle vorwärts vom Reck herunter (Hüftabzug), Rolle rückwärts zwischen den gestreckten Armen hindurch etc. • zu zweit oder zu dritt parallel: statische und dynamische Kunststücke am Reck • in einer größeren Gruppe (8–10 Kinder) → Aufgabenstellung: z. B. dürfen nur 3 Füße den Boden berühren Die Schüler präsentieren ihre Ideen.	Beim Tragen die Rollen immer wieder wechseln. ⚠ 3 Kinder turnen bei dieser Aufgabe gleichzeitig an einer Reckstange! Filmszene **Aktivierung, Erlebnisorientierung** die Kinder kreativ sein lassen Filmszenen Kommandos zum Auf- und Abbau der Figuren vereinbaren! ⚠ Bei der größeren Gruppe keine dynamischen Übungen!
Ausklang	**Abbau** *Endlich, wir werden von der Insel gerettet!* Die Schüler tanzen zu zweit einen Freudentanz und räumen dann ihren Lagerplatz auf. Evtl. Sporthausaufgabe (siehe didaktische Überlegungen)	**Motivierung**

Stundenbild von Thomas Feilmeier

Didaktische Überlegungen: „Schiffbruch"

Auf vielen Kinderspielplätzen finden sich reckähnliche Stangen, die Gelegenheiten zum vielfältigen Bewegen bieten. Bevor diese Bewegungen wirklich Spaß machen, müssen aber erst die konditionellen Voraussetzungen erworben werden. Für viele Kinder ist es ein interessantes Gefühl, mit dem Kopf nach unten an der Reckstange zu hängen, an ihr zu schwingen und erste Turnübungen auszuprobieren. Aufgabenstellungen, bei denen sich die Kinder selbst überlegen, welche Bewegungen an der Reckstange ausführbar sind, fordern und fördern die Kreativität.

 Aktivierung, Motivierung und Erlebnisorientierung

Die Einheit „Schiffbruch" zeigt, wie bildhafte Impulse ständig neue Bewegungsmotivation schaffen. Die erzählte Geschichte weckt den Abenteurergeist und stellt die Verbindung vom Klettern und Hangeln an Bäumen und Ästen zum Turngerät Reck her.

Aus gesundheitlicher Sicht wird in dieser Einheit ein Großteil der Körpermuskulatur beansprucht und damit gekräftigt. Durch das Turnen an Geräten werden auch die koordinativen Fähigkeiten (z. B. Orientierungs-, Kopplungs- und Gleichgewichtsfähigkeit) verbessert. Die mutige Auseinandersetzung mit Bewegungsaufgaben und die daraus resultierenden Erfolgserlebnisse lassen bei den Kindern eine positive Persönlichkeitsentwicklung stattfinden. Sie lernen ihre eigenen Grenzen kennen, wachsen eventuell sogar über diese hinaus und bekommen bei der Vorführung ihrer Kunststücke Anerkennung durch die Mitschüler.

In Turnstunden ist es wichtig, dass Kinder für Sicherheitsaspekte sensibilisiert werden. Fest vereinbarte Regeln und klare Vereinbarungen gewährleisten einen sicheren Rahmen für das Turnen. Die Vorübungen mit den „beweglichen Reckstangen" sind dafür bestens geeignet. Das im Turnen so wichtige Helfen und Sichern wird schon hier benötigt und grundgelegt.

Als Sporthausaufgabe könnten die Schüler auf Kinderspielplätzen in ihrer Wohnumgebung reckähnliche Stangen suchen und ihre im Unterricht erworbenen Fähigkeiten verbessern oder neue Übungen erproben.

Literatur und Medien

Bruckmann, M. (2004): Turnen – ein Highlight im Schulsport?! In: Betrifft Sport, 26 (6), S. 12–16
Bayerische Landesstelle für den Schulsport (Hrsg.) (2006): Fit für den Sportunterricht in der Grundschule. Auer Verlag, Augsburg

„Expedition nach Ägypten"

Sportbereich: Turnen an Geräten – Barren	**Knotenpunkt:** Gemeinschaft, Gestalten

Schwerpunkt: Aufgaben am Barren in der Gruppe bewältigen

Material: möglichst viele Barren (optimal: 4 Anlagen), Turnmatten, kleine Kästen, Schatzkiste mit Überraschung

Phase	Durchführung	Ergänzende Hinweise
Einstimmung	In der Halle werden Barren mit Matten darunter aufgebaut (möglichst 4 Anlagen). *Heute gehen wir in Ägypten auf Schatzsuche!* **Wildnislauf** Die Schüler laufen dem Lehrer hinterher, die aufgebauten Geräte werden in den Lauf mit einbezogen (Slalom, unten durch ...). **Achtung, Baumstämme!** **(Vorbereitung der Muskulatur-Mobilisation)** Hockwenden über umgefallene Bäume (durch Stützen beider Hände auf einer Linie beidbeiniges Springen über die Linie) **Mückenalarm im Nachtlager!** 2 Kinder stehen sich in der Liegestützposition gegenüber, die Fingerspitzen zeigen zueinander. Nun versuchen beide, sich gegenseitig die Mücken zu verjagen (sich auf die Finger zu tippen). Beide versuchen dabei, ihre eigene Hand rechtzeitig wegzuziehen, sodass der Partner sie nicht erwischt. **Hilfe, ein Skorpion!** 2 Kinder befinden sich in Liegestützposition, die Fußsohlen berühren sich. Ein Kind versucht, das andere durch Stützeln (Seitwärtsgehen) mit den Händen einzuholen. Die Füße drehen sich nur auf der Stelle mit. Anschließend Rollentausch.	⚠ Auf sachgerechten Gerätetransport und -aufbau achten! allgemeines, spezifisches Aufwärmen ⚠ Vorsicht vor Kopfzusammenstößen; evtl. auf Matte ausführen!
Hauptteil	*Auf der Suche nach unserem Schatz kommen wir an vielen Sehenswürdigkeiten vorbei. Es gibt auch einige schwierige Aufgaben zu bewältigen. Dazu müssen wir uns zunächst in kleinere Gruppen aufteilen, damit wir schneller vorankommen und uns gegenseitig helfen können.* **Aufgaben auf dem Weg zum Schatz** Aufteilung in gleich große Gruppen, die den Barrenanlagen zugeordnet werden. Der Lehrer erzählt als Reiseleiter, welche Stationen den Kindern auf der Expedition begegnen werden. Die Gruppen führen immer eine Aufgabe parallel durch.	⏱ für den gesamten Hauptteil 20–25 Min. einplanen

Phase	Durchführung	Ergänzende Hinweise
Hauptteil	**Kaputte Nil-Brücke** Jede Gruppe überlegt sich 2 Möglichkeiten, wie sie die Barrenholme (Reste einer Brücke) der Länge nach überwinden kann. Variante: Barrenholme werden über Kreuz gestellt 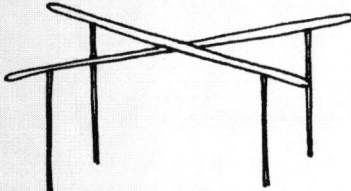 **Paläste mit Statuen** Die ganze Gruppe (Statuen) versucht, gleichzeitig auf den Barrenholmen zu sitzen, zu stützen, zu hängen oder auch zu stehen. **Pyramiden** Die Kinder einer Gruppe bauen an ihrem Barren zusammen eine Pyramide, wobei jeweils mindestens ein Kind sitzt, stützt, hängt und steht. **Falltür vor der Schatzkammer** Alle Gruppenmitglieder sollen den Barren quer überwinden, ohne die Matten (Falltür) zu berühren. Als Hilfe dürfen sich Kinder auf den Holmen befinden. Auch die Gruppenmitglieder vor und hinter der Falltür dürfen von dort aus helfen.	**Gemeinschaft, Gestalten** Kreativität und Kooperation für Kinder mit wenig Stützkraft evtl. einen kleinen Kasten als Aufstiegshilfe anbieten **Gemeinschaft** Kooperation **Gemeinschaft, Gestalten** Kooperation und Kreativität Differenzierung: Die Kinder dürfen ober- und unterhalb der Holme auf die andere Seite gelangen.
Ausklang	**Präsentation und Reflexion** *Jede Gruppe darf eine Station der Ägyptenexpedition auswählen und ihre Idee zeigen. Erzählt kurz von euren Erfahrungen in der Gruppe!* *Nachdem ihr euch nun so tapfer durch Ägypten und bis unmittelbar vor die Schatzkammer gekämpft habt, habt ihr den Schatz auch wirklich verdient!* Der Lehrer zeigt eine Schatztruhe, die die Kinder nun öffnen dürfen und in der sie eine kleine Überraschung finden.	**Gemeinschaft** Anerkennung der Gruppen- und der Einzelleistungen Gemeinsames Aufräumen der Geräte Als Schatz eignet sich z. B. ein Gutschein (→ siehe didaktische Überlegungen). Keine Süßigkeiten!

Stundenbild von Yvonne Friedl

Didaktische Überlegungen: „Expedition nach Ägypten"

Die vorliegende Unterrichtseinheit ist als Highlight einer längeren Unterrichtssequenz zum Thema „Barren" gedacht. In einer vorgeschalteten Einheit könnte das Aufbauen eines Barrens in spielerischer Form vermittelt werden. Zunächst müssen Ängste abgebaut und Grundvoraussetzungen für das Turnen am Barren geschaffen werden. Vielen Kindern fehlt es an Stützkraft (siehe „Alles steht Kopf", Seite 72). Das Barrenturnen ist eine ideale Form, diese bei den Kindern zu verbessern.

Gemeinschaft und Gestalten

In „Expedition nach Ägypten" wird durch die Einbettung in eine kindgemäße Rahmenhandlung der Barren als spannendes Gerät erlebt. Gleichzeitig wird besonderer Wert auf die Kooperation innerhalb der Kleingruppen gelegt. Die Aufgabenstellungen sind so gewählt, dass sie überwiegend in der Gruppe bewältigt werden müssen (kooperative Aufgabenstellung). Manche Aufträge fordern zudem die Kreativität der Kinder heraus. Absprachen innerhalb der Gruppe sind in dieser Stunde wichtig. Diese Zeit ist sinnvoll investiert! Nur durch einen gemeinsamen Plan sowie durch Vertrauen und durch gegenseitiges Helfen wird es z. B. möglich, auf die andere Seite der „Falltür" zu gelangen. Im Laufe der Stunde und vor allem bei der abschließenden Reflexion soll den Kindern bewusst werden, dass das, was einer alleine nicht schafft, im Team manchmal viel leichter zu bewältigen ist. Dabei werden auch schwächere Schüler integriert und können so Erfolge erleben.

Die Schatzkiste am Ende könnte einen überraschenden Gutschein bereithalten:
- eine Bewegungshausaufgabe
- eine Vorlesegeschichte (evtl. zum Thema Ägypten)
- ein Wunschspiel für die nächste Sportstunde

Als Fortsetzung bieten sich einfache turnerische Übungen am Barren an: Stützschwingen in der Barrengasse (auch synchron mit Partner), Grätschsitz, Aufstellen der Füße vorne und hinten auf den Holmen aus dem Schwingen, Kehre und Wende. Als weitere Herausforderung könnte eine „Umrundung" der Barrenholme, ohne den Boden zu berühren, probiert werden. Für sportliche Klassen kann dies eine besondere Aufgabe für jeden einzelnen Schüler darstellen, bei weniger leistungsstarken Kindern ließe sich daraus wieder eine Teamaufgabe gestalten.

„Über Stock und Stein" (90 Min.)

Sportbereich: Balancieren, Klettern, Stützen an Großgeräten	✥ Knotenpunkt: Aktivierung, Gestalten, Erlebnisorientierung

Schwerpunkt: Bewegungsaufgaben mit Groß- und Kleingeräten selbst erfinden

Material: Sprossenwand, Barren, Reck, Pferd oder Bock, kleine und große Kästen, Langbänke, Turnmatten, Hütchen, verschiedene Kleingeräte wie Reifen, Seile, Teppichfliesen, Bälle etc., ♫ Wortkarten, ♫ Aufgabenkarten, ♫ Aufbaupläne

Phase	Durchführung	Ergänzende Hinweise
Einstimmung	An 4 aufgestellten Hütchen ist jeweils eine Wortkarte befestigt: Asien, Afrika, Australien, Amerika. *Stell dir vor, du würdest jetzt in ein Flugzeug steigen. Wo würdest du am liebsten hinreisen? Nach Afrika, Amerika, Asien oder nach Australien? Entscheide dich jetzt spontan und stelle dich bei deinem Wunschreiseziel auf!* → Die Schüler bilden 4 Gruppen. **Flugzeuglauf** Jede Gruppe läuft in einer Reihe durch die Halle. Der Lehrer (Pilot) gibt von außen Anweisungen: <ul><li>**Turbulenzen** – Alle breiten ihre Arme (Tragflächen) aus, bewegen sie auf und ab, vor und zurück.</li><li>**Luftloch** – Die ganze Gruppe hüpft einmal hoch und geht dann kurz in die Hocke.</li><li>**Ich muss mal** – Der jeweils vorderste Läufer wechselt in seiner Gruppe nach hinten.</li><li>**Da drüben sieht man mehr** – Der vorderste Läufer der Gruppe verlässt seine Reihe und hängt sich bei einer anderen Gruppe hinten dran.</li><li>**Was ist hinter mir los?** – Alle drehen sich um und laufen rückwärts weiter.</li><li>**Umsteigen** – Die ganze Reihe löst sich auf, jeder läuft kurz alleine weiter und bildet dann mit anderen Kindern ein neues Flugzeug.</li></ul>	🖹 Wortkarten allgemeines Aufwärmen 💡 weitere Ideen von Schülern aufgreifen 💡 Beim letzten „Umsteigen" vorgeben, dass in jedem Flugzeug gleich viele Passagiere sitzen sollen; dadurch entstehen die Gruppen für den Hauptteil.
Hauptteil	**Gesprächskreis** *Du bist an deinem Reiseziel angekommen. Dort möchtest du ein fremdes Land kennenlernen. Allerdings verbringst du deine Ferien nicht in einem Hotel, sondern du wanderst ganz abenteuerlich quer durch das Land. Wie sieht in deinen Gedanken die Landschaft aus, durch die du gehst?* → Die Schüler zählen auf, was es dort geben könnte: Flüsse, Gebirge, Täler mit Brücken, steinige Wege, Höhlen, ...	✥ **Aktivierung** Durch die Assoziation mit den Landschaftsbildern werden Ideen für den anschließenden Geräteaufbau gesammelt.

Kompetenzfeld: Bewegung gestalten

Phase	Durchführung	Ergänzende Hinweise
Hauptteil	*Auf eine solche Wanderung sollst du heute hier in der Turnhalle gehen. Baue mit deiner Gruppe ein Stück Wanderweg!* Evtl. mit Schülern besprechen: *Welche Groß- bzw. Kleingeräte kennst du, die du für deinen Weg verwenden könntest?* **Wanderweg bauen (Gruppenaufgabe)** Jede Gruppe bekommt eine Nummer. Die Nummer und die entsprechende Aufgabenkarte finden sich an entsprechenden Stellen in der Halle (am Hütchen befestigt). Hier soll die Gruppe ein Stück eines abenteuerlichen Wanderweges mithilfe des vorgegebenen Großgerätes (Reck, Barren, Sprossenwand, Pferd oder Bock) aufbauen. Sie darf sich zusätzlich zu dem Gerät 1–2 weitere große Geräte holen (kleine bzw. große Kästen, Langbänke) und so viele Turnmatten, wie zur Absicherung nötig sind. Neben den Großgeräten sollen an jeder Station mindestens 3 Kleingeräte (Reifen, Seile, Teppichfliesen, Bälle, ...) eingebaut werden. Wichtig: Gemeinsame Absprache in der Gruppe vor dem Aufbau! Variante 1: Folgende Bewegungsformen sollten an der Station vorkommen: balancieren, kriechen, klettern, springen (...) Variante 2: Baut ein Landschaftsbild, z. B.: Sprossenwand als Brücke über Fluss, Reck als Berg, Barren als Schlucht, Bock bzw. Pferd als Höhle. **Wanderwege benutzen** Jede Gruppe zeigt und erklärt ihre Idee. Die verschiedenen Wegstücke werden von den einzelnen Gruppen im Stationsbetrieb ausprobiert.	**Aktivierung, Erlebnisorientierung** **Gestalten** offener Unterricht Aufgabenkarten Aufbaupläne ! Auf richtigen Gerätetransport und -aufbau achten! ! Der Lehrer überprüft die Absicherung mit Matten! **Erlebnisorientierung** ! Genügend Zeit einplanen!
Ausklang	**Reflexion im Gesprächskreis** *Berichte über den Aufbau in eurer Gruppe! Wie hat das geklappt? Welches „Wegstück" hat dich herausgefordert? Was musste man da jeweils können? Gab es für dich eine schwierige Stelle?* → gemeinsamer Abbau **Nebelalarm (Kooperationsaufgabe)** *Es zieht dichter Nebel auf! Man kann nichts mehr sehen. Alle müssen gemeinsam eine Seilschaft bilden.* → Die Kinder stellen sich hintereinander in eine Reihe, halten sich an den Schultern des Vorgängers fest und schließen die Augen. Variante 1: Der Steuermann (sehender Schüler) geht als Erster und führt die Seilschaft in die Umkleide. Variante 2: Der Steuermann geht am Ende und steuert die Gruppe durch Kommandos von hinten. Die Führungsrolle kann unterwegs getauscht werden.	**Erlebnisorientierung** Weitere Herausforderung: Die Strecke zur Umkleide soll leise zurückgelegt werden. Dazu braucht die Gruppe jedoch vorab eine Planungszeit. Daher ist diese Variante nur in einer Doppelstunde möglich.

Stundenbild von Yvonne Friedl

Didaktische Überlegungen: „Über Stock und Stein"

🐌 Erlebnisorientierung, 🐌 Aktivierung und 🐌 Gestalten

Die hier beschriebene Unterrichtseinheit bietet den Grundschülern eine schöne Möglichkeit, um ihre eigene Kreativität zu erleben. Der Auftrag, selbst zu gestalten, motiviert und aktiviert die Kinder; das selbst geschaffene Ergebnis macht sie stolz. Jedes Kind kann sich in den offenen Unterrichtsphasen einbringen und eigene Erfolge erleben. Der vorgegebene bildhafte Rahmen, das Handeln im Team und das Bewältigen vielfältiger Bewegungssituationen verstärken den Erlebnisaspekt.

An erster Stelle steht in der Stunde die gestalterische Freiheit, aber auch die Sicherheit spielt eine entscheidende Rolle. Bevor die Lehrkraft grünes Licht für die Präsentation der Schülerideen gibt, muss sie die einzelnen Stationen kontrollieren, die Absicherung mit Matten überprüfen, gegebenenfalls auf Gefahren hinweisen und diese beseitigen.

Die Unterrichtseinheit „Über Stock und Stein" ist als Doppelstunde konzipiert. Wenn sie in einer Einzelstunde verwirklicht werden soll, müssten die Großgeräte vor der Stunde durch die Lehrkraft aufgebaut werden. Andernfalls könnte an allen vier Stationen als Hauptgerät der Kasten benutzt werden, da dieser schnell auf- und abgebaut werden kann.

Es empfiehlt sich, diese Stunde erst durchzuführen, wenn die Sportklasse mit dem Aufbau der Großgeräte vertraut ist. Übernimmt die Lehrkraft den Aufbau der Großgeräte selbst, kann die vorliegende Stunde auch dazu dienen, den sachgerechten Umgang mit Matten, Kästen und Langbänken zu wiederholen und anzuwenden sowie bekannte Kleingeräte und deren vielfältige Einsetzbarkeit in Erinnerung zu rufen.

Durch die Variante 1 bei der Aufgabenstellung kann der Lehrer den Schülern eine Vielfalt an Bewegungsformen abverlangen bzw. gezielt einen bestimmten Bewegungsaspekt (z. B. das Balancieren) in den Vordergrund stellen. Die zweite Variante fordert verstärkt die kindliche Vorstellungskraft und Kreativität heraus.

In einer Folgestunde könnten die Kinder bei gleichem Geräteaufbau durch Geschicklichkeits- oder Partner- bzw. Teamaufgaben vor neue Herausforderungen gestellt werden:

- unterwegs einen Gegenstand transportieren;
- mit dem Partner in Handfassung die Wegstrecke bewältigen;
- mit der ganzen Gruppe gleichzeitig als Seilschaft durch den Parcours „wandern" (alle halten sich mit einer Hand an einem Seil fest).

Kompetenzfeld: Bewegung gestalten

„Synchronspringen"(90 Min.)

Sportbereich: Springen an Minitrampolinen	🪢 **Knotenpunkt:** Bewegung lernen, Gemeinschaft

Schwerpunkt: Variantenreiches Miteinander – Springen an Minitrampolinen

Material: mind. 2 Minitrampoline, 2 Niedersprungmatten, je 4 große und kleine Kästen, 🎵 Bildkarte, 🎵 Laufmusik, 🎬 Filmszene

Phase	Durchführung	Ergänzende Hinweise
Einstimmung	**Themenorientiertes Aufwärmen** Die Schüler laufen zur Musik durch die Halle. Bei Musikstopp finden sich immer 2 etwa gleich große Schüler zusammen. Einer stützt den anderen an der Hüfte, während dieser aus dem Stand hochspringt (Strecksprung, Grätschsprung, ...) und in der Hocke landet. **Gewöhnung an die Minitrampolins** Aufbau: Minitrampoline mit jeweils einer Niedersprungmatte dahinter und je 2 kleinen Kästen daneben, auf denen 2 Helfer den Springer an der Hand und am Oberarm sichern. Aufgaben: • federn; • abbremsen; • dasselbe synchron mit Partner; • 3-maliges Federn mit Sprung auf die Matte; • dasselbe synchron mit Partner. Umbau: 3-teiliger Kasten vor jedes Trampolin Aufgaben: • Sprung vom Kasten auf das Minitrampolin und weiter auf die Matte; • dasselbe synchron mit Partner.	🪢 **Gemeinschaft** Kooperation 🎵 Laufmusik 🪢 **Bewegung lernen, Gemeinschaft** Koordination und Kooperation 💡 erst mit, später ohne Hilfestellung Aufbau siehe auch nächste Seite ⚠️ Helfen und Sichern: Bei unsicheren Schülern beibehalten!
Hauptteil	Als Impuls zeigt die Lehrkraft das Bild von Synchronspringern im Schwimmbad. *Das sollt ihr heute mit dem Minitrampolin versuchen!* → gleichzeitiges Springen (Synchronspringen) *Wie schaffst du es, mit deinem Partner synchron zu springen?* → Zeichen ausmachen, auf den anderen schauen, ... **Freie Sprünge mit Partner synchron ausführen** Der große Kasten vor den Minitrampolinen wird durch einen kleinen ersetzt (Einsprunghilfe), von dem nach dem Anlauf mit einem Bein abgesprungen wird, um dann mit beiden Beinen ins Minitrampolin zu springen. Wird der einbeinige Absprung beherrscht, kann der Kleinkasten später auch weggelassen werden.	📄 Bildkarte Rhythmusfähigkeit 🪢 **Bewegung lernen, Gemeinschaft** Koordination und Kooperation

Hauptteil

Variante 1: Anlauf von der gleichen Seite

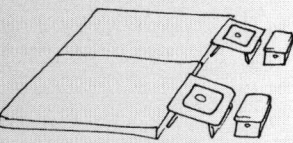

Variante 2: Anlauf von gegenüberliegenden Seiten

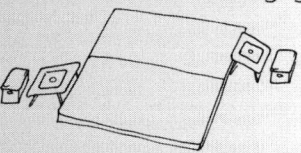

Aufgaben:
- verschiedene Fußsprünge ausprobieren (Hock-, Streck-, Grätsch-, Grätschwinkel- und Bücksprung, halbe Drehung, ...);
- dasselbe synchron mit Partner, wobei sich beide vorab auf einen gemeinsamen Sprung einigen;
- je nach Anzahl an Minitrampolinen evtl. parallel in 3er- bzw. 4er-Gruppen synchron springen.

Mehrfachsprünge hintereinander synchron ausführen
Beide Trampoline werden hintereinandergestellt, die Schüler stellen sich immer zu dritt nebeneinander an. Der mittlere Schüler legt seine Hände auf die Handflächen seiner beiden Begleiter, die ihn *nicht* fest umklammern. Alle 3 laufen gleichzeitig an, der mittlere Schüler springt auf das 1. Trampolin, dann auf das 2. und zuletzt mit einem Strecksprung auf die Matte. Seine Begleiter folgen ihm bis auf die Matte. Die nächste 3er-Gruppe läuft so los, dass der Springer genau dann auf das 1. Trampolin springt, wenn der 1. Springer auf das 2. Trampolin springt. So erfolgt *ein* Sprung genau gleichzeitig. Diese Form des Synchronspringens kann gesteigert werden, bis die ganze Klasse in Folge springt (evtl. 2–3 Runden). Die Mehrfachsprünge können ebenso auf 3–4 Trampoline erweitert werden.

⚠️ Ein Helfer sichert neben dem Trampolin das Zurückfallen, ein anderer auf der Matte das Vorwärtskippen!

⚠️ Zuerst wieder mit Kasten, dann ohne! Genauso erst mit, dann ohne Helfer!

Ausklang

Gruppen-Sprungkreis
Für 2 Sprunganlagen werden jeweils 2 große Kästen (an das Niveau angepasste Kastenhöhe!) wie ein „L" aufgebaut und das Minitrampolin dazwischengestellt.
5–6 Kinder stehen auf den Kästen und fassen sich so an den Händen, dass ein geschlossener Kreis entsteht. Das 1. Kind springt von einem Ende des L-förmigen Kastens ins Trampolin und landet auf dem anderen Kasten. Die anderen Schüler rücken nach, dann springt das 2. Kind usw. Ziel ist es, ohne Pause zu springen. Die Handfassung dient als Stabilisierungshilfe für die Springer, gleichzeitig können schwächere Schüler nach dem Sprung wieder auf den Kasten hochgezogen werden.

🎗️ **Bewegung lernen, Gemeinschaft**
Koordination und Kooperation

 Filmszene

💡 akustische Impulse „Und hopp!"

Auch hier kann versucht werden, mit der anderen Gruppe synchron im Kreis zu springen.

Stundenbild von Yvonne Friedl

Didaktische Überlegungen: „Synchronspringen"

Das Stundenbild „Synchronspringen" baut auf eine vorher zu haltende Einführungsstunde in das Minitrampolinspringen auf. Die Kinder sollten mit dem Gerät vertraut sein und sowohl das Anlaufen als auch das Einspringen bereits beherrschen. Über die Gefahren und Sicherheitsvorkehrungen sollten sie Bescheid wissen.
Beim Minitrampolin muss aufgrund des höheren Unfallrisikos eher deduktiv unterrichtet werden. Im Zentrum der Einheit steht, dass die Schüler die Federungswirkung des Minitrampolins und ihr Körpergefühl in der Flugphase erfahren. Alternativ zu den wichtigen Niedersprungmatten (gelbe Teppichauflage nach oben!) könnten Weichbodenmatten ausgelegt werden, die jedoch mit Bodenläufern oder Turnmatten abgedeckt werden müssen, um das Einsinken und Umknicken im Fußgelenk zu verhindern.

Gemeinschaft – Kooperation
Eine besondere Bedeutung kommt in dieser Stunde dem Partnerbezug, dem Sichern und gegenseitigen Helfen zu. Mit zunehmender Erfahrung kann die Hilfestellung nach und nach abgebaut werden.

Bewegung lernen – Koordination
Das Synchronspringen erfordert koordiniertes Handeln mithilfe von Absprachen oder Zeichen. Beim ersten Schwerpunkt des Hauptteils bieten die beiden Varianten unterschiedliche Anforderungsniveaus. Während in der ersten Variante die Aufgabe durch die günstige Anlaufsituation (nebeneinander anlaufen) eher leicht zu bewältigen ist, ist sie in der zweiten Variante durch die erschwerte Orientierung Raum/Zeit/Partner anspruchsvoller.
Zum Schluss der Stunde könnte eine Schülerjury die besten Synchronsprünge küren. Durch zahlreiche einfache Variationsmöglichkeiten können die Schüler auch in Folgestunden immer wieder vor neue, motivierende Herausforderungen gestellt werden, ohne den sicheren Bereich der Fußsprünge verlassen zu müssen.

Möglichkeiten der Weiterführung:
- Springen auf und über Hindernisse (kleine und große Kästen), die zwischen Minitrampolin und Matte oder auch zwischen zwei Trampoline gestellt werden;
- veränderte Anlaufrichtung, sodass nicht mehr von hinten, sondern von der Seite gestartet wird, was ein Springen „um die Ecke" nötig macht (auch dies kann wiederum durch mehrere Trampoline nacheinander gesteigert werden);

Hinweis für die Qualifikation der Lehrkräfte
Das Minitrampolin kann in der Grundschule eingesetzt werden, wenn die Lehrkraft über gerätespezifische Kenntnisse (Sicherheitserziehung und Gesundheitsschutz) verfügt. Ein „Trampolinschein" ist nicht erforderlich. Die nötigen Kenntnisse über Unfallgefahren (z. B. keine Überschlagbewegungen, Flugrollen und Saltos!), aber auch der Umgang mit dem Gerät müssen über die örtliche Fachberatung Sport oder andere Quellen (z. B. Fortbildungen) erworben werden. Die unten genannte Literatur bietet weitere ausführliche Informationen.

Lehrplanbezug
Schwerpunktmäßig ist vorliegende Unterrichtseinheit im Fachlehrplan Sporterziehung dem Bereich *Beidbeiniges Absprung aus dem Minitrampolin* zuzuordnen.
Besonders sinnvoll zu vernetzen ist dieses Thema mit den Zielen des Lernbereichs *Gemeinschaft*.

„Skateboard" (Unterrichtsprojekt)

Sportbereich: Gleichgewicht, Bewegen auf Rollen	✎ **Knotenpunkt:** Unterrichtsmethoden, Unterrichtsorganisation (Parcours und Lernreihe), Sicherheit

Schwerpunkt: Gleichgewicht auf 4 Rollen – mit dem Skateboard fahren lernen

Material: einige Skateboards, Schutzausrüstung, 2 Langbänke, Turnmatten, evtl. Sprungbrett, evtl. Gymnastikseile, Langtau, Materialien für den Balancierparcours siehe ♫ Hallenplan, ♫ Laufmusik

Phase	Durchführung	Ergänzende Hinweise
Einstimmung	Die Klasse kommt im Sitzkreis auf den Turnmatten zur Begrüßung zusammen, der Lehrer informiert über das Vorhaben. **Parcours-Check (allgemeines Aufwärmen)** Alle Schüler laufen kreuz und quer durch die Halle. Bei Musikstopp berührt jeder Schüler mit einem Körperteil (Hand, Fuß, Kopf, Bauch, …) ein aufgebautes Gerät und erkundet so den Geräte-Parcours. *Wer schafft es, auf einem Bein zu stehen und nur mit dem Kopf das Gerät zu berühren? Wer schafft es, mit dem Ellenbogen …* Lehrer teilt vorab 2 Gruppen ein.	📄 Hallenplan 💡 Die Geräte sollten bereits aufgebaut sein (siehe nächste Seite Hallenplan). ♫ Laufmusik ⚠ An den Geräten darf noch nicht geturnt werden!
Hauptteil	**Schwerpunkt 1: Mit dem Skateboard fahren lernen** (Methodikteil, der in der Mitte der Halle stattfindet) • **Partner schieben:** 2 umgedrehte Langbänke bilden eine Gasse, in der ein Schüler wie auf einer Schiene vom Partner auf dem Skateboard geschoben wird. Die restlichen Schüler halten die Mattenbegrenzungen. Nach jeder Durchfahrt werden die Kinder abgelöst (Rundlaufprinzip). • **Partner ziehen:** Ein Schüler zieht den anderen an der Hand, evtl. auch mit einem Seil in der Langbankgasse. • **Rollerfahren:** Ein Bein steht auf dem Brett, das andere schiebt an (möglichst mit linkem und rechtem Bein ausprobieren). • **Rollerfahren mit 2 Beinen auf dem Board:** 2- bis 3-mal kurz anschieben, dann das Bein mit auf das Board stellen und ausrollen lassen • **Kurvenfahrt:** anschieben, beide Beine auf das Board stellen und dann versuchen, Kurven zu fahren • **Rampe (Differenzierung nur für sichere Schüler):** von einem Sprungbrett (mit Linoleumauflage bedeckt) die Rampe hinunterfahren	✎ **Unterrichtsmethoden** ⚠ Turnmatten als Begrenzungen einsetzen, falls das Skateboard „außer Kontrolle" gerät 💡 evtl. mit den Schülern Belastungswechsel beim Kurvenfahren besprechen ✎ **Sicherheit** ⚠ Schutzausrüstung: Helme und Schoner ausgeben!

Phase	Durchführung	Ergänzende Hinweise
Hauptteil	**Schwerpunkt 2: Der Balancier-Parcours** (findet am Rand der Halle ohne Skateboard statt) Die Schüler bewältigen den Parcours in freier Weise, aber in eine Richtung. Da es sich um das Thema „Gleichgewicht halten" handelt, ist das gegenseitige Überholen sinnlos. Wichtiger ist also, dass sich die Schüler gegenseitig helfen. Variante: Partnerweise den Parcours bewältigen, die beiden müssen immer zusammen bleiben, evtl. mit Gymnastikseil eine „Seilschaft" bilden	Hallenplan aushängen Richtung einhalten. **Unterrichts-organisation** Ein Ende des Seils nur in den Hosenbund stecken, nicht festbinden!
Ausklang	**Abräumspiel** Der Lehrer steht in der Mitte der Halle und lässt ein Langtau kreisen. Die Schüler stellen sich im Kreis um den Lehrer auf und versuchen, durch Hochspringen (Schlusssprünge) vom Seil nicht berührt zu werden. Wer hängen bleibt, geht zum Umziehen.	

Stundenbild von Thomas Feilmeier

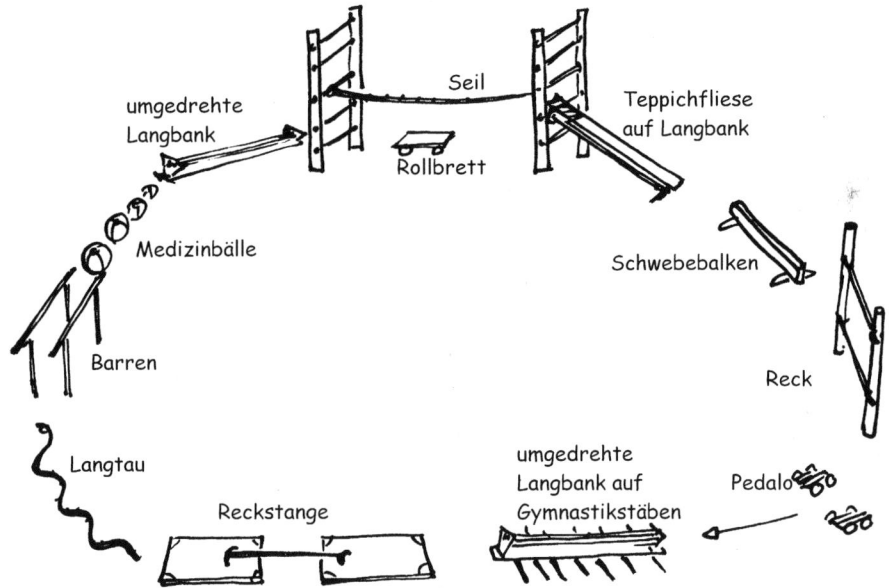

Didaktische Überlegungen: „Skateboard"

Ein sportlicher Freizeittrend wird in diesem Stundenbild aufgegriffen und sinnvoll unterrichtet. In vielen städtischen und ländlichen Bereichen sind sogenannte Skaterparks entstanden, die immer mehr Kinder schon im Grundschulalter anziehen und motivieren, das Bewegen auf den Rollen zu erlernen.
Mit den mittlerweile überall günstig zu bekommenden Skateboards lässt sich die Gleichgewichtsfähigkeit sehr gut verbessern.

Unterrichtsmethoden und Unterrichtsorganisation

Die Stunde hat zwei Elemente, die parallel ablaufen. In einem Methodikteil führt der Lehrer an das Skateboardfahren kindgemäß heran. Der Balancierparcours schafft dazu passende Bewegungsanlässe (bewegungsverwandte Aufgaben) für die anderen (Bewegen im Strom). Der Parcours ist so konstruiert, dass er sicher durchlaufen werden kann, auch ohne dass die Lehrkraft an den Stationen steht.
In Folgestunden kann das Kurvenfahren weiter intensiviert (Slalom etc.) oder auch kleine Tricks geübt werden. Als Unterrichtsweise in den folgenden Stunden wäre eine Differenzierung in der Halle denkbar (2 Segmente!). Während ein Teil der Kinder sich mit Skateboards beschäftigt, könnten die anderen Kinder z. B. einen Tanz erlernen oder ein Spiel machen (z. B. Ball über die Schnur). Dann kann die Lehrkraft sich mit einzelnen Schülern intensiv beschäftigen. Das Wechseln der Schutzausrüstung unter den Kindern kostet viel Zeit, weshalb diese Einheit auch projektartig für mehrere Einheiten konzipiert wurde.
Motivierte Schüler finden eigene, neue Lernwege, lernen mit- und voneinander, gestalten Bewegungslernen selbst. Der Lehrkraft kommt eine eher beratende und helfende Rolle zu.

Sicherheit

Der Sportlehrer überwacht die Sicherheitsvorkehrungen (s. a. Literatur) und stellt Geräte und Materialien bereit. Im Vorfeld solcher Unterrichtsstunden ist generell zu empfehlen, mit den Kindern richtiges Fallen und Stürzen zu üben.
Im Sinne fächerübergreifender Projekte könnte das Thema „Rollen auf Rädern" vielfältige Bezüge herstellen. Von physikalischen Abläufen (Wie funktioniert so eine Rolle? Was sind Kugellager? Kurven fahren durch Belastungswechsel etc.) bis hin zu handwerklichen Aufgabenstellungen (Schüler bauen einfache Minirampen) – das Skateboard kann Jungen und Mädchen über mehrere Wochen beschäftigen. Selbsttätigkeit, Kooperation, Kommunikation, Teamfähigkeit und Hilfsbereitschaft: diese wichtigen Schlüsselqualifikationen lassen sich gut vermitteln. Skateboards gehören mittlerweile zum Alltag. Sicher müssen in Elterngesprächen Vorurteile abgebaut werden. Aber Probleme wie Lärm durch die Rollen, Unfallgefahren usw. lassen sich gemeinsam besprechen und lösen.
Schutzausrüstung ist in der Schule sowieso Pflicht und sollte auch zu Hause selbstverständlich sein. Helme und Schoner (Knie-, Ellenbogen-, Handgelenkschoner) sind einfach zu besorgen; eng anliegende Kleidung verhindert Unfälle.

Literatur und Medien

Schieb, C. (2001): Auf die Roller! – Fertig? – Los! In: Haltung und Bewegung. 21 (2), S. 5–10
Lange, H. (2001): „Power Grind". Bewegungslernen an der Skater-Anlage. In: sportpädagogik, 25 (6), S. 16–19
Rauenschwender, H./Robert, C. (2004): Gleiten, Rollen, Rutschen. In: sportpädagogik, 28 (6), S. 10–11
Hell, D. (2004): Aktionstag Roll-Schule: Trendsportgeräte in der Schule. In: Lehrerbriefe zur Unfallverhütung und Sicherheitserziehung, S. 1
Hildebrandt-Stramann, R./Stramann, B. (2004): Nur nicht runterfallen! In: sportpädagogik, 28 (2), S. 18–21
DVD Schulsport, Hrsg. Bay. Staatsministerium für Unterricht und Kultur und Bay. Gemeindeunfallversicherungsverband.

„Kenia Runners"

Sportbereich: Vielseitiges und ausdauerndes Laufen	**Knotenpunkt:** Motivierung, Gesundheit

Schwerpunkt: Ausdauerndes Laufen im Freien

Material: evtl. Stoppuhr, Markierungen (z.B. Hütchen), Bildkarten (½ Schülerzahl)

Phase	Durchführung	Ergänzende Hinweise
Einstimmung	**Lehrererzählung im Stehkreis** *Du hast sicherlich schon mal von Marathonläufern gehört!* *In Kenia zum Beispiel gibt es sehr gute Läufer. Das Land ist unglaublich groß und die Menschen müssen dort weite Wege zurücklegen. Da das Land überwiegend sehr arm ist, haben die Menschen nur selten Autos und müssen viel zu Fuß laufen.* *In Kenia gibt es den Brauch, dass sich die Familien regelmäßig treffen. Das heißt, die Elternpaare sammeln ihre Kinder ein und laufen zu einem vereinbarten Treffpunkt!* **Familientreffen (allgemeines Aufwärmen)** 2–3 „Elternpaare" machen sich auf, um ihre Kinder (beliebige Kinder der Klasse) einzusammeln. Die Kinder wollen aber noch nicht eingefangen werden und laufen weg. Wenn nur noch „Familienketten" unterwegs sind, vereinen sie sich zu einer ganz großen Kette.	**Motivierung** (durch eine Rahmenhandlung) Lehrkraft muss vorab das Laufgelände kontrollieren (Laufwege, gefährliche Stellen, Hindernisse etc.)! das Umfeld der Schule bietet interesssante Laufmöglichkeiten Prinzip Kettenfangen Spielfeld durch Hütchen begrenzen!
Hauptteil	**Wir fliegen nach Kenia** *Wir haben schon viel von Kenia gehört. Jetzt wollen wir nach Kenia reisen und uns alles anschauen!* *Schwer bepackt gehen wir zum Flughafen. Dort besteigen wir ein Flugzeug und fliegen los.* → Flugbewegungen im Laufen Der Lehrer beschreibt die Reise und gibt bildhafte Bewegungsimpulse. *Endlich sind wir an unserem Ziel angekommen: Kenia! Weil wir kein Auto haben, laufen wir bis zum Nationalpark.* **Bewegungsbilder durch verschiedene Laufformen imitieren (Belastungsphase)** • durch Gras laufen; • durch Sand laufen; • durch Laub laufen; • über Hindernisse (Bänke, Baumstämme etc.) laufen; • unter Ästen und Büschen hindurchkriechen; • über einen Bach springen. Abschlusssignal (Pfiff o.Ä.): Alle erschrecken vor einem Tier und bleiben stehen.	**Gesundheit** ausdauerndes Laufen im Freien grundsätzlich Trinkpausen einplanen **Motivierung** z.B. Kniehebelauf, Anfersen, Hopserlauf

Hauptteil

Erholungspause
Alle haben jetzt Hunger und genießen die leckeren Früchte.
→ Obst vom Baum pflücken: gestreckt laufen, Pflückbewegungen machen

Laufbewegungen von Tieren immitieren (Belastungsphase)
Jetzt sind wir im Nationalpark angekommen. Ihr geht mit einem Partner auf Entdeckungsreise und schaut, welche Tiere ihr finden könnt! Bleibt immer in Bewegung!
→ Bildkarten von Tieren (halbe Schülerzahl) sind im Gelände verteilt. Die Kinder müssen sie selbst finden und sich während des Laufens überlegen, wie sich diese Tiere bewegen. Anschließend kommen alle zusammen, erzählen, welche Tiere sie gesehen haben und wie diese sich bewegen.

- **Gazelle:** springend laufen

- **Leopard:** schnell und geschmeidig

- **Elefant:** tapsig, steif

- **Affe:** auf allen Vieren

- **Strauß:** mit gestreckten Beinen großen Schritten

- **Storch:** Flügel imitieren

- **Krokodil:** mit den Armen das Maul imitieren

- **Wüstenrennmaus:** klein und schnell, Trippelschritte, geduckt

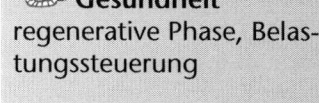 **Gesundheit**
regenerative Phase, Belastungssteuerung

 Trinken ermöglichen!

 Bildkarten

🕐 Diese Phase sollte nicht länger als 5 Min. dauern.

Phase	Durchführung	Ergänzende Hinweise
Ausklang	**Flug über den Nationalpark (Entspannungsgeschichte)** *Jetzt sind wir am Ende unserer Reise angekommen: Lege dich auf den Boden und horche in dich hinein: Fühle deine Herzschläge, deinen Puls und deine Atemfrequenz.* *Stell dir noch einmal den Nationalpark vor. Du fliegst wie ein Adler und siehst die Tiere unter dir: Giraffen, die Akazienblätter fressen, ein Löwe liegt unter einem riesigen Baum, eine Elefantenherde hat ein Wasserloch erreicht ... Hast du jetzt auch Durst? ... Hast du auch gemerkt, wie schön Laufen ist?* *Nun horche noch einmal in dich hinein: Fühle deine Herzschläge, deinen Puls und deine Atemfrequenz.*	🐢 **Gesundheit** Entspannung, Körpergefühl entwickeln Reflexion

Stundenbild von Thomas Feilmeier

Didaktische Überlegungen: „Kenia Runners"

Laufen ist ein Erlebnis! Diese Erkenntnis fehlt vielen Kindern. Ausdauerndes Laufen wird ihnen auch bisweilen wenig attraktiv vermittelt. Mit „Kenia Runners" wird eine Möglichkeit vorgestellt, wie ausdauerndes Laufen im Freien für die Kinder zu einem positiven Erlebnis wird. 30 Minuten oder mehr am Stück in Bewegung zu sein (in der unmittelbaren Schulumgebung, vielleicht sogar barfuß) ist eine lohnende Aufgabe für die Kinder und den Grundschulsport.

Gesundheit

Durch eine altersgemäße aerobe Ausdauerbelastung verbessern die Kinder vor allem ihre konditionellen Fähigkeiten und damit ihren allgemeinen Fitnesszustand. Die Verbesserung der Ausdauerfähigkeit hat einen großen Einfluss auf das physische und psychische Wohlbefinden der Kinder. Als Grundsatz für die Grundschule kann gelten: Lang und langsam laufen. Die Kinder sollen sich während des Laufens noch unterhalten können.

Motivierung

Im Sinne der Erziehung zu gesundheitsbewusstem und lebenslangem Sporttreiben ist es von besonderer Wichtigkeit, den Kindern Laufen freudvoll und spannend zu vermitteln. Die Sportlehrkraft muss diese Inhalte so aufregend und abwechslungsreich wie möglich gestalten. Die Kinder sollen dabei vergessen, dass sich ihr Körper gerade sehr anstrengen muss. Motivierende Aufgabenstellungen, die Inszenierung von Sportstunden als Gruppenerlebnis und die Einbettung in eine Rahmenhandlung wecken die Lust am Laufen. Ein nicht unwesentlicher Aspekt für die Motivation ist, dass diese Einheit im Freien stattfindet. Eine Reflexion am Ende der Stunde macht den Schülern nochmals bewusst, dass sie gerade 30 Minuten nahezu am Stück gelaufen sind und dabei eine besondere persönliche Leistung erbracht haben. Dies ist ein wichtiger Beitrag zur Persönlichkeitsentwicklung und fördert Handlungs- und Selbstkompetenz. Die Unterrichtseinheit „Kenia Runners" soll Kindern ein Maximum an Bewegungszeit ermöglichen. Die eingebauten Regenerationsphasen stellen sinnvolle und notwendige Bewegungspausen dar, die allerdings kurz gehalten werden sollen. Gerade beim Sport im Freien ist es wichtig, dass die Kinder viel trinken. Es müssen also immer Plastiktrinkflaschen mit ins Freie genommen werden!
Die Kinder lernen, auf ihren Körper zu hören, in ihn hineinzuhorchen und direkt nach der Belastung (Belastungspuls) und nach einer Erholungs- bzw. Entspannungsphase (Erholungspuls) den Puls zu messen, die Atemfrequenz und -tiefe zu bestimmen und den Herzschlag zu spüren.

Um eine effektive Verbesserung der Ausdauer bei den Kindern zu erzielen, braucht man einige aufeinanderfolgende, intensive Einheiten mit diesem Schwerpunkt. Als Folgeeinheiten bieten sich weitere spielerische Laufideen im Freien an (Alters- oder Zeitschätzläufe, Biathlonstaffeln). Bereits nach 3–4 Wochen merken die Kinder spürbar eine Verbesserung ihrer Laufausdauer. Der Puls beruhigt sich schneller, man muss nicht mehr „nach Luft schnappen" – kurzum, das Laufen macht Spaß! Schön wäre, wenn auch die Eltern über eine derartige Sequenz und ihren Nutzen informiert werden würden und das Thema zu Hause aufgreifen könnten.

Lehrplanbezug

Schwerpunktmäßig ist vorliegende Unterrichtseinheit im Fachlehrplan Sporterziehung dem Bereich *Gesundheit: Allgemeine Ausdauer, Bewegungserleben, Körpergefühl und Entspannung* zuzuordnen. Besonders sinnvoll zu vernetzen ist dieses Thema mit den Zielen des Lernbereichs *Mitwelt*. Fächerübergreifend kann im Sachunterricht (Lernbereich *Ich und meine Erfahrungen*) das Thema „Mein Körper" oder z. B. auch „Ernährung" vor, während und nach dem Sport behandelt werden. Eine mögliche thematische Anbindung ist mit den Stundenbildern „Waldspiele", „Stepp mit Pep" und „Wetterchaos" (siehe Seiten 143, 99, 97) gegeben.

„Wetterchaos"

Sportbereich: Vielseitiges und ausdauerndes Laufen	**Knotenpunkt:** Gesundheit, Motivierung

Schwerpunkt: Laufaufgaben für die Halle mit Alltagsmaterialien (Bierdeckeln, Tennisbällen und Papprollen)

Material: Stofftasche mit 1 Tennisball, 1 Papprolle und 1 Bierdeckel, weitere Bierdeckel, Tennisbälle und Papprollen, sodass jeder Schüler einen Gegenstand hat, ♫ Laufmusik

Phase	Durchführung	Ergänzende Hinweise

Einstimmung	**Tastkreis**
	Die Schüler stehen im Kreis und schließen die Augen. Die Stofftasche mit einem Tennisball, einer Papprolle und einem Bierdeckel darin wird herumgereicht.
	
	Erratet, mit welchen 3 Dingen die heutige Sportstunde zu tun hat. Gebt die Tasche hinter eurem Rücken weiter, die Augen bleiben geschlossen. Wer glaubt zu wissen, was es ist, setzt sich hin. Verratet aber nichts, bis alle dran waren!
	
	→ Die Schüler äußern sich und erfahren, dass sie Segelboote sind, die durch Papprolle, Bierdeckel und Tennisball gesteuert werden.
	
	Stürmische Zeiten auf hoher See
	Die Schüler laufen alle in eine Richtung außen in der Halle herum. Sie sind Segelboote auf dem Meer. Ein Schüler läuft im Innenraum in entgegengesetzter Richtung und gibt die Signale, indem er jeweils eines der 3 Dinge hochhält:
	• **Papprolle:** langsam laufen
	  Das Schiff fährt vorsichtig durch eine Meeresenge und muss hupen!
	• **Bierdeckel:** schnell und „verrückt" laufen
	  Der Kapitän ist betrunken, er fährt zu schnell und das Schiff schlingert!
	• **Tennisball:** „eckig" laufen
	  Das Schiff gerät in Seenot und wird wie ein Ball in den Wellen hin und her geworfen!
		Gesundheit
		ruhiger Einstieg in die Stunde
		
		Motivierung
		durch den Einsatz von Alltagsmaterialien
		
		Motivierung
		durch Rahmengeschichte
		
		Gesundheit
		Belastungssteuerung: den Laufmodus variieren
		
		⊙ ca. 6 Min.
		
		♫ Laufmusik
		Belastungssteuerung: unterschiedliches Lauftempo durch optische Signale

Hauptteil	**Dunkle Wolken am Himmel** Die Schüler werden in 3 Gruppen eingeteilt. Eine Gruppe von Kindern bekommt Bierdeckel, die zweite Papprollen, die dritte Tennisbälle. Die Kinder laufen locker und langsam in ihrer Gruppe „als Wolke" im inneren Bereich der Halle (z. B. Volleyballfeld) umher. Auf ein Signal (Lehrkraft: Pfiff und Hochhalten eines der 3 Gegenstände) lösen sich bestimmte Wolken auf. Das bedeutet, dass die Kinder dieser Gruppe auf die Außenbahn laufen und dort 2 zügige Laufrunden im Uhrzeigersinn absolvieren. Anschließend kehren Sie in den inneren Bereich der Halle zurück und laufen wieder als Wolke umher.	⚠ Laufbereiche, Laufrichtungen und Lauftempo vorgeben! 💡 Die Schüler darauf hinweisen, dass es nicht um Wettläufe geht, sondern um ausdauerndes Laufen

Phase	Durchführung	Ergänzende Hinweise
Hauptteil	**Platzregen bei der Hafeneinfahrt** Die Hälfte der Schüler hält die Tennisbälle (Bojen und kleine Schlauchboote) durch Anstoßen mit Papprollen ständig in Bewegung. Die andere Hälfte muss den rollenden Bällen ausweichen und dabei einen Bierdeckel als Regenschutz über den Kopf halten.	Rollen immer wieder wechseln.
Ausklang	**Warme Zudecke** Die Schüler gehen zu zweit zusammen. Der eine liegt mit geschlossenen Augen auf dem Bauch oder dem Rücken. Der andere legt ihm nun nacheinander 3 Gegenstände (Papprolle, Bierdeckel, Tennisball) auf den Körper. Das liegende Kind muss diese erspüren und leise sagen, wo genau sie liegen; danach Rollenwechsel.	**Gesundheit** Körperwahrnehmung, Regeneration

Stundenbild von Michaela Schollerer

Didaktische Überlegungen: „Wetterchaos"

Laufspiele sind wichtig, um ausdauerndes Laufen für Kinder attraktiv zu machen. Die Spiele sind schnell und mit wenig Aufwand und Materialeinsatz durchzuführen. Sie sind bestens geeignet, die konditionellen Fähigkeiten zu verbessern.

Motivierung
Die Einheit „Wetterchaos" soll aufzeigen, wie das Prinzip der Ausdauerbelastung im aeroben Bereich in der Grundschule durchgeführt werden kann. Dabei steht die schülerorientierte Gestaltung der Einheit im Vordergrund. Durch die thematische Aufbereitung bemerken die Schüler kaum die Anstrengung. Das motiviert und macht Lust auf mehr. Die Verwendung von Alltagsmaterialien aktiviert die Schüler zusätzlich.

Gesundheit – Belastungssteuerung
Die Stunde ist mit dem wahrnehmungsbetonten Einstieg und dem ruhigen Ausklang sinnvoll eingebettet. Der ständige Wechsel von intensiveren Belastungsphasen (siehe „Stürmische Zeiten auf hoher See") und ruhigeren Phasen entspricht einer kindgerechten Ausdauerbelastung. Das teilweise zu beobachtende Intervallprinzip (relativ hohe Belastung gefolgt von einer Bewegungspause), das im Ausdauertraining häufig durchgeführt wird, ist im Grundschulbereich ungeeignet.

Es empfiehlt sich, auch in weiterer der folgenden Sportstunden das Thema „ausdauerndes Laufen" ins Zentrum zu stellen, damit die Kinder echte Fortschritte spüren. Laufaufgaben, die nur im Einstimmungs- oder gar Schlussteil einer Sportstunde durchgeführt werden, bringen kaum Trainingseffekte.

Grundsätzlich dürfen Schüler, die erschöpft sind, nicht zum Weitermachen aufgefordert werden. Erholungsphasen und Trinkpausen müssen sein. Die Kinder brauchen solche „grünen Oasen" in der Sportstunde. Besondere Sensibilität ist in Bezug auf asthmakranke Kinder geboten: Mitmachen ist nur sinnvoll, solange es guttut. Der Lehrer sollte auch immer auf Anzeichen von Überbelastungen (z.B. weißes Dreieck zwischen Nase und Mund) achten.

Kompetenzfeld: Fit werden, gesund bleiben

„Stepp mit Pep" (2 x 45 Min.)

Sportbereich: Kraftausdauer mit Telefonbüchern	Knotenpunkt: Gesundheit, Motivierung, Aktivierung

Schwerpunkt: Kleine Schrittfolgen an Stepps erlernen und weitere Schritte und Schrittfolgen selbst erfinden

Material: 1 selbst gebastelter Stepp pro Schüler (siehe didaktische Überlegungen), Musik (höchstens 120 bpm (beats per minute), z.B. ♫ Lied: Remember the time), 🎵 Stepp-Schritte, 🎬 Filmszenen

Phase	Durchführung	Ergänzende Hinweise
Einstimmung	**Warm up** Die Schüler verteilen ihre Stepps in der Halle. Sobald die Musik anfängt, laufen sie frei umher. Bei Musikstopp bleiben alle stehen und erhalten einen Bewegungsauftrag für die nächste Musikrunde: • die Stepps mit Hand (Fuß, Ellenbogen, Stirn, Nasenspitze, Po etc.) berühren; • immer wieder über verschiedene Stepps springen; • möglichst viele Stepps umrunden; • …	♫ Musik **Motivierung, Aktivierung** Ideen der Schüler aufgreifen
Hauptteil	**Grundschritte kennenlernen** Block-Aufstellung, z.B. 4 Reihen à 6 Schüler: Alle Schüler müssen den Lehrer sehen können. Der Lehrer zeigt und wiederholt folgende Schrittmuster: • March (Marschieren) • Basic Step (Grundschritt) • L-Step • Knee Lift (Knie anheben) • Kick **Choreografie erarbeiten** Die erarbeiteten Grundschritte werden zu einer kurzen Choreografie zusammengefügt (4 x 8 Zählzeiten). Dazu werden sie nach und nach aneinandergehängt und nach einem neuen Schritt jeweils von vorne wiederholt. • 8 Zählzeiten: 2 x Basic Step • 8 Zählzeiten: 2 x Knee Lift • 8 Zählzeiten: 1 x L-Step nach rechts und zurück • 8 Zählzeiten: 2 x Jumping Jack auf dem Boden, 1 x Step-Kick Dann von vorne, nur beginnt diesmal der linke Fuß.	♫ Musik 💡 Die Abspielgeschwindigkeit (Pitch) an das Leistungsniveau der Kinder anpassen! **Gesundheit, Motivierung** Verwendung englischer Fachsprache 📄 Stepp-Schritte 🎬 Filmszene **Motivierung** Spaß an der Bewegung 💡 Trinkpausen ermöglichen 💡 Dieser Step-Kick (1x) ermöglicht den wichtigen Fußwechsel auf links!

Phase	Durchführung	Ergänzende Hinweise
Hauptteil	**Stepp-Erfinder (induktive Phase)** *Findet in der Gruppe neue Schritte. Achtet darauf, dass die Bewegungen flüssig und nicht hektisch sind! Zählt dabei immer auf 8!* → Die Schüler bilden kleine Gruppen (je ca. 4 Kinder) und überlegen sich einen Schritt, dabei läuft leise die Musik. Der Lehrer hilft den Gruppen, damit sie die Zählzeiten (Musikbogen, also die Zählweise bis 8) einhalten. **Laola-Präsentation** Die Gruppen präsentieren ihre Schritte im „Laola-Prinzip": Alle Gruppen stellen sich in einem Halbkreis auf. Die erste Gruppe beginnt. Wenn sie fertig ist, schließt sofort die nächste Gruppe ihre Präsentation an. Mehrmaliges Durchführen der „Laola-Variante". **Gestalten einer Stepp-Choreografie** Jetzt werden die von den Kindern erfundenen Schritte aneinandergehängt und von allen erlernt. Jeweils eine Gruppe macht ihren Schritt so lange vor, bis die anderen ihn können. Anschließend werden die neu erlernten Schritte nacheinander zu einer Gesamtchoreografie zusammenfügt und ohne Pause ausgeführt.	**Motivierung, Aktivierung** selbst gestalten Gruppen, denen keine Schrittmuster einfallen, dürfen einen der bekannten Schritte verwenden. Differenzierung für schnelle Schüler: zusätzlich passende Armbewegung überlegen Blockaufstellung: Die „Vermittlergruppe" sollte vorne stehen.
Ausklang	**Cool down** Der Lehrer macht verschiedene Lockerungsformen und Dehnungen vor: • „march" (gehen auf der Stelle), dabei immer wieder die Zehenspitzen bzw. die Fersen oben auf den Stepp aufsetzen („Tap"); • mit der Zehenspitze aus dem „march" immer wieder zur Seite nach außen tippen; • auf 8 Zählzeiten um den Stepp marschieren; • tief ein- und ausatmen; • Wade dehnen: auf dem Stepp stehend einen Fuß auf die Kante stellen und die Ferse vorsichtig Richtung Boden drücken; • Oberschenkelrückseite dehnen: einen Fuß mit der Ferse auf den Stepp stellen und das Standbein beugen; • Hüftbeuger dehnen: einen Fuß auf den Stepp stellen, den anderen ganz weit zurücksetzen und tief gehen; • Oberschenkelvorderseite: auf einem Bein stehend, das andere mit der Hand am Fußgelenk fassen und zum Gesäß ziehen.	**Gesundheit, Aktivierung** Es können auch Schülervorschläge zur Dehnung der Beinmuskulatur eingebracht werden. Filmszenen Für die Dehnpositionen unbedingt die Filmsequenz beachten! auch mit Partner

Stundenbild von Yvonne Friedl

Didaktische Überlegungen: „Stepp mit Pep"

🪢 Motivierung, 🪢 Aktivierung und 🪢 Gesundheit

Gerade Kräftigungs- und Ausdauereinheiten müssen für Grundschüler besonders motivierend verpackt sein. Mit der Unterrichtseinheit „Stepp mit Pep" sollen Schüler in zwei Unterrichtsstunden jeweils gut 35 Minuten nonstop aerob belastet werden – eine effektive Bewegungszeit, die sonst selten erreicht wird. Aufgrund des starken Aufforderungscharakters der ungewohnten, selbst gemachten Sportgeräte (Anleitung siehe unten) sind die neu zu erlernenden Schritte kein Problem. Die peppige Musik, das aktive Mitgestalten und schließlich die Gruppenpräsentation lassen die Anstrengung vergessen und sorgen bei Jungen wie Mädchen für Motivation. Sich in der Gruppe etwas auszudenken, ist für die Schüler immer attraktiv und macht ihnen viel Spaß.

Um Bewegungspausen zu vermeiden, können bei der Präsentation der Gruppenergebnisse alle Kinder fortlaufend den Grundschritt (Basic Step) ausführen, bis sie selbst an der Reihe sind. Grundsätzlich sollten die Schüler auch in leichten Erholungspausen durch Gehen am Platz (March) in Bewegung bleiben. Trinkpausen sind wichtig! Es bietet sich an, die erste Unterrichtseinheit nach der deduktiv vermittelten Choreografie zu beenden und in der zweiten Stunde mit dem Erfinden eigener Schritte fortzusetzen. Nicht zuletzt kann die daraus entstandene Choreografie auch für kleine Aufführungen genutzt werden.

Das Fitnessgerät „Stepp"

Nachdem vermutlich an nur wenigen Grundschulen Stepps vorhanden sind, wurde die Konzeption der Stunde auf die leicht herzustellenden Telefonbuch-Stepps ausgerichtet. Diese Bastelidee lässt zudem ein neues, witziges und somit motivierendes Sportgerät entstehen. Zwei bis drei möglichst gleich große Telefonbücher oder dicke Kataloge, die die Schüler selbst mitbringen, werden vorab im Klassenzimmer mit einem reißfesten Textilklebeband zusammengeklebt und bilden so einen stabilen kleinen Stepp-Block. Das Klebeband verhindert zusätzlich ein Wegrutschen auf dem Hallenboden.

Weitere Stepp-Alternativen sind:

- zwei übereinandergelegte Turnmatten, an denen sogar mehrere Kinder gleichzeitig „Treppen steigen" können,
- Teppichfliesen mit der rutschfesten Seite nach unten oder Fahrradreifen als weniger anstrengende Variante.

Mit Original-Stepps ergeben sich weitere Schrittmöglichkeiten. Ein Vorschlag für eine etwas anspruchsvollere Choreografie findet sich im Digitalen Zusatzmaterial.

Wenn der Lehrer die Schritte selbst sicher beherrscht, kann er sie auch spiegelbildlich (mit dem Gesicht zu den Schülern) vormachen. Schwierigere Schritte können langsam (im halbem Zähltempo) eingeführt werden.

Literatur und Medien

Schiro, C.: Schritt-Lexikon. Zugriff am 15.07.2014 unter http://www.aerobictrainer.de/Schritt-Lexikon/schritt-lexikon.html

„Wach, flink, wendig – wie ein Leopard"

Sportbereich: Schnelles Laufen und Reagieren	**Knotenpunkt:** Bewegung lernen

Schwerpunkt: Auf verschiedene Signale reagieren und starten

Material: Medizinbälle, Ringe, Tamburin, Fahrradreifen, großer Schaumstoffwürfel, Sandsack, Seil, diverse Geräte für eine Hindernisbahn, Weichbodenmatten (als Aufprallschutz), ♪ Bildkarte

Phase	Durchführung	Ergänzende Hinweise
Einstimmung	**Aufgepasst – der Leopard ist los!** Die Schüler gehen vorsichtig mit geschlossenen Augen durch die Halle. Durch 3-maliges Antippen bestimmt die Lehrkraft den Leopard. Auf den Ruf *„Aufgepasst – der Leopard ist los!"* öffnen alle Kinder die Augen, rennen los und passen auf: Denn wer der Leopard ist, wird erst nach einer Weile klar. Geschnappte Schüler können befreit werden, indem sie die Beine grätschen und ein anderes Kind durchkriecht. Variante: Mehrere Schüler sind Leoparden. So muss die Klasse noch besser aufpassen und auch laufschwächere Kinder können zu erfolgreichen Fängern werden.	**Bewegung lernen** taktile und akustische Signale wahrnehmen und reagieren Bildkarte
Hauptteil	**Zwischenreflexion im Stehkreis** *Der Leopard war ganz schön flink unterwegs, aber wenn du wachsam warst, hat er dich nicht geschnappt.* → Die Schüler berichten über ihre Weglaufstrategien. **Schleichen und auf Signale sprinten** • *Manchmal schleicht sich der Leopard ganz vorsichtig und leise möglichst nah an seine Beute heran.* → Die Schüler schleichen umher. • *Und dann – sobald er ein Klatschen hört – rennt er los und versucht sie zu fangen.* → Die Schüler schleichen und sprinten nach dem Klatschimpuls los. • *Der Leopard reagiert auch schon auf die kleinste Bewegung der Beute.* → Die Schüler sprinten los, wenn die Beute (z. B. ein Taschentuch) zu Boden fällt. **Auf verschiedene Signale reagieren** *Nicht immer schleicht sich der Leopard an seine Beute heran. Manchmal lauert er ganz ruhig an einem Ort und erst, wenn die Beute nah genug ist, rennt er blitzschnell los.* 	Ritual: gestreckter Arm, Schüler kommen in den Stehkreis **Bewegung lernen** Wahrnehmung akustischer und optischer Signale ⚠ Die Kinder schleichen in einem schmalen Hallensegment (Stirnseite der Halle) umher. Auf das jeweilige Signal sprinten sie bis zu einer festgelegten, entfernteren Linie und bremsen dann wieder ab. ⚠ Auf ausreichenden Abstand zwischen den Schülern achten! **Bewegung lernen** Wahrnehmung verschiedener Signale

Kompetenzfeld: Fit werden, gesund bleiben

Phase	Durchführung	Ergänzende Hinweise
Hauptteil	→ Die Schüler kauern (lauern) an der Stirnseite der Halle am Boden und sprinten auf verschiedene Signale zu einer festgelegten Linie: • ein Ruf, Klatschen, Tamburin, Musik o. Ä. ertönt; • ein rollender Medizinball überquert eine bestimmte Linie; • ein am Seil befestigtes Sandsäckchen wird über eine bestimmte Linie gezogen; • mit einem großen Schaumstoffwürfel wird eine bestimmte Zahl gewürfelt; • nacheinander gewürfelte „Augen" überschreiten addiert eine bestimmte Zahl; • ein Berührungsimpuls (Arm, Schulter, ...) wird wie eine Welle von einem Kind zum nächsten weitergegeben; • losstarten, nachdem man sich mit seinem linken Nachbarn abgeklatscht hat. In jedem weiteren Durchgang wird jetzt die Startposition verändert: • stehend (mit dem Bauch bzw. Rücken an der Wand); • liegend (auf dem Bauch, auf dem Rücken); • im Schneidersitz; • in der Hocke. **Geschickt und rhythmisch über Hindernisse laufen** Es werden 3 Gruppen gebildet, die sich jeweils eine interessante Hindernisbahn aufbauen (Fahrradreifen, Medizinbälle, Bananenkisten, Schaumstoffstreifen, Teppichfliesen, Telefonbuch). *Du startest aus deiner Lieblingsposition. Achtung, diesmal hat der Leopard keine freie Bahn auf seiner Jagd!* Variante: Die Schüler starten aus ihrer persönlichen Lieblingsposition, laufen über ihre Hindernisbahn und machen Beute (die eigene Trinkflasche).	Unterrichtsorganisation Laufwege: Die Vordersten jeder Reihe starten, laufen dann am rechten oder linken Rand der Halle zurück und stellen sich hinten an. ⚠ Für genügend Auslaufraum und seitliche Rücklaufwege sorgen! Weichbodenmatten als Aufprallschutz aufstellen! (Auslauftechnik: mit der Schulter seitlich in der Matte bremsen) 💡 Schülervorschläge aufgreifen Aktivierung ⚠ Brems- bzw. Auslaufzonen festlegen 💡 weitere Alltagsmaterialien einbeziehen 💡 Kein Wettbewerb!
Ausklang	**Der Leopard erholt sich von der Jagd** *Nach so einer anstrengenden Jagd muss sich jeder Leopard ausruhen.* → Die Schüler suchen sich zu zweit einen „kuscheligen" Ort in der Halle und erzählen sich von ihren Jagderlebnissen. Dabei können sie sich mit ihrer „Beute" beschäftigen.	Reflexion, ruhiger Ausklang

Stundenbild von Gaby Weiß

Didaktische Überlegungen: „Wach, flink, wendig – wie ein Leopard"

Wahrnehmung ist die bewusste und unbewusste Aufnahme von Informationen der Außenwelt über die Sinne. Aufgrund der allgemeinen Reizüberflutung sind immer weniger Kinder in der Lage, Reize zu filtern und schnell zu reagieren. Dies sind aber Fähigkeiten, die in vielen Lebenssituationen des Kindes extrem wichtig sind (z. B. im Verkehr).

Bewegung lernen (Wahrnehmung)

In der Einheit „Wach, flink, wendig – wie ein Leopard" erhalten in der Einstimmung ausgewählte „Leoparden" einen taktilen Reiz (Druckimpuls), der ihre Aufgabe als Fänger signalisiert. Die anderen Schüler werden über ein akustisches Signal („Der Leopard ist los!") aufgefordert, den Leoparden zu entlarven und ihm dann geschickt zu entkommen. Im Hauptteil kommen optische Reize (Signale) hinzu. Wenn ein Medizinball ins Sichtfeld rollt, darf gestartet werden. In dieser Phase der Konzentration (Ruhe vor dem Start) muss darauf geachtet werden, dass alle Schüler still werden und dies für eine gewisse Zeit auch bleiben können.

Beim Sprint kommt es auf eine schnelle Reaktion an. Der wettkampfmäßige Tiefstart sollte in der Grundschule nicht im Vordergrund stehen. Viel sinnvoller sind andere Möglichkeiten des Loslaufens und Startens (aus der Bauch- oder Rückenlage, im Sitzen usw.). Die Motivation der Kinder steigt, wenn vielfältige Startpositionen und Loslaufsignale ausprobiert und gemeinsam getestet werden. Aufgrund der hohen Belastung bei den Sprints sollten die Kinder während der Stunde trinken dürfen. Gerade am Ende einer Sportstunde lassen Kraft und Konzentration nach. Deshalb sollten am Schluss keine Sprintaufgaben mehr gestellt werden.

In Zwischenreflexionsphasen im Sitzkreis könnte darüber gesprochen werden, welche Impulse für das Reagieren und Starten den einzelnen Kindern besonders geeignet erscheinen. Dadurch wird auch klar, welche verschiedenen Lerntypen es gibt.

Bewegung lernen (Lerntypen)

Bewegungen werden zwar grundsätzlich über mehrere verschiedene Wahrnehmungsebenen entwickelt. Dennoch gibt es auch hier Schwerpunkte. Für visuelle Lerntypen ist das Beobachten einer Bewegung bzw. die Verknüpfung mit bildlichen Vorstellungen (z. B. „Schleiche wie ein Leopard.") von besonderer Bedeutung, während auditive Lerntypen besonders durch akustische Signale (z. B. „Und hopp!"-Zuruf) beim Erlernen einer Bewegung unterstützt werden. Taktile Lerntypen wiederum können eine Bewegung hauptsächlich durch das Spüren während der Bewegung lernen (z. B. Wasserwiderstand beim Schwimmen).

Dies wird im Unterricht berücksichtigt, indem grundlegende Bewegungsfähigkeiten (koordinative und konditionelle Fähigkeiten) und die Wahrnehmungsfähigkeiten immer wieder multiperspektivisch thematisiert werden. Die Reaktionsfähigkeit, d. h. das schnelle Reagieren auf optische, akustische oder taktile Reize, gehört zu den koordinativen Fähigkeiten. In dieser Stunde geht es um das schnelle Losstarten auf bestimmte Zeichen (akustisch: rufen, klatschen; taktil: berühren; optisch: rollender Ball). Aber nicht nur beim Starten kommt es auf eine gute Reaktionsfähigkeit an. In verschiedenen Ballspielen muss man z. B. auf Zurufe und Bewegungen der Mitspieler reagieren. Ein Sturz kann durch eine gute Reaktionsfähigkeit verhindert oder zumindest das Fallen abgemildert werden.

Literatur und Medien

Bayerische Landesstelle für den Schulsport (Hrsg.) (2006): Fit für den Sportunterricht in der Grundschule. Auer Verlag, Augsburg

„Urlaub am Strand"

Sportbereich: Körper erleben, Körperbewusstsein entwickeln – Entspannung	🪢 **Knotenpunkt:** Gesundheit

Schwerpunkt: Entspannungstechniken kennenlernen

Material: Turn- oder Gymnastikmatten (1 pro Schüler), 🎵 Laufmusik, Entspannungs- oder Meditationsmusik (z. B. 🎵 Lied: „Muscheln fühlen")

Phase	*Durchführung*	*Ergänzende Hinweise*
Einstimmung	**Willkommen** Die Kinder treffen sich im Stehkreis. *Weißt du eigentlich noch, wie du in die Turnhalle gekommen bist? Was hast du beim Eintreten gedacht? Wie genau hast du dich bewegt? Gehe jetzt noch einmal in die Umkleide und betrete nochmal die Sporthalle. Fällt es dir wieder ein? Gehe jeden Schritt ganz bewusst, als müsstest du dich an ihn erinnern. Kannst du dich erinnern, wer vor und wer hinter dir gegangen ist? Bevor du dich jetzt hinsetzt, halte kurz inne, schließe deine Augen und überlege, wie du dich hinsetzen wirst. Setze dich! Lass deine Augen noch einen Moment geschlossen, spüre in dich hinein, spüre den Boden und den Kontakt deines Körpers zum Boden.*	🪢 **Gesundheit** Raum, Bewegung und Mitschüler bewusst wahrnehmen 🔍 Ritual vereinbaren: „Mund absperren" → keiner spricht mehr!
Hauptteil	**Es ist windig am Strand (Teil 1)** Die Schüler laufen zur Musik durch die Halle. Sie versuchen, sich dem Wechsel der Lautstärke bewusst anzupassen. • *Je lauter die Musik, desto schneller und heftiger weht der Wind!* → schnelles Laufen • *Je leiser die Musik, desto langsamer und ruhiger geht der Wind!* → langsames Laufen Zum Schluss die Musiklautstärke und somit die Belastung erhöhen. **Strandgeflüster (Reflexion im Sitzkreis)** *Entspannung – was ist das? Geht das nur im Urlaub?* *Wie fühlst du dich im Moment?* → Schüleräußerungen *Denkst du, dass jetzt Entspannung nötig ist? Was weißt du schon über Entspannung?* → Schüleräußerungen *Ich zeige dir den Unterschied zwischen Spannung und Entspannung. Schließe die Augen und balle deine rechte Hand zur Faust, so fest es geht! Lasse wieder locker – spürst du einen Unterschied zwischen den beiden Armen?* → Schüleräußerungen Wiederholung mit der linken Hand, anschließend mit beiden Händen → Schüleräußerungen	🎵 Laufmusik 🪢 **Gesundheit** Wahrnehmungsschulung Belastungssteuerung 🪢 **Gesundheit** Reflexion, über Entspannung sprechen 🔍 Matten um den Sitzkreis auslegen

Am Strand (Fantasiereise)
Die Kinder liegen auf Matten. Der Lehrer liest die Entspannungsgeschichte vor.

Warst du schon einmal am Meer? Dort gibt es einen Sandstrand. Aber auch wenn du noch nicht am Meer warst und noch keinen Strand gesehen hast, kannst du in der Geschichte, die ich dir gleich erzählen werde, erleben, wie schön es an einem Strand am Meer sein kann. Lege dich gemütlich und entspannt hin. Wenn du willst, kannst du die Augen schließen, du musst aber nicht. Atme 2-mal ganz ruhig ein und aus ... Stell dir vor, du gehst barfuß durch den warmen Sand. Vor dir ist das tiefblaue Meer. Hörst du es rauschen?

Du kannst noch viel tiefer atmen, die Luft ist sehr klar und frisch. Du siehst nur Sand und Meer um dich herum. Du bist ganz alleine, du fühlst dich sehr gut.

Du bekommst Lust, ein bisschen am Strand spazieren zu gehen. Am Himmel fliegt ein Vogelschwarm. Du folgst den Vögeln. Du schlenderst leicht vor dich hin, spürst den warmen Sand an deinen Füßen. Niemand stört dich, du allein kannst entscheiden, wie schnell du gehst und wie weit du gehen willst.

Nach einer Weile wirst du müde, du legst dich in den warmen Sand und blickst in den blauen Himmel über dir.
Du merkst, wie dein Körper einen Abdruck im Sand hinterlässt. Du spürst genau, wo dein Kopf aufliegt. Deine Schultern ... deine Arme ... dein Oberkörper ... dein Po ... deine Beine: Alles fühlt sich angenehm schwer und warm an.
Du lauschst den Wellen des Meeres, sie sind sehr gleichmäßig und ruhig, genauso wie dein Atem.
Du genießt das entspannte Gefühl im Sand.

Komm nun langsam in deinem eigenen Tempo zurück, du bist wieder in der Turnhalle und liegst auf der Matte.
Langsam bewegst du deine Beine ... deine Arme ... deinen Kopf ... Öffne die Augen, wenn du bereit dazu bist. Strecke dich, bis du wieder ganz wach bist, setze dich auf und schau dich um. Wenn du bereit bist, stehe wieder auf.

Es ist windig am Strand (Teil 2)
Wie „Es ist windig am Strand (1)", am Ende diesmal die Musik leise ausklingen lassen.

Abschiedsgruß
Die Schüler finden sich im Sitz- oder Stehkreis zusammen und nehmen sich an der Hand. Die Lehrkraft schickt einen Handdruck auf die Reise, bis er wieder bei ihr ankommt.
Variante: Ein Schüler darf den Abschiedsgruß losschicken.

Ergänzende Hinweise:

🪢 **Gesundheit**
Fantasiereise als Entspannungstechnik

🎵 Entspannungsmusik

💡 ggf. 2x abspielen

💡 Nach den einzelnen Körperteilen immer innehalten

🎵 Laufmusik

💡 Ritual:
„Mund absperren"
→ keiner spricht mehr!

Phase (linke Spalte): Hauptteil / Ausklang

Stundenbild von Michaela Schollerer

Didaktische Überlegungen: „Urlaub am Strand"

Gesundheit

Kinder stark machen – diese Forderung ist in einer Welt, in der die „Kleinen" meist in riesigen Schritten durchs Leben gejagt werden, besonders wichtig. Neben den Belastungen des Schulalltags haben sich auch die allgemeinen Lebensumstände der Kinder in den letzten Jahren auffallend verändert.

In unserer schnelllebigen, reizüberfluteten Multimediagesellschaft stehen sie beinahe wie Erwachsene ständig „unter Strom". Schon bei Grundschulkindern kommt es deshalb immer mehr zu auffälligem, aggressivem Verhalten und Konzentrationsstörungen. Es ist eine Aufgabe der Schule und des Schulsports, auf diese Umstände adäquat zu reagieren und die physischen wie psychischen Schutzfunktionen der Kinder (wie Regenerations- und Entspannungsfähigkeit) zu stärken. Entspannungsverfahren bieten verschiedene Möglichkeiten, nach Phasen der inneren Anspannung und Unruhe wieder zu Lockerheit und Ruhe zu finden. Über Entspannung sollte im Sportunterricht auch gesprochen werden (Was ist Entspannung? Wozu dient Entspannung?).

Viele aus dem Erwachsenenbereich bekannte Entspannungsmethoden können in der Grundschule Anwendung finden, wenn sie entsprechend adaptiert werden; manche Verfahren hingegen sind völlig ungeeignet. Im vorliegenden Stundenbild „Urlaub am Strand" wird eine einfach umzusetzende Variante (Fantasiereise) gezeigt, die sehr wirksam ist, wenn sie von der Lehrkraft entsprechend inszeniert und vorgetragen wird.

Um den Schülern bewusst zu machen, wie sie zur Ruhe kommen, empfiehlt es sich, solche Entspannungseinheiten auch außerhalb des Sportunterrichts regelmäßig durchzuführen. Die im Sportunterricht erlernte Fähigkeit sollen die Kinder möglichst auch in anderen Situationen anwenden können (Stresssituationen zu Hause, vor Prüfungen usw.).

Bei der Durchführung von Entspannungsphasen ist es wichtig, dass die Kinder freiwillig mitmachen. Fühlen sich manche dabei unwohl, dürfen sie keinen Zwängen ausgesetzt sein. Für einige Kinder ist es anfangs schwierig, die Augen zu schließen und sich mit der Lehrkraft auf eine fiktive Reise zu begeben. Diese Kinder müssen geduldig an das Thema herangeführt werden. Meist brauchen sie nur etwas mehr Zeit, bis sie sich dann doch darauf einlassen. Im Vorhinein ist mit der Klasse zu klären, dass es sich bei Entspannungsaufgaben um ruhige Einheiten handelt, bei denen wenig – und wenn, dann mit gedämpfter Stimme – gesprochen wird. Allerdings dürfen Entspannungsphasen nicht dem kindlichen Bewegungsdrang entgegenstehen, es kommt also sehr auf einen gesunden Wechsel zwischen bewegungsreichen und ruhigeren Phasen an (Spannung/Entspannung, vgl. „Es ist windig am Strand").

„Abenteuersafari"

Sportbereich: Kräftigung der Arm- und Rumpfmuskulatur an Gerätebahnen

🪢 **Knotenpunkt:** Erlebnisorientierung, Gesundheit

Schwerpunkt: Kräftigung – Verbesserung der Fitness

Material: viele Turnmatten, Hängetaue, Tennisbälle, 2 große Kästen, Trinkflaschen, 7 Langbänke, evtl. 4 Fahrradreifen, 2 Kleinkästen, Sprossenwand, Bewegungsmusik (z. B. 🎵 Lied: „Free your mind"), 🎵 Stationenkarten

Phase	Durchführung	Ergänzende Hinweise
Einstimmung	*Heute gehen wir auf Abenteuersafari. Dort werden wir einer Vielzahl von Tieren begegnen.* → Die Schüler nennen verschiedene Tierarten. Die charakteristischen Bewegungen der Tiere werden nachgeahmt. **Lagerbau** *Bevor wir unsere Safari starten, müssen wir noch unser Lager aufbauen.* → Jeweils 4 Schüler nehmen eine Turnmatte. Die Matten werden mit einzelnen Bewegungsaufgaben, die der Lehrer vorgibt, durch die Halle getragen: über dem Kopf als Regenschutz, mit Richtungswechsel wegen Hindernissen etc. Das Lager wird aufgebaut: Alle Matten werden nun an einer Stelle in der Halle aneinandergelegt. Die Schüler sammeln hier ihre Trinkflaschen. Die Arme werden nach getaner Arbeit kräftig ausgeschüttelt.	🪢 **Erlebnisorientierung** Sitzkreis 🎵 Bewegungsmusik 💡 Musiklautstärke für die Ansagen reduzieren ⚠️ Auf richtiges Tragen und Heben der Matten achten (2 Schüler an jeder Längsseite)!

Hauptteil	*Im Lager wurde die Verpflegung gestohlen, nur die Getränke sind noch da! Am anderen Ende des Dschungels (Station 8) gibt es Verpflegung (Tennisbälle = Brötchen). Um dorthin zu gelangen, müsst ihr aber einige Hindernisse überwinden. Jeder muss sich seine Verpflegung selbst holen.*
	
	Der Lehrer erläutert im Stehkreis mithilfe der Bildkarten die Stationen, dann folgt der gemeinsame Aufbau. Die Schüler durchlaufen dann in ca. 4 Expeditionsgruppen die Stationen nacheinander (Prinzip: Bewegen im Strom).
	
	Im Dschungel
	
	• **Station 1: Lager**
	  ausruhen, keine Bewegungsaufgabe
	
	• **Station 2: Spinnengang**
	  rückwärts bis zur Station 3 krabbeln
	
	• **Station 3: Lianenschwingen**
	  über den Krokodilsgraben schwingen (Hängetaue über Matten, ggf. Fahrradreifen)
		🪢 **Erlebnisorientierung**
		Motivierung
		
		🎵 Stationenkarten
		
		🪢 **Gesundheit**
		Kräftigung

Kompetenzfeld: Fit werden, gesund bleiben

Phase	Durchführung	Ergänzende Hinweise
Hauptteil	• **Station 4: Schlammgraben** vorwärts auf dem Bauch durch den Mattentunnel kriechen • **Station 5: Hügel überwinden** Sprossenwand mit eingehängten Bänken hoch- und runterklettern • **Station 6: Dichtes Buschwerk** rückwärts auf dem Bauch durch den Mattentunnel kriechen • **Station 7: Hängebrücke** auf der Langbank balancieren • **Station 8: Verpflegungsstation** auf einem Großkasten sitzend versuchen, Brötchen (Tennisbälle) vom Boden aufzusammeln, ohne dabei den Kasten zu verlassen Zurück zum Lager → Trinkpause! Anschließend wird gemeinsam abgebaut, nur das Lager bleibt erhalten.	Bewegen im Strom
Ausklang	**Nachtlager (Entspannungsgeschichte)** Nach der anstrengenden Nahrungssuche machen es sich die Schüler im (Matten-)Lager gemütlich und essen ihre „Brötchen" auf. Die Lehrkraft wiederholt in ruhigen Worten die Safarierlebnisse (Stationen). *Heute hast du einen Ausflug in die Wildnis gemacht. Nach dem anstrengenden Lagerbau ging es direkt an die Verpflegungssuche. Zuerst musstest du dich absichern, dass dir niemand gefolgt war. Anschließend wurde es gefährlich, ein Krokodilsgraben musste überquert werden. Nach hartem Kampf durch einen Schlammgraben ging es über einen großen Hügel. Dahinter warteten gefährliche Büsche auf dich, unter denen du so schnell wie möglich durchkriechen musstest. Dann noch flitzeflink über die Hängebrücke – schon war die Verpflegungsstation erreicht und du hattest deine wohlverdiente Pause!*	**Gesundheit** Entspannung langsam sprechen, mit Pausen zum Nachdenken

Stundenbild von Michaela Schollerer

Didaktische Überlegungen: „Abenteuersafari"

Erlebnisorientierung

Filme über Urwaldexpeditionen und Safariszenen sind bei den Kindern äußerst beliebt. Das Stundenbild „Abenteuersafari" greift dieses Interesse der Kinder auf und zaubert eine Safari in die Turnhalle!

Zu Beginn der Stunde setzen sich die Schüler mit unterschiedlichen Tierarten, die einem auf einer Safari begegnen können, auseinander. Denkbar ist hier auch die Erarbeitung der Tierbewegungen in Partnerarbeit. Ebenso ist es möglich, dass einzelne Schüler zunächst eine Bewegung vormachen und die Klasse raten muss, um welches Tier es sich handelt. Die Kinder sollen hier in den Bewegungsinterpretationen völlig frei sein und die ganze Bandbreite körperlicher Ausdrucksformen erleben.

Gesundheit

Die konditionellen Voraussetzungen sind bei vielen Kindern nicht in erforderlichem Maß ausgebildet. Gerade im Bereich der Rumpfmuskulatur sind Defizite weit verbreitet. Für etliche Kinder stellt damit bereits das Tragen der Schultasche eine erhebliche Belastung dar. Deshalb muss im Sportunterricht gezielt auf eine Kräftigung der Arm- und Rumpfmuskulatur hingearbeitet werden. Allerdings ist es weder zeit- noch altersgemäß, dies in traditionellen Gymnastikübungen anzubieten.

In der vorliegenden Unterrichtseinheit sind die Kräftigungsaufgaben in eine Erlebnisgeschichte eingebaut, sodass die Schüler spielerisch und unbemerkt ihre persönliche Fitness verbessern. So wird das Ziel „Kräftigung von Arm- und Rumpfmuskulatur" von der Einstimmungsphase an auf die Erfordernisse bei der Bewältigung einer Abenteuersafari übertragen. Das Erfolgserlebnis an der „Verpflegungsstation" ist ein schöner Schlusspunkt (Vielleicht wollen die Kinder die Safari aber auch noch ein zweites Mal durchleben?).

Bei Kräftigungsaufgaben sollte die Lehrkraft unbedingt auf die Bewegungsausführung der Kinder achten. Diese müssen anfangs „im Lager" gemeinsam besprochen werden.

Effektiv und zeitökonomisch wäre es, wenn die aufgebauten Safaristationen noch für weitere Sportklassen stehen bleiben könnten.

Kompetenzfeld: Fit werden, gesund bleiben

„Der Weihnachtsmann mit seinem Schlitten"

Sportbereich: Gesundheit, Kräftigung mit dem Rollbrett	**Knotenpunkt:** Unterrichtsorganisation

Schwerpunkt: Spiele und Bewegungsaufgaben mit dem Rollbrett

Material: 6–10 Rollbretter, Seile (½ Klassenstärke), 8 Gymnastikstäbe, Hütchen, Kleingeräte (Jongliertücher, Sandsäckchen, Bierdeckel, Keulen, …), evtl. weihnachtliche Musik, evtl. Plakat mit Rollbrettregeln

Phase	Durchführung	Ergänzende Hinweise
Einstimmung	**Lehrererzählung im Sitzkreis** *Der Weihnachtsmann hat jeden Winter viel Arbeit und eine lange Reise vor sich. Er muss sich neue Rentiere fangen, seinen Schlitten testen und viele Geschenke besorgen. Dann zieht er mit dem Schlitten durch die Schneelandschaft und erlebt eine Menge Abenteuer …* **Rentierfangen** *Die Weihnachtsmänner brauchen frische und fitte Rentiere:* → Der Lehrer verteilt beliebig Seile an die Hälfte der Klasse. Diese Kinder sind die Weihnachtsmänner, die anderen sind Rentiere. Die Weihnachtsmänner tippen mit der Hand in kurzer Zeit möglichst viele Rentiere an. *Jetzt überprüft jeder Weihnachtsmann sein Rentier und schaut, ob es denn auch gut für den langen Weg geeignet ist.* → Jeder Weihnachtsmann spannt nun ein Rentier in das Zaumzeug und schaut, ob es sich gut führen lässt (laufen, gehen, Richtungswechsel durch Seilführung). Auf Signal Rollenwechsel. **Schlitten lenken** *Der Weihnachtsmann braucht viel Kraft in den Armen, um den Schlitten zu lenken.* • Einzelaufgabe: Kraftübungen für die obere Rumpfmuskulatur, z.B. Liegestützposition halten • Partneraufgabe mit Seil: die Partner sitzen sich gegenüber und ziehen jeweils an den Seilenden, sodass sie aufeinander zurutschen (1 Seil pro Paar) • Lockerung der Schultergürtel und Handgelenke **Rollbrettregeln wiederholen!** Rollbrettregeln im Sitzkreis besprechen.	thematische Einstimmung Musik, z.B. „Rudolph the red-nosed reindeer" **Unterrichts-organisation** Rollenverteilung nach dem Zufallsprinzip ⚠ Auf richtiges Einspannen des Partners in das Seil achten! **Unterrichts-organisation** einfache und selbstständige Partnerfindung, evtl. Plakat mit Sicherheitsregeln

Phase	Durchführung	Ergänzende Hinweise

Haupteil

Schlittentest
Der Weihnachtsmann muss testen, ob sein Schlitten (Rollbrett) nach der langen Sommerpause noch funktioniert.
→ 4 Schüler teilen sich ein Rollbrett, führen die Aufgaben einzeln nacheinander durch und bewegen sich dabei von einer Hallenlängsseite zur anderen und zurück.

Die Kinder rollen
• in Bauchlage, im Sitzen, auf den Knien (jeweils mit den Händen am Boden zum Anschieben);
• in Rückenlage (auf beiden Hallenlängsseiten mit den Beinen von der Wand abstoßen).

Geschenke besorgen (Gruppenspiel)
Die Weihnachtsmänner müssen ihre Geschenke besorgen.

In der Halle liegen Geschenke (Seile, Sandsäckchen, Softbälle, Bierdeckel, ...) verteilt. Die neu gebildeten Gruppen sind nacheinander an der Reihe. Jedes Kind in der Gruppe hat ein Rollbrett. Die Gruppe hat 2 Minuten Zeit, um so viele Geschenke wie möglich zu sammeln. Die Weihnachtsmänner liegen in Bauchlage auf dem Rollbrett, fahren zu den Geschenken, legen sich nur eines auf den Rücken und transportieren es zu einer markierten Stelle (z.B. Tor). Die Geschenke werden gezählt und für die nächste Gruppe wieder verteilt.

Rentiere zähmen (Partneraufgabe)
Die Weihnachtsmänner haben nun ihre Schlitten getestet und die Geschenke besorgt. Jetzt müssen sie nur noch ein bisschen mit ihren eingefangenen Rentieren üben, damit sie schön brav vor dem Schlitten laufen.
Das Rentier wird mit 2 Stäben vor den Schlitten gespannt, der Weihnachtsmann sitzt oder kniet auf dem Schlitten und wird gezogen. Je 2 Paare fahren gleichzeitig, von einer Hallenstirnseite zur anderen und zurück.

Ausklang

Zurück in den Stall
Die Schlitten müssen wieder verstaut werden und die Rentiere brauchen eine Pause.
→ Die Rollbretter, Stäbe und Kleingeräte werden von der ganzen Klasse aufgeräumt.

Rentiere loben
Die Partner setzen sich nebeneinander in den Sitzkreis und tätscheln sich den Rücken: Sie loben die Rentiere, weil sie die Schlitten so stark gezogen haben; sie loben den Weihnachtsmann, weil er den Schlitten so toll gelenkt hat.

Ergänzende Hinweise:

Unterrichtsorganisation
schnelle Gruppenbildung aus 2 bestehenden Paaren

Reihenfolge merken! (1. Schüler, 2. Schüler, ...)

Rechtzeitig anhalten: Sicherheitsabstand von ca. 2 m zu den Wänden und zu den anderen Kindern einhalten!

Unterrichtsorganisation
jeweils alle 1., 2., 3. und 4. Kinder bilden eine neue Gruppe

Sicherheitsbewusstsein: keine Zusammenstöße!

Wartende Gruppen führen Dehn- und Lockerungsübungen für die Handgelenke und Schultern durch.

Unterrichtsorganisation
während ein Paar fährt, bereitet das nächste sich schon vor

 Bremsbereich zeigen!

Unterrichtsorganisation
Partneraufgabe im Sitzkreis

Abwärmen (sozialer Aspekt)

Entspannung

Stundenbild von Barbara Spitzenpfeil

Didaktische Überlegungen: „Der Weihnachtsmann mit seinem Schlitten"

Das Rollbrett zeichnet sich durch seine einfache Handhabung und seinen hohen Motivations- und Erlebniswert aus. Durch spielerische Bewegungsaufgaben wird zum einen die haltungsaufbauende Muskulatur (Arme, Rücken, Bauch) gestärkt, zum anderen verbessern sich die Koordination, die Wahrnehmungsfähigkeit und das Sicherheitsbewusstsein (Rollbrettregeln siehe unten).

Unterrichtsorganisation

In der Stunde „Der Weihnachtsmann mit seinem Schlitten" tauchen viele unterschiedliche Organisations- und Aufstellungsformen auf: Lehrererzählung, Spiele in Zweier- bis Vierergruppen, Einzelaufgaben, Partneraufgaben, Rollaufgaben über die Hallenstirn- und über die Hallenlängsseite sowie das Aufräumen von Geräten. Um diese Stunde effektiv zu gestalten, müssen die Übergänge der einzelnen Organisationsformen geschickt gesteuert und schnell durchgeführt werden. Durch variables Kombinieren bilden sich ständig neue Partner- und Gruppenbeziehungen. Überlässt man den Schülern stets selbst die Wahl des Partners oder der Gruppe, entstehen Diskussionen, die oft viel Bewegungszeit kosten.

Beim „Rentierfangen" verteilt der Lehrer nach dem Zufallsprinzip Seile in der Klasse, so entsteht die erste Fängergruppe.

In einem Stehkreis stellen sich die Kinder erfahrungsgemäß neben ein befreundetes Kind. So können sich die Paare für die Kraft- und Beweglichkeitsaufgaben „Schlitten lenken" nach den Einzelaufgaben selbst und recht schnell zusammentun. Die Paare bleiben für den anschließenden „Schlittentest" erhalten. Je nach Hallengröße und Anzahl verfügbarer Rollbretter bilden immer zwei Paare eine Gruppe und gehen zu einem vorbereiteten Rollbrett. Die Schüler sollen sich hier die Reihenfolge merken, in der sie die Übungen durchführen. Aus dieser Reihenfolge entstehen dann beim Spiel „Geschenke besorgen" neue Gruppenzusammenstellungen: So bilden jetzt alle Ersten beim Schlittentest eine Gruppe und treten gegen alle Zweiten an, ebenso die Dritten gegen die Vierten. (Variation: Hatte man beim „Schlittentest" nur drei Kinder pro Rollbrett, kann man auch die drei Gruppen nacheinander auf Zeit Geschenke besorgen lassen.) Bei „Rentiere zähmen" stellen sich selbst gewählte Partner in zwei Gruppen auf. Das zweite Paar bereitet sich mit den Stäben schon vor, während das erste Paar fährt; so ist ein effektiver Ablauf gewährleistet. Der Lehrer zeigt mit Bodenlinien den Bereich an, ab dem das Paar seinen Schlitten abbremsen muss. Ein Sicherheitsabstand zur Wand muss eingehalten werden!

Rollbrettregeln

* Lange Haare zusammenbinden und evtl. in das T-Shirt stecken!
* Weite Kleidung und Bänder abbinden oder einstecken!
* Nicht besetzte Rollbretter „parken" (umgedreht hinlegen)!
* Rollbretter nicht ohne Fahrer durch den Raum schubsen!
* Nicht auf dem Rollbrett stehen oder auf das Brett aufspringen!
* Genügend Abstand mit den Händen zu den Rollen halten!
* Zusammenstöße mit Fahrern, Geräten, „Fußgängern" und Wänden unterlassen!

Literatur und Medien

Hell, D. (3/2000): Lehrerbriefe zur Unfallverhütung und Sicherheitserziehung B 19020. GUV = Gemeinde Unfallversicherung (Hrsg.), Verlag Heinrich Vogel, München

„Der Weihnachtsmann auf seiner Winterreise"

Sportbereich: Gesundheit, Kräftigung mit dem Rollbrett	🪢 **Knotenpunkt:** Unterrichtsplanung, Unterrichtsorganisation

Schwerpunkt: Bewegungsaufgaben mit dem Rollbrett an Stationen

Material: 6–10 Rollbretter, ca. 5 Hütchen, 2 Hängetaue, langes Seil, 7 Turnmatten, 8 Stäbe, 2 Sprungbretter, 2 Langbänke, Nummern für Stationen, 🎵 Stationenkarten, 🎬 Filmszenen, 🎵 Hallenplan

Phase	Durchführung	Ergänzende Hinweise
Einstimmung	**Lehrererzählung im Sitzkreis** *Nachdem der Weihnachtsmann die Rentiere gefangen und gezähmt hat, seinen Schlitten für die lange Winterreise zu den Kindern fit gemacht und die Geschenke besorgt hat, geht nun die Reise los. Er zieht durch große Schneelandschaften, über Eisseen, durch dunkle, gefährliche Wälder, Schluchten, reißende Flüsse, über Hügel und in tiefe Täler ...* Der Lehrer erklärt den Aufbau für die „Reise durch die Winterlandschaften" im Sitzkreis, Schülergruppen (Gruppengröße siehe Stationen) bauen jeweils eine Station mithilfe des Hallenplans und der Stationenkarten auf. Der Lehrer hilft bei Station 6. Die Rollbrettregeln werden wiederholt (→ didaktische Überlegungen zu „Der Weihnachtsmann mit seinem Schlitten", Seite 113). Der Stationenbetrieb wird kurz erläutert. **Die Weihnachtsmänner machen sich bereit** Beweglichkeitsübungen für den Schultergürtel und die Handgelenke im gemeinsamen Stehkreis: • Schultern und Arme kreisen • die Hände hinter dem Rücken fassen und die Arme vorsichtig nach oben ziehen • die Handgelenke kreisen • die Handgelenke dehnen • im Kniestand und Sitzen die Schultern dehnen • Lockerungsübungen	🪢 **Unterrichtsplanung** Gruppen möglichst vorab festlegen; Rollbrettregeln müssen bereits bekannt sein 📝 Stationenkarten 📝 Hallenplan Mobilisation und Beweglichkeit im Sitzkreis
Hauptteil	**Reise durch die Winterlandschaften** Die Schüler bleiben in ihren Gruppen und durchlaufen die Stationen in vorher festgelegter Reihenfolge, der Wechsel erfolgt auf ein Signal (z. B. Pfiff, Musik). • **Station 1: Wald** (Aufbau durch 2–4 Schüler) in Bauchlage auf dem Rollbrett durch einen Hütchenwald fahren • **Station 2: Eissee** (Aufbau durch 2–4 Schüler; der Lehrer macht die Knoten) ein langes Seil zwischen Torpfosten und Sprossenwand (evtl. mit Matte sichern) spannen und sich in Rückenlage auf dem Rollbrett rückwärts entlangziehen	🪢 **Unterrichtsplanung** Nummern an den Stationen vorbereiten ⚠️ Die Schüler darauf hinweisen, dass das Anstoßen an die Sprossenwand mit dem Kopf zu Verletzungen führen kann!

Phase	Durchführung	Ergänzende Hinweise

Hauptteil

- **Station 3: Fluss** (Aufbau durch 4–6 Schüler)
  zum Vorwärtsrollen im Sitzen mit den Stäben an den Matten abstoßen

- **Station 4: Schlucht** (Aufbau durch 6–8 Schüler)
  in Bauchlage auf dem Rollbrett durch den Mattentunnel fahren

Filmszene

- **Station 5: Hügel** (Aufbau durch ca. 4 Schüler)
  2 Sprungbretter mit den hohen Enden aneinanderstellen und rechts und links davon Matten legen; Bauchlage einnehmen; mit den Händen seitlich am Sprungbrett hochziehen und mit Schwung die andere Seite hinunterfahren

- **Station 6: Ab ins Tal** (Aufbau durch Lehrer und Schüler)
  auf einem Rollbrett im Kniestand das Tau halten (Po ist nicht auf den Fersen); durch Ziehen am Tau und Absetzen in den Fersensitz ins Gleiten kommen; an einem Ende eine halbe Drehung machen, wieder in den Kniestand aufrichten und dasselbe in die andere Richtung wiederholen

Filmszene

Ausklang

Reflexion im Sitzkreis
Welche Landschaft war für dich am spannendsten ... anstrengendsten ... und warum?
→ Die Schüler berichten über ihre Erlebnisse.

Jede Gruppe baut die Station ab, die sie aufgebaut hat.

Erfahrungsaustausch

Unterrichtsorganisation
zeitsparender Abbau
🕐 Abbau nur bei einer Doppelstunde möglich

Fahrt auf dem großen Schlitten
Die Weihnachtsmänner sind ziemlich erschöpft von der langen Reise. Sie dürfen sich nun zum Erholen auf einen Riesenschlitten setzen.
→ Eine Bank wird umgedreht auf 2 Rollbretter gestellt. Die Hälfte der Klasse darf sich daraufsetzen, wird vom Lehrer still zum Ausgang geschoben und stellt sich dort an. Danach kommt die 2. Gruppe dran. 6 Kinder räumen zum Abschluss die Bank auf.

🕐 nur bei einer Doppelstunde möglich

Stundenbild von Barbara Spitzenpfeil

Didaktische Überlegungen: „Der Weihnachtsmann auf seiner Winterreise"

Die Stationen aus „Der Weihnachtsmann auf seiner Winterreise" passen besonders gut als Anschluss an „Der Weihnachtsmann mit seinem Schlitten" (siehe Seite 111), sie können aber auch unabhängig davon in einer eigenständigen Einheit eingesetzt werden.

Der Schwerpunkt der Stunde liegt in beiden Unterrichtseinheiten im Bereich der Kräftigung des Schultergürtels und der Arme. In vorliegender Stunde müssen sich die Kinder bei allen Stationen entweder mit den Händen abstoßen oder ziehen. Durch das Halten der Beine in Bauchlage wird zusätzlich die gesamte rückwärtige Muskulatur (Rücken, Gesäß, Oberschenkelrückseite) gestärkt.

Unterrichtsplanung und Unterrichtsorganisation

Will man „Der Weihnachtsmann auf seiner Winterreise" in einer einzelnen Unterrichtseinheit von 45 Minuten bewältigen, müssen Auf- und Abbau gut geplant und vorbereitet sein oder die Stationen für die nachfolgenden Klassen aufgebaut bleiben. Für die Schüler sollte es nicht das erste Mal sein, dass sie Stationen aufbauen. Die Sicherheitsregeln zum Auf- und Abbau der einzelnen Geräte müssen schon in Vorbereitungsstunden besprochen und geübt worden sein. Ebenso sollen die Schüler mit den Rollbrettregeln vertraut sein (siehe didaktische Überlegungen zu „Der Weihnachtsmann mit seinem Schlitten", Seite 113) und sie in dieser Stunde nur zur Wiederholung noch einmal verbalisieren.

Für einen schnellen Stationenaufbau ist es sinnvoll, die Schülergruppen bereits vorher festzulegen (eventuell hat jede Gruppe einen von ihr gewählten Namen). Der Lehrer erklärt nun im Sitzkreis anhand eines Hallenplans den Gruppen ihre Aufgaben.

Die Rollbretter werden beim Aufbau von den Schülern umgedreht abgelegt und erst bei der Demonstration der einzelnen Stationen verwendet. Eine Regel ist immer das Absetzen im Sitzkreis nach dem Aufbau einer Station. Kein Schüler testet schon eine Aufgabe!

Der Stationenaufbau dient hier auch dem allgemeinen Aufwärmen. Später erfolgt eine kurze Phase, in der die Muskeln und Gelenke auf die bevorstehende „Arbeit" vorbereitet und gedehnt werden. Während der Demonstration der Stationenaufgaben bleibt die Klasse im Sitzkreis und dreht sich jeweils zu einer Station, an der ein Kind die Aufgabe vorführt. Während des Stationenbetriebs bleibt der Lehrer in der Nähe der aufwendigsten Station („Fluss"). Dort soll jedes Kind einmal die Aufgabe durchführen, dann gibt der Lehrer ein Signal zur „Weiterreise". An den anderen Stationen wiederholen die Kinder evtl. mehrmals die „Reiseetappe", bis wieder das Signal ertönt.

Während der Reflexion sollten die Stationen noch stehen, da sich die Kinder so intensiv mit den einzelnen Landschaftsbildern auseinandersetzen können und es ihnen dann leichter fällt, ihre Bewegungserfahrungen zu verbalisieren. Beim Abbau der Geräte ist darauf zu achten, dass jede Gruppe die Station abbaut, die sie auch aufgebaut hat. Die Schüler wissen dann bereits, wohin die Geräte im Geräteraum genau gehören und sind in deren Handhabung beim Transport geübt.

Kompetenzfeld: Fit werden, gesund bleiben

„Mittelalterliches Markttreiben"

Sportbereich: Kräfte messen – Spielformen mit- und gegeneinander	**Knotenpunkt:** Gemeinschaft, Sicherheit

Schwerpunkt: Kräfte messen mit Wettkampfspielen nach fairen Regeln

Material: Zeitungsblätter und Wäscheklammern für alle Schüler, Schaumstoffstangen (z. B. Schwimmnudeln) in ⅓ Schülerzahl, 1–3 Großkästen, etliche Medizinbälle, Kissen, Schwebebalken oder Langbank, 1–2 Niedersprungmatten, 3 Weichbodenmatten, etliche Volleybälle, Stationenkarten

Phase	Durchführung	Ergänzende Hinweise
Einstimmung	**Einführung im Sitzkreis** *Im Mittelalter gab es Märkte, auf denen die Bürger ihre Kräfte messen konnten. Versetzen wir uns in diese Zeit zurück und erleben wir noch einmal die verschiedenen Wettkampfspiele ... Zuerst müssen die Bürger über das Ereignis informiert werden ...* **Botschaft überbringen! (Aufwärmspiel)** *Die schnellsten Läufer werden auserkoren, um die Botschaft zu überbringen. Die Botschaft (in Form einer Zeitung) darf nicht mit den Händen gehalten werden!* → Die Schüler sollen mit der Zeitung vor der Brust so schnell laufen, dass diese nicht herunterfällt. Variante: Zeitung einmal falten	allgemeines Aufwärmen (thematischer Aspekt)
Hauptteil	**Stationen zum Kräftemessen** Vorab werden die Kinder in 7 Gruppen eingeteilt und bauen selbstständig entsprechend der Wortkarten ihre Stationen auf. Die Kinder, die mit ihrem Stationenaufbau fertig sind, helfen den anderen. *Auf unserem Markt gibt es Kraftspiele, bei denen ihr in der Gruppe eure Kräfte bündeln müsst (Stationen 3, 6, 7), und solche, wo ihr eure Kraft und Geschicklichkeit gegeneinander einsetzt.* Vor Beginn des Stationenbetriebs werden im Gesprächskreis die Regeln vereinbart. • Fair Play, Chancengleichheit herstellen! • Bei „Stopp!" sofort abbrechen! • Sicherheitsregeln für einzelne Stationen • Wechselsignal • ... • **Station 1: Achtung, Räuber!** Jeder hat hinten am T-Shirt 4 Wäscheklammern. Alle versuchen, sich gegenseitig Klammern zu stehlen.	**Gemeinschaft und Sicherheit** faires und kontrolliertes Kräftemessen, Aggressionsabbau Stationenkarten **Gemeinschaft und Sicherheit** selbstständig Regeln erarbeiten ggf. die Regeln auf Plakate schreiben und aufhängen Die Lehrkraft beobachtet vor allem die Stationen, wo Konflikte entstehen könnten! Spielfeld begrenzen!

Phase	Durchführung	Ergänzende Hinweise
Hauptteil	• **Station 2: Tjostenkampf** Jeder Schüler bekommt eine Schaumstoffstange (z. B. Schwimmnudeln) als Schwert. 2 Schüler laufen aufeinander zu und versuchen, die Schwertsspitze des anderen zu treffen. Variante: das Knie, den linken Arm, … des anderen treffen • **Station 3: Wand einreißen** Die Schüler versuchen gemeinschaftlich, eine aufgestellte Niedersprungmatte oder Weichbodenmatte mit Bällen (evtl. auch mit kleinen Medizinbällen) zum Umkippen zu bringen. Die Matte wird im 90°-Winkel zur Wand zwischen zwei Kleinkästen fixiert. • **Station 4: Muskelspiel** Mit Medizinbällen oder Kissen soll versucht werden, den Partner über eine Linie zu drücken. • **Station 5: Brückenfechten** Die Schüler stehen zu zweit auf einem niedrig eingestellten Schwebebalken. Sie fechten mit Schaumstoffstangen und versuchen, den anderen herunterzustoßen. Dabei dürfen sie sich nur mit den Schaumstoffstangen berühren. Alternative: auf dem Steg der umgedrehten Langbank fechten • **Station 6: Achtung, Gauner in der Stadt!** Die Schüler stehen vor dem Kasten. Die Volleybälle werden vom Kasten mit einem Boxschlag heruntergeboxt, um ein Ziel (z. B. Bild eines Gauners) an der Wand zu treffen. Variante: 3 Kästen in unterschiedlichen Abständen zur Wand nebeneinanderstellen • **Station 7: Gauner vertreiben!** 4–5 Bälle liegen auf einer Weichbodenmatte. Die Schüler versuchen gemeinschaftlich, so lange mit der Faust auf die Matte zu schlagen, bis die Bälle herunterrollen.	⚠️ Vereinbarungen treffen, welche Körperteile nicht getroffen werden dürfen! ⚠️ Mindestwurfabstand zur Matte festlegen; ebenso einen Taburaum vor der Matte, der nur zum Wiederaufstellen betreten werden darf! ⚠️ Vereinbarungen treffen, welche Körperteile nicht getroffen werden dürfen! Auf gute Mattenabsicherung achten! ⚠️ Aufbau so wählen, dass die Bälle nicht durch die Halle rollen! 💡 Bälle in Tennisringe legen, damit sie nicht vom Kasten rollen. ⚠️ Bälle nicht durch die Halle rollen lassen!
Ausklang	**Schneeballschlacht** Die Schüler knüllen die Zeitungen zusammen und werfen damit aufeinander.	🪢 **Gemeinschaft** Aggressionsabbau

Stundenbild von Thomas Feilmeier

Didaktische Überlegungen zu „Mittelalterliches Markttreiben" siehe „Bärenstark kämpfen" (Seite 121)

„Bärenstark kämpfen"

Sportbereich: Ringen und kämpfen	Knotenpunkt: Gemeinschaft, Sicherheit
Schwerpunkt: Faires Ringen und Raufen	

Material: Plakate, Stifte, Turnmatten, Medizinbälle, Bierdeckel, Fahrradreifen, ♫ evtl. Laufmusik und Entspannungsmusik (z. B. ♫ Lied: Fürsten und Burgfräulein)

Phase	Durchführung	Ergänzende Hinweise
Einstimmung	**Begrüßungsspiel** Die Schüler laufen in der Halle umher. Bei einer Begegnung mit einem Mitschüler begrüßen sich beide mit bestimmten Körperteilen, die von der Lehrkraft angesagt werden: • Fuß • Ohr • Hand • Nase • Knie	**Gemeinschaft** Körperkontakt aufnehmen ♫ evtl. Laufmusik 💡 Schülerideen berücksichtigen
Hauptteil	**Reflexion im Sitzkreis** *Oft sehe ich Kinder in der Pause beim Raufen. Manchmal sagen sie dann, es sei doch alles nur Spaß. Aber es kommt auch vor, dass sie richtig wütend sind und keine Grenzen mehr erkennen. Sie schlagen nur noch um sich und riskieren dadurch sogar Verletzungen bei ihren Freunden. Welche Erfahrungen habt ihr gemacht?* → Die Schüler berichten über ihre Erfahrungen. *Wir werden heute im Sportunterricht auch ringen und kämpfen. Dieses Kräftemessen und Kämpfen macht Spaß, wenn man sich an bestimmte Regeln hält.* → Die Schüler nennen und begründen ihre Regel-Ideen. Beispiele: • Niemand wird gezwungen! • Niemand darf verletzt werden! • Sofortige Kampfunterbrechung bei „Stopp!"-Ruf. • … *Weitere Regeln fallen dir bestimmt ein, wenn du in einer kleinen Gruppe faires Kämpfen ausprobierst.* **Stationen zum Ringen und Kämpfen** An jede Station gehören 2 Turnmatten, 1 Plakat und dicke Stifte; an Station 1 zusätzlich ein Medizinball, an Station 3 ein Reifen. Die Kinder bauen jede Station doppelt auf. Jeweils ca. 4 Kinder finden sich in frei gewählten Gruppen zusammen. Die Gruppen werden an die Stationen geschickt. Die Kinder probieren in dieser Stunde nur 1 Station aus und notieren sich Regeln dazu. *Notiert auf eurem Plakat, was in eurer Gruppe erlaubt und was verboten ist. Überlegt euch zusammen auch ein Begrüßungs- und Verabschiedungsritual!*	**Gemeinschaft** 💡 Der Lehrer notiert auf einem Plakat. **Sicherheit** Regelerarbeitung 💡 Gemeinsam „Goldene Regeln" für faires Kämpfen finden! 💡 Die Kinder sollen sich in gleich großen Gruppen mit ausgeglichenen körperlichen Voraussetzungen zusammentun. Dabei sollen Mädchen und Jungen gemischt werden. 💡 Jede Gruppe bekommt Stifte und ein Plakat.

Phase	Durchführung	Ergänzende Hinweise
Hauptteil	• **Station 1: Rangeln um den Ball** 2 Schüler stehen sich gegenüber und umklammern gleichzeitig einen Medizinball. Wer schafft es, dem Partner den Ball wegzunehmen? • **Station 2: Rückenrangeln** 2 Schüler sitzen Rücken an Rücken mit aufgestellten Füßen auf einer Matte. Wer kann den Partner von der Matte drücken? • **Station 3: Reifenrangeln** 2 Schüler stehen sich gegenüber und halten sich an den Händen; zwischen ihnen liegt ein Reifen. Wer schafft es, den Partner in den Reifen treten zu lassen? **Zwischenreflexion im Sitzkreis** Die in den Gruppen gefundenen Regeln werden vorgestellt und begründet. Ggf. wird auch über die Gruppenzusammensetzung gesprochen. **Feedback über die Einhaltung der Regeln im Kampf** *Natürlich dürfen unsere Regeln nicht nur auf einem Plakat stehen. Jeder, der an einem Kampf teilnimmt, muss sich auch an die Regeln halten.* → Eine Gruppe zeigt „faires Kämpfen". Das Publikum gibt der Gruppe Rückmeldung zur Einhaltung der Regeln.	**Gemeinschaft, Sicherheit** faires und kontrolliertes Kräftemessen, Aggressionsabbau Handgelenkfassung! **Gemeinschaft, Sicherheit** Konfliktbewältigung: Reflexion, Austausch und Feedback positive Rückmeldung: Fair gekämpft hat ..., weil ...
Ausklang	*Beim Kämpfen musste dein Körper viel leisten. Du hast viel Kraft gebraucht. Konzentration war auch wichtig, denn du musstest deinen Gegner genau beobachten und geschickt reagieren. Deshalb tut jetzt etwas Entspannendes gut!* **Bierdeckeldecke** Die Schüler gehen paarweise zusammen. Einer legt sich entspannt auf eine Turnmatte und wird nach und nach von seinem Partner mit Bierdeckeln bedeckt. Wenn alle Deckel gelegt sind, werden sie genauso langsam wieder weggenommen und die Rollen werden getauscht.	evtl. Entspannungsmusik

Stundenbild von Gaby Weiß

Kompetenzfeld: Fit werden, gesund bleiben

Didaktische Überlegungen:
„Mittelalterliches Markttreiben" und „Bärenstark kämpfen"

Aggressionen gehören grundsätzlich und natürlicherweise zum Menschen dazu. Das wird auch schon bei Kindern deutlich. Wenn man Kinder dabei beobachtet, wie sie beim Betreten der Sporthalle loslaufen, gegen Weichbodenmatten springen oder auch untereinander zu rangeln anfangen, wird dies deutlich. Entscheidend ist, in welchem Maße und auf welche Weise Aggressionen zum Vorschein kommen und wie die Schüler mit ihnen umgehen. Infolge eingeschränkter Bewegungsmöglichkeiten (viel Zeit am Computer, fehlende Spielanlässe etc.) haben manche Grundschüler kaum mehr die Möglichkeit, angestaute Energien und Aggressionen über Bewegung und Spiel auszugleichen.

Gemeinschaft – Konfliktbewältigung und Aggressionsabbau

Der Sportunterricht bietet einen guten Rahmen, um Möglichkeiten zum Stress- und Aggressionsabbau anzubieten und einen kontrollierten Umgang mit Aggressionen zu vermitteln. Überschüssige Energie kann im Sport kanalisiert werden. Manchen Schülern ist nicht bewusst, dass aggressives Verhalten (auch verbale Aggressionen) andere stören oder gar verletzen kann. Das Gemeinschaftsgefüge einer Klasse kann durch einzelne Schüler mit hohem Konfliktpotenzial empfindlich gestört werden. Die Sportlehrkraft kann über den Unterricht gezielt Konflikte und Aggressionen auffangen und präventiv viel Zündstoff herausnehmen.

In den Unterrichtseinheiten „Mittelalterliches Markttreiben" und „Bärenstark kämpfen" wird in einem gruppenteiligen Stationenbetrieb das Kräftemessen im kleinen Rahmen inszeniert. Hier wird den Kindern viel Verantwortung übertragen, die sie aber in der Regel positiv annehmen. Die Gruppenbildung muss gut vorbereitet sein, denn es sollten sich möglichst „Gleichstarke" miteinander messen. Das muss im Gesprächskreis geklärt werden. Für die Kinder können diese Stunden auf unterschiedliche Weise motivierend wirken. Einige Kinder werden hier einfach ihre überschüssige Energie los, andere wollen gegenseitig ihre Kräfte messen. Hier bieten sich bisweilen auch Vorteile für sonst eher sportschwache Schüler.

Sicherheit

Aggressionsabbau muss immer gezielt stattfinden. Kräftemessen im Sportunterricht darf nicht raues oder gar gewalttätiges Verhalten fördern. Dies muss vorab ebenfalls mit den Schülern besprochen werden. Wenige, aber eindeutige Regeln müssen vereinbart werden. „Stopp!" ist ein Signal, ein Ritual, für das die Schüler sensibilisiert werden müssen. Wenn es einem Kind zu viel wird oder es gar Schmerzen empfindet, muss bei „Stopp!" sofort unterbrochen werden. Kinder, die bei den Zweikämpfen nicht mitmachen wollen, dürfen dazu nicht gezwungen werden.

Literatur und Medien

Bächle, F./Heckele, S. (2008): 999 Spiel- und Übungsformen im Ringen, Raufen und Kämpfen. Hofmann, Schorndorf

Brodtmann, D. (2002): Sportunterricht in Bewegung. Friedrich Verlag, Seelze

Busch, F. (2006): Ringen und Kämpfen. 2. Auflage, Auer Verlag, Augsburg

Jakob, M. (2008): Jedes Kind braucht Wurzeln und Flügel. In: sportpädagogik, 32 (2), S. 10–13

Kaupmann, C. (2003): „Wie stark bin ich eigentlich?" In: sportpädagogik, 27 (3), S. 15–17

Maczkowiak, S./Melenhorst, M. (2003): „Lass(t) uns ein Kämpfchen wagen!" In: sportpädagogik, 27 (3), S. 10–14

Meder, B. (2008): „Nein, das will ich nicht!". In: sportpädagogik, 32 (2), S. 14–18

Miethling, W.-D. (2002): Gewalt im Sportunterricht. In: sportpädagogik, 26 (2), S. 4–10

„Vertrau mir, ich helf dir!" (90 Min.)

Sportbereich: Kinderakrobatik, Turnen	**Knotenpunkt:** Gemeinschaft, Gesundheit

Schwerpunkt: Körperbauwerke – Aufgaben mit Partner und Gruppe

Material: etliche Turnmatten, evtl. Foto- oder Videokamera, evtl. ruhige Musik (z. B. ♫ Lied: Muscheln fühlen), 🎵 Bildkarten, 🎬 Filmszene

Patermann, R. (2002): Schwung, Gefühl – Verantwortung. In: sportpädagogik, 26 (2), S. 12–15

Phase	Durchführung	Ergänzende Hinweise
Einstimmung	**Vertrauensbeweis (allgemeines Aufwärmen)** Die Hälfte der Schüler sind Inselbewohner. Jeder von ihnen kauert auf einer Insel. Die anderen Kinder haben die Aufgabe, in der Halle umherzugehen und immer sicher über die Inselbewohner zu steigen. Variante: *Könnt ihr auch sicher über die Kinder laufen bzw. springen?*	💡 Matteninseln (Turnmatten) in halber Schülerzahl liegen in der Halle verteilt 🪢 **Gemeinschaft, Gesundheit** Vertrauen 💡 Aufgabe ggf. auch ohne Matten durchführbar ♫ ruhige Musik
Hauptteil	Weitere Turnmatten werden hinzugeholt und die Inseln umgebaut. Für jeweils 5 Kinder wird eine Matteninsel aus ca. 4–6 Matten benötigt.	⚠ Schuhe ausziehen!
	Buchstaben bauen (Partneraufgabe) Die Schüler bauen zu zweit mit ihrem Körper verschiedene Buchstaben.	🪢 **Gemeinschaft, Gesundheit** Kommunikation, Verantwortung für den Partner übernehmen, Berührungsängste abbauen
	Pendelkreis (Gruppenaufgabe) Mindestens 4 Kinder bilden einen engen Kreis, in der Mitte steht ein weiteres Kind. Das mittlere Kind macht sich steif wie ein Brett und schließt die Augen. Mit anhaltend angespanntem Körper lässt es sich in den Kreis kippen, wird von den anderen mit den Händen vorsichtig aufgefangen und weitergependelt.	🪢 **Gemeinschaft, Gesundheit** Vertrauen 🎬 Filmszene
	Pyramiden bauen (Gruppenaufgabe) Anhand der Bildkarten werden einfache Pyramiden gebaut.	🪢 **Gemeinschaft, Gesundheit** Vertrauen, Disziplin, Kooperation, Kommunikation

Phase	Durchführung	Ergänzende Hinweise
Hauptteil	Grundregeln vereinbaren: • Haltung: gerader Rücken; gleichmäßige Gewichtsverteilung bei der Bankstellung; nur auf Schultern und Becken steigen, niemals auf die Wirbelsäule! • Vorher absprechen, wer welche Position einnimmt (korpulentere und kräftige Kinder unten, leichtere Kinder oben)! • Kontrollierter Abbau, nie abspringen! • Bei Schmerzen oder nachlassenden Kräften sofort Kommando „ab"!	Mattenunterlage verwenden! Bildkarten
Ausklang	**Präsentation** Die Klasse bildet einen Halbkreis, die einzelnen Gruppen dürfen ihre Lieblingspyramide zeigen. **Erste-Hilfe (Variante für einen bewegungsreichen Abschluss)** Im Zirkus ist ein Löwe ausgerissen und jagt die Zuschauer. Wer gefangen wird, legt sich ohnmächtig auf den Boden. Wer noch fit ist, eilt zu Hilfe. Zu viert werden die Ohnmächtigen an die frische Luft (Matten in der Hallenmitte) getragen. Während die Sanitäter den Ohnmächtigen tragen, dürfen sie vom Löwen nicht abgeschlagen werden. Auch wenn nur 1–2 Sanitäter bei einem Ohnmächtigen sind und auf weitere Unterstützung zum Tragen warten, dürfen sie nicht abgeschlagen werden. Sobald der Ohnmächtige an der frischen Luft liegt, wacht er auf und darf wieder vor dem Löwen davonlaufen. **Reflexion (Variante für einen ruhigen Abschluss)** Gemeinsam wird über Besonderheiten der Stunde, über Erlebnisse und Erfahrungen gesprochen. **Ausblick** auf die nächsten Stunden *Soll ein Zirkusprojekt entstehen?*	evtl. Aufnahmen mit Fotoapparat oder Videokamera machen Ein Kind muss immer von 4 Kindern getragen werden! evtl. mehrere Fänger einsetzen Flexibel sein! Brauchen die Kinder noch ein bewegungsreiches Spiel oder erscheint eine Reflexionsphase sinnvoller?

Stundenbild von Thomas Feilmeier

Didaktische Überlegungen: „Vertrau mir, ich helf dir!"

Vertrauen, Kooperation, Kommunikation: Im Sportunterricht können diese Fähigkeiten besonders gut entwickelt werden.

Mit den Mitschülern bei Spiel und Sport zu kommunizieren und kooperieren fällt nicht immer ganz leicht. Manche Kinder haben Berührungsängste, andere sind nicht gut in die Klasse integriert und sehnen sich nach mehr Kontakt.

Gemeinschaft – Kinder vom „Ich" zum „Wir" führen

Akrobatische Grundformen – altersgemäß unterrichtet – sind wie kaum ein anderer Bereich geeignet, um Kooperation und Zusammenhalt innerhalb der Gruppe zu fördern. Die individuellen Stärken jedes Kindes kommen hier zum Tragen. So kann ein korpulentes Kind, das sich aufgrund seines Körpergewichts sonst vielleicht eher benachteiligt fühlt, als stabiles Fundament für eine Pyramide seine Stärke demonstrieren und eine „tragende Rolle" spielen.

Gesundheit – Kinder stark machen (die gesundheitliche Balance)

Bei den vorgeschlagenen Vertrauensspielen wird eine Vielzahl pädagogischer Grundwerte vermittelt. Einige dieser Lernziele sind Vertrauen, Zuverlässigkeit, Kooperation, Kommunikation, Selbstdisziplin, Teamfähigkeit, Selbstvertrauen und Selbstwertgefühl.

Über Reflexionen innerhalb und außerhalb der Sportstunde (z. B. auch im Sachunterricht) werden die zahlreichen erzieherischen Ziele vertieft.

Akrobatik ist vielen Kindern aus dem Zirkus bekannt. Gerade neuere Zirkuskonzepte setzen wieder mehr auf musisch-ästhetische, artistische Elemente wie beispielsweise das Pyramiden-Bauen. Einfache Vertrauensspiele bereiten schwierigere Aufgabenstellungen vor.

Die erforderlichen technischen Grundlagen zur Akrobatik werden im Stundenbild „Da bin ich vielleicht gespannt!" (Seite 69) angebahnt und können nun in dieser Einheit für die vorliegenden Schwerpunkte genutzt werden.

Kommunikation und Rücksichtnahme sind in der Kinderakrobatik sehr wichtig. Damit keine Verletzungen auftreten, müssen verbindliche Regeln und Rituale zum Auf- und Abbau einer Pyramide vorab besprochen werden.

Für nachfolgende Stunden bietet sich eine Fortführung der Kinderakrobatik (von der statischen zur dynamischen Akrobatik) an, evtl. mit selbstständiger Erarbeitung einer kurzen Choreografie (möglich aus akrobatischen, turnerischen, tänzerischen, schauspielerischen Elementen).

Literatur und Medien

Trebels, A. T. (2001): Akrobatik vermitteln. In: sportpädagogik 25 (1), S. 2–46

Landzettel, S. (2008): Akrobatische Pyramiden entwickeln. In: sportpädagogik 32 (5), S. 29–34

„Die Bären sind los"

Sportbereich: Gesundheit, Bewegungserleben mit Teppichröhren

🪢 **Knotenpunkt:** Aktivierung

Schwerpunkt: Steigerung der Geschicklichkeit mit Teppichröhren

Material: Teppichröhren aus Pappe (eine ca. 60 cm lange Röhre pro Schüler und mehrere 3 m lange Röhren; alternativ Drainageröhren), verschiedene Kleingeräte (Seile, Tennisbälle, Turnmatten, Kleinkästen, ...), 🎬 Filmszene

Phase	Durchführung	Ergänzende Hinweise
Einstimmung	**Lehrererzählung im Stehkreis** *Wir sind Bären und suchen in unserem Wald zwischen den Bäumen nach Futter. Dafür darf jeder zuerst einen Baum pflanzen und dann zwischen den Bäumen laufen, ohne sie zu berühren.* **Im Bärenwald** *Ein Wald wächst.* → Jeder Schüler stellt eine kurze, 60 cm lange Teppichröhre in der Halle auf und läuft um die Röhren. *Leider kommt ein Sturm auf und alle Bäume fallen um.* → Die Schüler laufen im Wald umher und dürfen die Röhren vorsichtig umwerfen. *Die Bären sind zuerst traurig, dass ihre Bäume umgefallen sind. Dann entdecken sie aber, dass ein toller Spielplatz entstanden ist.* → Die Schüler dürfen durch den Wald laufen und über die liegenden Baumstämme springen, ohne sie zu berühren.	allgemeines Aufwärmen (thematischer Aspekt) ⚠️ Sicherheitsbewusstsein: Darauf achten, dass niemand von einer umfallenden Röhre getroffen wird oder auf eine rollende Röhre tritt oder springt!
Hauptteil	**Bärenspiele** *Bären sind ja sehr geschickt, spielen gerne miteinander und treten sogar manchmal im Zirkus auf. Jede Bärengruppe darf sich 10 Min. ein Kunststück oder ein kleines Spiel mit den Baumstämmen überlegen und dann den anderen vorführen.* Es finden sich Kleingruppen mit 3 – 6 Schülern zusammen. Sie dürfen frei entscheiden, wie viele und welche Materialen sie für ihre Spiele und Kunststücke verwenden wollen. Der Lehrer unterstützt die Gruppen und lenkt evtl. die Ideen, sodass eine möglichst große Anzahl unterschiedlicher Ergebnisse zustande kommt. **Bärenspiele vorzeigen** *Jede Bärengruppe darf ihr Spiel oder ihr Kunststück den anderen vorstellen. Die anderen Gruppen dürfen dann auch sofort ausprobieren, wie schwer es ist.*	🪢 **Aktivierung** 🕐 10 Min. 💡 Ideen sammeln, gestalten in Kleingruppen ⚠️ Die Abstände der einzelnen Gruppen zueinander beachten! 💡 auf mögliche Zusatzmaterialien (Seile, Kleinkästen, Turnmatten, ...) hinweisen 🪢 **Aktivierung** Jede Präsentation wird mit Applaus belohnt!

Phase	Durchführung	Ergänzende Hinweise
Hauptteil	→ Die Schülergruppen stellen ihre Kunststücke und Spiele vor. Die Zuschauer sitzen und beobachten die Vorführgruppe. Jede der anderen Gruppen probiert sofort die vorgestellten Spiele und Kunststücke aus (falls genügend Material vorhanden ist). Mögliche Ergebnisse: • **Mutsprung:** Eine Röhre wird zum Partner gerollt, dieser springt im richtigen Zeitpunkt darüber. • **Balance:** Eine Röhre ist locker zwischen 2 Matten geklemmt, sodass man längs auf ihr balancieren kann, während sie leicht seitlich hin und her wackelt. • **Rollenlauf:** Ein Kind geht auf einer rollenden Röhre vorwärts oder rückwärts und wird seitlich von Partnern unterstützt; auch mit Abstützen an der Wand möglich. • **Schaukel:** Mehrere Röhren werden eng nebeneinander auf den Boden gelegt. Ein Schüler legt sich mit dem Rücken auf die Röhren und wird an Händen und Füßen sachte auf den Rollen hin und her geschaukelt. • **Zielrollen:** Röhren müssen auf eine Linie zugerollt werden und möglichst nah an ihr liegen bleiben. • **Hängebrücke:** Mehrere Röhren liegen mit wenig Abstand hintereinander zwischen einer Wand und einem Kleinkasten. (Dies verhindert das Wegrollen der Röhren.) Die Schüler versuchen, über die Hängebrücke zu gehen. • **Rollbahn:** Auf eng beieinanderliegenden Röhren wird eine Matte gelegt. Mit kurzem Anlauf springt ein Schüler in Bauchlage auf die Matte und rollt vorwärts. • **Murmeln:** Tennisbälle liegen in den langen Röhren und werden durch wechselseitiges Abheben hin- und her gerollt. • **Walzensprung:** Ein Seil wird durch die Röhre gezogen. 2 Schüler rollen damit im Laufen die Röhre am Boden und die anderen springen darüber.	⏰ 20 Min. 🎬 Filmszene 💡 Bei größeren Aufbauten können die Kunststücke auch erst im Anschluss aller Präsentationen in einer Art Stationendurchlauf ausprobiert werden.
Ausklang	**Pirouettenfangen** Die Schüler sitzen im Kreis um eine Röhre herum, die an einem Ende farbig markiert ist. Sie wird von einem Schüler angedreht. Der Schüler, auf den zum Schluss das farbige Ende zeigt, ist der Fänger, alle anderen springen auf und laufen davon. Der erste, der gefangen wurde, darf die nächste Röhre andrehen.	Abschlussspiel

Stundenbild von Barbara Spitzenpfeil

Kompetenzfeld: Fit werden, gesund bleiben

Didaktische Überlegungen: „Die Bären sind los"

Die Teppichröhren aus Pappe sind eine hervorragende Ergänzung der sogenannten „alternativen Sportgeräte" für jede Sporthalle. Sie haben einen Durchmesser von mindestens 10 cm und eine Länge von bis zu 5 m. Man bekommt sie kostenlos im Teppichhandel, kann sie problemlos in Abschnitte gewünschter Länge zersägen und bemalen. Sie bestehen aus festem, schwerem Pappmaterial, halten das Gewicht der Kinder gut aus, sind stabil und standfest.

Für Kinder haben sie einen hohen Aufforderungscharakter. Daher eignen sie sich besonders gut für Unterrichtsstunden, in denen die Schüler erfinderisch und gestaltend tätig werden sollen. Viele Aufgaben oder Spielformen fördern Geschicklichkeit und Gleichgewichtsfähigkeit.

Aktivierung

Die Stunde „Die Bären sind los" beginnt mit einer kurzen, vom Lehrer gelenkten Einstimmung. Im Hauptteil basiert sie auf einer Selbsttätigkeit der Schüler in Form von arbeitsteiligen Gruppenaufgaben. Die Einbindung der Stunde in die Geschichte mit den Bären ist nicht zwingend nötig, kann aber den Schülern helfen, sich kreativ mit dem Suchen und Finden von Lösungen auseinanderzusetzen. Bei solchen Aufgaben mit hohem Anteil an Eigenständigkeit sollten die Schüler sich ihre Partner selbst aussuchen dürfen; der Lehrer greift pädagogisch ein, wenn absehbar ist, dass eine Gruppenzusammenstellung zu Konflikten führen oder kaum Ergebnisse bringen wird. Das Prinzip der Aktivierung bedeutet also nicht, dass die Schüler sich völlig selbst überlassen werden. Deshalb ist diese Stunde auch besser zu einem Zeitpunkt geeignet, wenn sich Lehrer und Schüler schon eine Weile kennen.

Die Schülergruppen haben nun die anspruchsvolle Aufgabe, sich in relativ kurzer Zeit auf ein Material (Anzahl der Teppichröhren, Zusatzmaterial) zu einigen, sich durch eigenes Tun und Denken Spiele oder Kunststücke einfallen zu lassen und danach in ihrer Gruppe übereinzukommen, welche Idee sie vorführen. Die Kunst des Lehrers besteht darin, die Kinder zuerst wirklich frei ausprobieren zu lassen und nicht zu früh einzugreifen. Er muss schnell erkennen, welche Gruppen es schaffen, zu einem gemeinsamen Ergebnis zu kommen, und welche Gruppen Unterstützung brauchen. Er sollte auch einen Überblick über die Aktivitäten der Gruppen haben, damit am Ende möglichst unterschiedliche Darbietungen zustande kommen. Durch gezielte Impulse („Ihr könntet auch probieren, die Matten zu verwenden, damit die Röhren nicht wegrollen." oder „Euch fällt bestimmt noch etwas anderes ein, das hat sich nämlich auch schon eine andere Gruppe ausgedacht.") kann er die Gruppen zu unterschiedlichen Bewegungen hinführen. Wichtig ist dabei, dass die Schüler stets das Gefühl haben, dass sie in eigener Verantwortung handeln und dass nicht der Lehrer über ihr Tun bestimmt.

Literatur und Medien

Köckenberger, H. (2004): Bewegungsspiele mit Alltagsmaterial. 4. Auflage. Verlag modernes Lernen Borgmann KG, Dortmund

„Weltall"

Sportbereich: Spielen mit der Bewegung, Körpergefühl

Knotenpunkt: Erlebnisorientierung, Bewegung lernen, Gemeinschaft

Schwerpunkt: Bewegungen in Zeitlupe ausführen

Material: Gymnastikstäbe (½ Klassenstärke), verschiedenste Bälle, evtl. „sphärische Weltraummusik"

Phase	Durchführung	Ergänzende Hinweise
Einstimmung	**Flug ins Weltall** *Im Weltall ist man schwerelos. Findet mit einem Partner heraus, was das bedeutet.* → Die Schüler erarbeiten, wie „Schwerelosigkeit" dargestellt werden könnte: Zeitlupenbewegungen, … *Was ist der Unterschied zwischen Bewegungen im Weltall und auf der Erde?* → Einige Schüler zeigen ihre Ergebnisse. → Vorschläge werden gesammelt und gleich ausprobiert. **Bewegung in Zeitlupe** Bewegungen in Zeitlupe werden in verschiedenen Aktionen und Positionen erprobt: am Boden liegend, im Stehen, beim Springen, …	**Erlebnisorientierung** Einbettung in eine Geschichte akustisches Signal „Bewegung in Zeitlupe" vereinbaren **Bewegung lernen** kontrollierte, langsame Bewegungen ausführen
Hauptteil	**Flug ins Weltall** *Beim Flug ins Weltall müssen wir einigen Planeten ausweichen.* → Die Klasse wird geteilt. Die eine Hälfte der Schüler rollt verschiedene Bälle (auch Pezzibälle) durch die Halle, die anderen müssen ihnen ausweichen; danach Rollenwechsel. *Wie wir ja schon wissen, ist man im Weltall schwerelos, das heißt alles bewegt sich in Zeitlupe!* → Die Bälle werden diesmal sehr langsam gerollt, die Schüler müssen in Zeitlupe ausweichen. **Außeneinsatz im All** *An eurem Raumschiff ist eine Hitzekachel kaputtgegangen. Ihr müsst nun nach draußen klettern, um den Schaden zu beheben. Sprechen könnt ihr aber nicht miteinander, also müsst ihr einen anderen Weg finden, um zu kommunizieren.* → Die Schüler gehen wieder mit ihrem Partner zusammen. Jedes Paar bekommt einen Gymnastikstab. Die Partner stellen sich gegenüber voneinander auf. Ein Stab wird waagerecht von zwei Partnern nur mit den Handflächen festgehalten. Die Schüler sollen nun verschiedene langsame Bewegungen (Reparaturarbeiten am Raumschiff) ausführen, ohne dass die Stäbe herunterfallen (nicht nur im Stehen, sondern auch im Sitzen, Liegen, rollend, …). Die Kommunikation läuft über Drucksignale an den Stäben, es darf nicht gesprochen werden.	**Erlebnisorientierung** Keine Aktionen, die andere stolpern lassen! **Gemeinschaft** Kommunikation: nonverbale Verständigung Differenzierung: Augen schließen

Phase	Durchführung	Ergänzende Hinweise
Hauptteil	**Langeweile im Raumschiff** *Ein langer Aufenthalt im All kann auch mal langweilig sein. Die Astronauten machen zum Zeitvertreib einen Zeitlupentanz.* → Die Schüler tanzen in Zeitlupe.	 **Gemeinschaft** Kommunikation, freies Gestalten evtl. „sphärische Weltraummusik"
Ausklang	**Rückflug zur Erde** *Nun geht es wieder zurück nach Hause!* → Die Klasse wird wieder zweigeteilt und führt nochmal den „Flug ins Weltall" (siehe oben) mit dem Ausweichen der Bälle durch.	

Stundenbild von Michaela Schollerer

Didaktische Überlegungen: „Weltall"

Die vorliegende Unterrichtsstunde „Weltall" zeigt, wie man mit Kindern Bewegung gestalten und mit Bewegung experimentieren kann.

Bewegung lernen
Der didaktische Vorteil liegt hier bei der Durchführung von Handlungen im Zeitlupentempo. Die Schüler entdecken die Langsamkeit, merken, wie schwer es ist, so manche Bewegung ganz langsam auszuführen. Vielen Kindern fehlt das Körperbewusstsein. Sie müssen lernen, ihren Körper in Bewegung zu spüren und zu erleben. Durch Körperlageerfahrungen werden auch Orientierungsfähigkeit und Wahrnehmungsfähigkeit verbessert. Querverbindungen zur musisch-ästhetischen Bewegungserziehung sind in „Weltall" ebenfalls gegeben. Um eine altersgerechte Belastungssteuerung sicherzustellen, sind auch intensivere Bewegungsphasen in die Stunde eingebaut (vgl. Hin- und Rückflug). Der Kontrast zwischen langsamer, bewusster und schneller, dynamischer Bewegung soll deutlich werden.

Gemeinschaft
In den Partneraufgaben werden zusätzlich die Kommunikation der Schüler untereinander sowie ihre Handlungsfähigkeit gefördert. Durch die Vorgabe, dass im Weltall das Sprechen nicht möglich ist, müssen die Kinder nonverbal mit ihrem Partner kommunizieren. Die Schüler lernen, Rücksicht auf die Bedürfnisse des anderen zu nehmen. Gleichzeitig erfahren sie, wie sie ihre eigenen Vorstellungen mit dem Partner verwirklichen können (vgl. Außeneinsatz in der Schwerelosigkeit durch Kontakt mit dem Gymnastikstab).

Erlebnisorientierung
Das Thema Weltall bildet einen kindgerechten Rahmen für die Unterrichtseinheit. Die Fantasie der Schüler wird angeregt. Zusätzlich ist das Thema leicht einzuführen, da die Schüler sich in der Regel bereits damit beschäftigt haben und Kenntnisse vorhanden sind.

„Auf dem Oktoberfest"

| **Sportbereich:** Gesundheit, Gleichgewicht | ⚓ **Knotenpunkt:** Erlebnisorientierung |

Schwerpunkt: Gleichgewichtsaufgaben an Großgeräten

Material: 5 Langbänke, Gymnastikstäbe, Gymnastikseil, Kleinkasten, 2 Sprungbretter, 2 Weichbodenmatten, 2 Turnmatten, Hängetaue, Langtaue, Seile oder Reckstangen, Ball, Ballnetz, ♫ evtl. Bewegungsmusik, 🗒 Stationenkarten

Phase	*Durchführung*	*Ergänzende Hinweise*
Einstimmung	**Lehrererzählung im Sitzkreis** *Das Oktoberfest in München ist berühmt für seine Fahrgeschäfte. Hier darf heute jeder einmal ein paar Oktoberfest-Fahrgeschäfte besuchen.* • Station 1: Fliegender Teppich • Station 2: Mutsprung • Station 3: Große Krake • Station 4: Wilde Maus • Station 5: Wackler **Aufbau** Der Lehrer zeigt die Stationenkarten und teilt die Gruppen zum Aufbau ein. Für jede Station gibt es eine Bildkarte. Nach dem Aufbau treffen sich alle wieder im Sitzkreis. **TÜV** *Bevor das Oktoberfest losgeht, muss immer ein TÜV alles kontrollieren. Bei uns ist es ein Lehrer-TÜV.* → Der Lehrer prüft die Geräte und weist auf Sicherheitsvorkehrungen hin. Er erklärt an jeder Station die Aufgabe, jeweils ein Schüler demonstriert sie (zunächst mit Handhaltung eines Partners). **Weite Anreise zum Oktoberfest** *Aus aller Welt kommen viele Leute zum Oktoberfest. Sie müssen eine weite Reise bis nach München machen.* → Die Schüler starten wie ein Flieger (Standwaage auf einem Bein) und laufen dann mit ausgestreckten Armen um die Stationen. Bei Musikstopp landen sie am Münchner Flughafen (Mittelkreis) und stellen sich wieder in der Standwaage auf; Standbein wechseln. *Kann dein Flieger auch im Dunkeln fliegen?* → Standwaage mit geschlossenen Augen	⚓ **Erlebnisorientierung** Anknüpfung an die kindliche Erlebniswelt 🗒 Stationenkarten ⚠️ Der Lehrer hilft beim Aufbau von „Mutsprung"! (Sicherheitshinweis → Didaktische Überlegungen!) ⚠️ Die Geräte dürfen zunächst nicht berührt werden! 💡 „Guten Flieger" demonstrieren lassen; Standbein wechseln ♫ evtl. Bewegungsmusik

Phase	**Durchführung**	**Ergänzende Hinweise**

Oktoberfestbesuch (einfache Variante)

Damit du dich auf dem großen Oktoberfest nicht verirrst, gehst du immer über die ausgelegten „Straßen" zum nächsten Fahrgeschäft

→ Der Lehrer legt Langtaue, Seile oder Reckstangen zum Balancieren zwischen die Stationen.

Jede Gruppe startet an der Station, die sie aufgebaut hat; jedes Fahrgeschäft wird vorerst nur einmal besucht. Jedes Kind stellt sich sofort am nächsten Fahrgeschäft an. Der Stationenwechsel erfolgt in der Reihenfolge, wie die Stationen demonstriert wurden; nach einem Durchgang absetzen im Sitzkreis.

Reflexion im Sitzkreis

Dir fällt bestimmt etwas ein, wie man die Fahrgeschäfte noch spannender umbauen kann, sodass auch die ganz Mutigen noch einen Nervenkitzel haben!

→ Die Schüler machen Vorschläge. Einzelne Stationen werden umgebaut oder andere Regeln erlaubt.

Beispiele:

- **Fliegender Teppich:** ohne Handhaltung eines Partners; Abstand der Bank zum Kasten vergrößern; andere Kinder lassen die Bank leicht hin und her schaukeln
- **Mutsprung:** Der Lehrer wackelt nun die hängende Bank leicht hin und her, während ein Kind darüber balanciert.
- **Große Krake:** auf der Schmalseite der Bank balancieren; Hängetaue nun von einem Schüler anschubsen lassen
- **Wilde Maus:** Die anderen Kinder springen auf der Weichbodenmatte, sodass die Bank noch mehr schaukelt.
- **Wackler:** ohne Handhaltung eines Partners

Nervenkitzel Oktoberfest (schwierige Variante)

Die Kinder durchlaufen nun die erschwerten Stationen.

Reflexion im Sitzkreis

Welches Fahrgeschäft war für dich am spannendsten ... anstrengendsten ... aufregendsten ... und warum?

→ Die Schüler berichten über ihre Erlebnisse.

Mein Lieblingsfahrgeschäft

Du hast gerade noch genug Geld für eine letzte Fahrt übrig. Entscheide dich für ein Fahrgeschäft!

→ Jeder Schüler darf noch einmal an seine Lieblingsstation gehen.

Teufelsrad

An einem Hängetau ist ein Ball mit einem Ballnetz befestigt. Die Kinder laufen in einem relativ engen Raum (evtl. mit Hütchen markieren) um das Tau, das von einem Schüler angeschubst wird. Wer getroffen ist, beginnt mit dem Abbau der Stationen.

Das Balancieren hindert die Kinder an wildem Laufen und verbessert auch das Gleichgewicht.

Üben im Strom

Den Sicherheitsabstand der wartenden Schüler evtl. mit Hütchen markieren; nur 1 Schüler ist an 1 Gerät tätig!

Der Lehrer bleibt bei der Station „Mutsprung", behält aber alle anderen Stationen im Blick!

Erlebnisorientierung Differenzierung

offener Stationenbetrieb

Motivierung

Stundenbild von Barbara Spitzenpfeil

Didaktische Überlegungen: „Auf dem Oktoberfest"

Die Gleichgewichtsfähigkeit ist eine Kernfähigkeit. Gerätearrangements zur Verbesserung dieser koordinativen Fähigkeit dienen der Verbesserung des Körpergefühls und der Körperwahrnehmung sowie dem Angstabbau und der Verletzungsprophylaxe. Kinder mit gut ausgeprägter Gleichgewichtsfähigkeit können sich auf besondere sportliche oder alltägliche Gegebenheiten leichter einstellen sowie Gefahren besser einschätzen. Da im Grundschulalter die Gleichgewichtsfähigkeit besonders effektiv gesteigert werden kann, müssen die Aufgaben und Bedingungen ständig variiert werden (z. B. Balancierflächen erhöhen, schräg setzen oder verschmälern; Hindernisse oder labile Unterlagen einbauen; Sichtfeld verkleinern oder Aufgaben mit geschlossenen Augen durchführen; zusätzlich Gegenstände balancieren oder Zusatzaufgaben ausführen).

Erlebnisorientierung

Verschiedene Gerätekombinationen in der Turnhalle können den Kindern zumindest einen kleinen Ersatz für die oft fehlenden Bewegungsanlässe im familiären Umfeld (Spiel- und Abenteuerspielplätze, Ausflüge in die Natur, …) bieten. Gerätearrangements an sich sind für Kinder immer eine motivierende Herausforderung, können zusätzlich aber noch mit kindlichen Erlebniswelten verknüpft werden. Manchen Kindern helfen in der Turnhalle nachgestellte Realwelten, um sich an schwierigere Aufgaben heranzuwagen, ohne sich bloßgestellt zu fühlen. Solche Erlebnissportstunden bleiben ihnen länger und besser im Gedächtnis. Es fällt den Kindern zudem leichter, über bildhafte Bewegungsabläufe zu sprechen: „Der fliegende Teppich war für mich ganz schön aufregend, weil …" lässt sich besser ausdrücken, als „Die umgedrehte Langbank auf den Gymnastikstäben zwischen den Kästen war für mich …".

Auch wenn zu einem Thema mehrere ähnliche Unterrichtseinheiten folgen, haben Folgestunden wieder mehr Reiz, wenn das Thema mit neuen Eindrücken besetzt wird. So kommen dann von den Dritt- und Viertklässlern nicht mehr Aussagen wie „Das haben wir doch schon in der 2. Klasse gemacht." oder „Das kann ich schon, das ist langweilig."

Oft reicht es schon, ein Thema zu nennen, und die Kinder sind in ihren Erzählungen nicht mehr zu bremsen! Falls möglich sollten die Kinder vor der Sportstunde die Möglichkeit haben, über eigene Erlebnisse zum Thema (hier: Oktoberfestbesuche) zu erzählen (z. B. im Sach- oder Deutschunterricht oder während des Umziehens), sonst dauert die Sitzkreisphase zu Beginn zu lange.

Da sich gute Sportler einer 3. oder 4. Jahrgangsstufe bei Gleichgewichtsaufgaben häufig unterfordert fühlen, wird in einem zweiten Durchgang der Parcours zu einem „Nervenkitzel-Oktoberfest" umgebaut. Besonders durch das Einbringen eigener Ideen haben die Kinder erneut Freude an den „Mutproben". Bei ihrer Entscheidung, welches ihr Lieblingsfahrgeschäft ist, identifizieren sie sich wiederholt mit dem Thema.

Sicherheitshinweis zu Station 2 „Mutsprung":

Die Lehrkraft muss auf eine sichere Verankerung/Verbindung achten:
- Seile mit entsprechender Belastbarkeit (Nylonseile ab 8 mm Dicke) verwenden;
- unlösbar verknoten (Kreuzknoten);
- Langbank mit der L-Kante einhängen.

Weitere Hinweise hierzu: DVD Schulsport: Informationen zur Sicherheit und zum Gesundheitsschutz, Ausgabe 2008, Bayerisches Staatsministerium für Unterricht und Kultus und Bayerischer Gemeindeunfallversicherungsverband oder über die örtliche Fachberatung Sport.

Literatur und Medien

Hotz, A. (1997): Qualitatives Bewegungslernen. Verlag Schweizer Verband für Sport in der Schule (SVSS), Bern

Kompetenzfeld: Fit werden, gesund bleiben

„Wie die Dschungeltiere"

Sportbereich: Gesundheit, schnell laufen an Stationen	Knotenpunkt: Bewegung lernen

Schwerpunkt: Verbesserung motorischer Grundfähigkeiten an Stationen

Material: 4 Langbänke, 2 Sprossenwände, Turnmatten, Hängetaue, Slackline oder 2 Taue, Balanciergeräte (z. B. Medizinbälle, Teppichröhren, alte Turnschuhe, Therakreisel, Schaumstoffwürfel, Isomatten), Papierfische, Pappröhren, evtl. Buch „Das Dschungelbuch", Fellstück, Hallenplan, Bildkarten, Wortkarten, Filmszenen

Phase	Durchführung	Ergänzende Hinweise
Einstimmung	**Lehrererzählung im Sitzkreis** *Mogli ist bei den Tieren im Dschungel aufgewachsen und hat gelernt, sich wie sie zu bewegen. Jedes Tier kann etwas anderes besonders gut. Du darfst heute wie Mogli die Bewegungen der Tiere ausprobieren, die sie am besten können. Dafür bauen wir ihre Lieblingsplätze auf.* **Aufbau der Lieblingsplätze** Der Lehrer zeigt den Hallenplan, teilt 5 Gruppen zum Aufbau ein und verteilt die entsprechenden Bildkarten an den Stationen. Der Lehrer hilft der Gruppe „Baghira". Nach dem Aufbau treffen sich alle im Sitzkreis. **Tierjagd** 2 Jäger wollen die Tiere im Dschungel jagen. Die Jäger halten beim Fangen Pappröhren in der Hand. Die Tiere laufen zwischen den Stationen herum. Sie dürfen auch Rastplätze aufsuchen, indem sie eine Hand z. B. an die Sprossenwand oder an die Bank halten. Über Matten zu laufen oder zu springen ist nicht erlaubt. Gefangene Tiere müssen einmal die Hallenstirnseite (Taburaum) im Krebsgang entlanggehen. Beim Pfiff ist die Jagd zu Ende und alle kommen im Krebsgang zum Sitzkreis.	evtl. das Buch „Das Dschungelbuch" mitbringen Hallenplan Bildkarten allgemeines Aufwärmen Die Geräte nach dem Aufbau und während des Spiels nicht berühren! Der Krebsgang dient dem Aufbau der Körperspannung.
Hauptteil	**Unterrichtsgespräch** Die Stationen werden gezeigt, besprochen und erklärt. *Wie bewegen sich die Tiere an ihren Lieblingsplätzen?* → z. B. leichtfüßig, geschickt ausweichen, auf engstem Raum laufen • **Station 1: Tiger Shir Khan** Im abgegrenzten Feld werden die Gazellen vom Tiger gejagt (Tiger hat Pappröhre als Erkennungszeichen); wer gefangen wurde, wird zum Tiger.	

Hauptteil

- **Station 2: Panther Baghira**
  auf dem Ast (Tau, ca. 50 cm hoch an 2 Sprossenwände geknüpft) balancieren

- **Station 3: Affe King Louie**
  an der Liane (Hängetau) von der Langbank oder dem Kleinkasten schwingen und sicher auf einer Niedersprungmatte landen

- **Station 4: Schlange Kaa**
  am Bankende stehen und versuchen, bei gestreckten Beinen mit den Händen die Füße zu fassen; sich dann auf den Boden legen und im Zickzack durch das Gebüsch (unter der Bank durch) schlängeln

- **Station 5: Bär Balu**
  über die Steine (große, weiche Medizinbälle, Therakreisel o. Ä.) und Baumstämme (Teppichröhren) im Fluss (Matten) gehen und Fische aus dem Wasser holen

Stationenparcours „Wie die Dschungeltiere" (1. Durchgang)
Die Schüler absolvieren in ihrer Gruppe die Stationen; anschließend setzen sie sich im Sitzkreis ab.

 Filmszenen

Reflexion im Sitzkreis
Was müssen die Tiere an ihren Lieblingsplätzen besonders gut können?
→ Gemeinsame Erarbeitung der Begriffe zu den grundlegenden Bewegungsfertigkeiten; die Schüler heften die Wortkarten an die passenden Stationen:
- **Tiger Shir Khan:** muss schnell sein; braucht Schnelligkeit
- **Affe King Louie:** muss kräftig sein; braucht Kraft
- **Schlange Kaa:** muss beweglich sein; braucht Beweglichkeit
- **Bär Balu:** muss geschickt sein; braucht Geschicklichkeit
- **Panther Baghira:** muss gut balancieren können; braucht Gleichgewicht

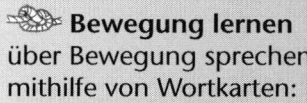 **Bewegung lernen**
über Bewegung sprechen mithilfe von Wortkarten:
- Schnelligkeit
- Kraft
- Beweglichkeit
- Geschicklichkeit
- Gleichgewicht

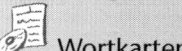 Wortkarten

Stationenparcours „Wie die Dschungeltiere" (2. Durchgang)
Achte besonders darauf, was dir leichtfällt und was für dich schwer ist.

Reflexion im Sitzkreis
Welchem Tier bist du am ähnlichsten? Was ist dir besonders gut gelungen?

Bewegung lernen
über Bewegung sprechen, sich über die eigenen Fähigkeiten bewusst werden

Phase	Durchführung	Ergänzende Hinweise
Hauptteil	→ Die Schüler berichten über ihre Erfahrungen „Ich war kräftig wie der Affe."; „Ich konnte mein Gleichgewicht halten wie der Panther." ... Der Lehrer achtet auf die Verwendung der erlernten Begriffe. **Stationenparcours „Wie die Dschungeltiere" (3. und 4. Durchgang)** *Gehe zu dem Tier, dessen Bewegung dir besonders schwerfällt, und mache dort einige Wiederholungen!* *Gehe noch mal zu dem Tier, das du besonders gut nachmachen konntest, und bewege dich wie das Tier!*	bei 90-minütiger Unterrichtseinheit
Ausklang	Jede Gruppe baut die Station ab, die sie aufgebaut hat. **Raubkatzenschleichen** Die Kinder liegen mit geschlossenen Augen im Kreis, wer vom Lehrer mit dem Fellstück berührt wird, schleicht zum Anstellen bzw. in die Umkleide.	Geräteabbau Entspannungsphase ruhiger Stundenausklang

Stundenbild von Barbara Spitzenpfeil

Didaktische Überlegungen: „Wie die Dschungeltiere"

Zu den motorischen Grundfähigkeiten gehören Kraft, Schnelligkeit, Beweglichkeit, Ausdauer und Koordination. Die Verbesserung dieser Grundfähigkeiten (mit Ausnahme der Schnelligkeit) ist für die Gesundheitsprophylaxe unentbehrlich.

In der Unterrichtseinheit „Wie die Dschungeltiere" werden – mit Ausnahme der Ausdauer – alle genannten motorischen Grundfähigkeiten berücksichtigt. Der umfassende Bereich der Koordination wurde hier bewusst weiter ausdifferenziert und findet sich zum einen in einer Station zum Gleichgewicht und zum anderen in einer zur Geschicklichkeit wieder.

Bewegung lernen – über Bewegung sprechen

Kinder sprechen gerne über Lernerfolge im Sport. Sie können gezielt dazu hingeführt werden, auch über Bewegungserfahrungen nachzudenken und zu reden. Gerade Kinder, die über wenig Selbstbewusstsein im leistungsorientierten Sport (z. B. im Verein) verfügen, profitieren von der Erkenntnis, dennoch sportliche Fähigkeiten zu besitzen und gemeinsam neue zu erwerben. In dieser Stunde lernen die Schüler, unter Verwendung altersgemäßer Fachbegriffe, über Bewegung zu sprechen. Dazu sollten immer wieder kurze Reflexionen stattfinden. Dies kann in der vorliegenden Stunde dadurch weiter vertieft werden, dass die jeweilige Besprechung auch zusätzlich während der einzelnen Stationendurchläufe stattfindet und somit einen unmittelbaren Einfluss ausübt.
Beispiel:

„Wenn der Tiger sehr langsam wäre, würde er bestimmt keine Gazelle fangen. Dir fällt sicher ein, wie er sein muss, damit er Erfolg hat!"

„Schnell."

„Dann weißt du auch das passende Namenwort dazu."

„Schnelligkeit."

„Genau! So nennt man die besondere Fähigkeit, die der Tiger besitzt."

Beim Sprechen mit Kindern ist es wichtig, sich auf ihre Gedankenwelt einzustellen. Einfache Geschichten oder bildliche Vergleiche erleichtern den Kindern das Verständnis für neue Begriffe oder Sachverhalte.

Genauso wie die Sportlehrkraft gute Leistungen und Fähigkeiten betont, kann sie auch Unzulänglichkeiten und Defizite ansprechen. Dies sollte allerdings immer positiv in Form von Hinweisen formuliert sein, z. B. wie das Kind in den nächsten Sportstunden seinem „Wunschtier" noch näher kommen könnte. Dies wird im 3. und 4. Durchlauf vorgeschlagen.

Kompetenzfeld: Fit werden, gesund bleiben

„Du bist mein Coach"

Sportbereich: Weitwerfen	🪢 Knotenpunkt: Unterrichtsmethoden, Bewegung lernen

Schwerpunkt: Mit weichen Flugobjekten unterschiedliche Wurftechniken testen und die Erfahrungen an andere weitergeben

Material: weiche Wurfgeräte (z. B. Isorohre, Softbälle, Softfrisbees, Indiacas), Eimer oder kleine Kästen, 🎵 Coachkarte, 🎵 Laufmusik

Phase	Durchführung	Ergänzende Hinweise
Einstimmung	**Achtung, unbekanntes Flugobjekt!** Die Klasse wird auf 2 Spielfeldhälften aufgeteilt. Der Lehrer wirft Schülern aus beiden Gruppen nach und nach Wurfgeräte zu. Über Blickkontakt suchen sich die Schüler einen Wurfpartner und werfen ihm mit hoher Flugbahn (über die Köpfe und die Mittellinie) das Objekt zu. Wurfpartner und somit auch die Wurfgeräte wechseln nach jedem Wurf.	💡 weiche Flugobjekte: Softbälle, Isorohre, Softfrisbee, Tennisball im Socken, ... 🎵 Laufmusik
Hauptteil	**Zwischenreflexion im Sitzkreis** *Nicht alle Flugobjekte sind gleich geflogen.* → Die Schüler berichten über ihre unterschiedlichen Wurferfahrungen. *Um die verschiedenen Wurfgeräte möglichst weit fliegen zu lassen, musst du verschiedene Techniken erproben.* → Die Schüler stellen Vermutungen an und zeigen einige ausgewählte Beispiele. **Ausbildung zum Coach** *Heute soll jeder von euch zum Wurf-Coach für andere werden. Jede Gruppe untersucht ein Wurfgerät. Findet zuerst gemeinsam heraus, wie man euer Flugobjekt am besten werfen kann. Die Coachkarte hilft euch dabei! Danach dürft ihr euer Wissen an die anderen Gruppen weitergeben.* Der Lehrer legt nun ca. 5 Gruppen fest und schickt diese mit einer Coachkarte an ihre jeweilige Wurfstation (vorher festgelegter Platz in der Halle). Dort beginnen die Schüler, Wurftechniken zu erproben. Beispiele für Wurfgeräte: • Isorohr (Zusatzmaterial: hineingestecktes Tuch); • Sockenball (Tennisball in einer Socke) bzw. Schweifbälle; • Softfrisbee; • Indiaca; • Sandsäckchen oder Jonglierbälle. **Coachkarte** 1. Welche Möglichkeiten gibt es, dein Flugobjekt zu werfen? 2. Kann dein Flugobjekt auch gestoßen oder geschleudert werden? 3. Eignet sich dein Flugobjekt zum Weitwerfen?	über Bewegung sprechen 🪢 **Unterrichtsmethoden** Prinzip: Gruppenpuzzle (siehe Literatur) 🪢 **Bewegung lernen** 💡 die Gruppen durch blindes Ziehen eines der Wurfgeräte bilden ⚠️ Nicht gegen Wände oder Geräte werfen! 📝 Coachkarte

Haupttteil

4. Fliegt dein Flugobjekt weiter, wenn du flach wirfst oder wenn du im Bogen wirfst?
5. Kannst du dein Flugobjekt mit dem linken und mit dem rechten Arm werfen?
6. Fallen dir lustige Wurfmöglichkeiten mit deinem Flugobjekt ein?

Coaching-Phase
Die Gruppen lösen sich auf und die Kinder verteilen sich so, dass an jeder Station ein Experte für jedes Wurfgerät vertreten ist. Die Experten sollen nun den anderen jeweils ihr Wissen über die Wurftechnik weitergeben und sie auch ausprobieren lassen. Bei einer 45-Minuten-Stunde soll zunächst nur ein Wurfgerät gecoacht werden. Die anderen folgen in der nächsten Sportstunde.

Ergänzende Hinweise:

Bewegung lernen

In den Coaching-Gruppen muss nun jedes Flugobjekt mindestens einmal vorhanden sein.

Variante: Evtl. auch hier die Kinder ausprobieren lassen; der Experte soll dann nur Tipps geben, wenn den anderen nichts einfällt!

Ausklang

Flugobjekte auf der Umlaufbahn
Die Schüler stehen im Kreis. Jeder hat ein Wurfgerät und gibt es mit geschlossen Augen an seinen rechten Nachbarn im Kreis weiter.

Spekulier-Staffel (Variante für eine Sportdoppelstunde)
Bei diesem Staffellauf stehen die Schüler in Gruppen an einer Hallenstirnseite. Jede Gruppe hat verschiedene Wurfgeräte in einem Kleinkasten zur Verfügung, die nach einem kurzen Sprint in einen auf der gegenüberliegenden Hallenseite stehenden, weiteren umgedrehten Kleinkasten geworfen werden. Vor diesem Auffangbehälter sind 2 Abwurfzonen markiert. Die Staffelläufer bestimmen nun selbst, welches Objekt sie von wo aus werfen. Von weiter weg gibt es zwar mehr Punkte, aber das Risiko, den Auffangbehälter zu verfehlen, ist auch größer. Die Schüler laufen nacheinander bis zum Schlusssignal für die Runde, dann werden die Punkte verglichen.

Ergänzende Hinweise:

mit der rechten Hand weitergeben, mit der linken das neue Flugobjekt greifen

Schüler, die z. B. wegen Krankheit nicht mitmachen können, zählen die Punkte!

Stundenbild von Gaby Weiß

Didaktische Überlegungen: „Du bist mein Coach"

Viele Kinder zeigen nur schwach entwickelte Wurffähigkeiten. Das liegt daran, dass sie das Werfen (z. B. Steinewerfen) nicht mehr in dem Maße erproben können, wie dies früher einmal der Fall war. Werfen lernt man vor allem durch Ausprobieren. Im Sportunterricht der Grundschule sollten daher Gelegenheiten und Situationen geschaffen werden, welche die Schüler anregen, Wurftechniken auszuprobieren.

Bewegung lernen und Unterrichtsmethoden

„Du bist mein Coach" ist eine interessante methodisch-didaktische Variante, die Kinder zu Wurfexperten macht. Die Einheit ist nicht nur auf das Üben und Trainieren eines Bewegungsablaufs beschränkt, sondern gezielt nach „pädagogischen Perspektiven" organisiert. Zu Beginn werden spielerisch und frei Wurferfahrungen und Bewegungserlebnisse gesammelt, d. h. die Perspektive „Körpererfahrung" steht im Mittelpunkt. Anschließend erarbeiten die Kinder selbstständig diverse Wurfmöglichkeiten. Sie werden zu Experten für ein bestimmtes Wurfgerät und geben dann ihre Erfahrungen an andere Kinder weiter. Hier werden selbständiges Lernen, Transferbildung und Kooperation gefördert.

Da die Bewegungsaufgaben neben der Anbahnung von Technikelementen lustige und kreative Würfe zulassen, wird Werfen hier auch unter der Sinnrichtung „Gestalten" gesehen.

Individuelle Lernfortschritte und das Lernen mit- und voneinander stehen im Mittelpunkt der Stunde. Gute Werfer können dem einen oder anderen als Coach zur Seite gestellt werden. Freude, Begeisterung und vor allem Identifikation mit sportlichen Inhalten können so am besten unterstützt werden.

Lern- und Leistungsbereitschaft zu fördern sowie eine positive Einstellung zur Anstrengung zu entwickeln sind weitere wichtige Anliegen dieser Unterrichtseinheit. Durch unterschiedliche Wurfgeräte und lösungsoffene Aufgabenstellungen können interessante und vielseitige Lernmöglichkeiten geschaffen werden. In Vernetzung mit dem Lernbereich *Mitwelt* (z. B. bei Unterrichtsgängen) sollte auch das freie Werfen mit Naturmaterialien (Schneeballwerfen, flache Steine auf dem Wasser springen lassen, Zapfenwurf) einen Platz im Unterricht finden. Im Sinne einer Verlaufsmotivation wäre es wichtig, weitere Einheiten im Freien anzubieten.

Damit die Kinder in der Halle nicht von Wurfgeräten getroffen und dabei verletzt werden, sind neben den weichen Materialien auch Organisationsformen zu berücksichtigen. So kann z. B. von der Hallenmitte abwechselnd zur linken bzw. rechten Hallenstirnseite geworfen werden. Erst wenn alle Kinder geworfen haben und die Lehrkraft ein vereinbartes Signal gibt, dürfen die Wurfgeräte zurückgeholt werden!

Das Sammeln der Wurfgeräte in Behältern kann ebenfalls Unfälle durch Stolpern verhindern.

Literatur und Medien

Brodtmann, D. (1997): Sportpädagogik Sonderheft. Laufen, Springen und Werfen im Schulsport. Friedrich Verlag, Seelze

Brodtmann, D. (2002). Sportunterricht in Bewegung. Friedrich Verlag, Seelze

Bayerische Landesstelle für den Schulsport (2006): Fit für den Sportunterricht in der Grundschule. Auer Verlag, Augsburg

Zu Prinzip Gruppenpuzzle: Weidner, M. (2003): Kooperatives Lernen. Friedrich Verlag, Seelze

„Ganz schön geflogen!" (90 Min.)

Sportbereich: In die Weite und Höhe springen	🪢 **Knotenpunkt:** Bewegung lernen
Schwerpunkt: Weitsprung – Bewegung gestalten	

Material: Bananenkartons, Teppichfliesen, Fahrradreifen, Medizinbälle, Hütchen, Seile, Weichbodenmatte, Ringe, Wasserball oder Luftballon im Ballnetz, kleine Kästen, Niedersprungmatten, Stifte, Klebestreifen, Turnmatten, Absperrband, Sprungstäbe (Stelzen), 🎵 Stationenkarten, 🎵 Plakat, evtl. Meditationsmusik (z. B. 🎵 Lied: Fürsten und Burgfräulein), 🎬 Filmszenen

Phase	Durchführung	Ergänzende Hinweise
Einstimmung	**Spring drüber! (allgemeines Aufwärmen)** Verschiedene Materialien (s. o.) werden in der Halle verteilt. *Überlege dir möglichst viele verschiedene Möglichkeiten, um über diese Dinge zu springen!* → Die Schüler erproben frei verschiedene Sprungmöglichkeiten. Interessante Ergebnisse werden gezeigt. Anschließend können die Schüler die Ideen der anderen ausprobieren bzw. weiterentwickeln. **Kurze Reflexion als „Bewegungskonferenz" (Sitzkreis)** *Du hast viele verschiedene Sprungmöglichkeiten gefunden, weil du mit deiner Bewegung experimentiert hast!* → Absprung und Landung: einbeinig, beidbeinig, in der Hocke; Bewegungsverhalten im Flug **Flugvorbereitung (spezielles Aufwärmen)** *Damit du „fliegen" kannst, musst du deinen Körper aber noch vorbereiten. Besonders deine Beinmuskeln müssen aufgewärmt werden!* → Alle stehen im Kreis, die Lehrkraft erklärt und demonstriert die Aufgaben. • *Vor Freude hält es dich nicht mehr auf dem Boden. Du federst ganz locker auf der Stelle.* → auf Zuruf *„Große Freude!"* möglichst hoch springen und Beine anhocken • *Oh, hoppla! Dir ist etwas runtergefallen. Hebe es auf!* → seitlicher Ausfallschritt, so weit wie möglich rechts und links neben den Fuß greifen und kurz halten • *Du wirst über Hindernisse fliegen. Schiebe die Hindernisse an ihren Platz!* → kleiner Ausfallschritt vorwärts, beide Füße mit ganzer Sohle auf dem Boden, die Handflächen drücken nach vorne	🪢 **Bewegung lernen** offene Bewegungsaufgabe 🪢 **Bewegung lernen** Verbalisierung der Erfahrungen durch die Schüler 💡 Auch Schüler können das spezielle Aufwärmen vorbereiten (Sporthausaufgabe) und somit die Lehrerrolle übernehmen. 💡 Vordehnung, nur kurz halten!
Hauptteil	*Bestimmt kannst du noch weiter springen, vielleicht kannst du sogar ein Stück fliegen – ganz schön fliegen!* → Die Schüler sprechen über den Punkt „ganz schön fliegen". **Sprungstationen** Schülergruppen bekommen die Stationenkarten und bauen die jeweilige Station auf. In einem zügigen Rundgang werden alle Stationen besprochen.	🪢 **Bewegung lernen** Motivierung: „Fliegen" erleben 📋 Stationenkarten

Phase	Durchführung	Ergänzende Hinweise
Hauptteil	Die Schüler starten an der Station, die sie selbst aufgebaut haben, und wechseln dann selbstständig. • **Station 1: Triff das Feld!** beim Weitsprung auf die Niedersprungmatte verschiedene Gummi- oder Teppichfliesen treffen • **Station 2: Bring den Ball in Schwung!** einen Wasserball oder Luftballon im Netz (an den Ringen befestigt) mit Kopf und Händen anschubsen • **Station 3: Von Kasten zu Kasten** mithilfe einer Stelze vom kleinen Kasten auf die Matte bzw. vom kleinen zum kleinen Kasten springen • **Station 4: Gesichtermalen im Flug** in einen Kopfumriss, der in unterschiedlichen Höhen an einer aufgestellten Weichbodenmatte klebt, im Sprung Augen, Mund, Nase usw. mit Kreide einzeichnen • **Station 5: Fenstersprung** durch ein aus Absperrband gespanntes Fenster auf eine Matte springen (2 Schüler spannen das „Fenster", 1 springt durch) **Bewegungskonferenz** Die Schüler berichten über Erfahrungen beim Sprungparcours. Die Gruppen dürfen jeweils eine Station umbauen und der Klasse die Veränderung vorstellen. Dann durchlaufen die Schüler den abgewandelten Sprungparcours.	**Bewegung lernen** Stationenanzahl an die Schüleranzahl bzw. Hallenausstattung anpassen Filmszenen Plakat Boden mit Niedersprungmatte abdecken **Bewegung lernen** Verbalisierung Absprunghilfen, Anlauf oder Abstände verändern
Ausklang	**Erfolgreiche Landung (Entspannungsgeschichte)** *Du bist heute ganz schön geflogen, aber irgendwann müssen alle wieder landen und auf dem Boden ankommen.* → Die Schüler legen sich auf ein großes Handtuch, eine Isomatte oder eine Turnmatte. *Stell dir vor, du liegst auf einem wunderschönen Teppich. Er ist warm und weich. Es ist ein ganz besonderer Teppich – ein fliegender Teppich. Langsam bewegt er sich in die Höhe, um mit dir einen kleinen Rundflug zu machen.* *Von oben schaust du auf die Erde hinunter. Genieße das Fliegen und schaue dir alles genau an. Siehst du Menschen auf der Erde? Oder fliegst du übers Meer? Wie riecht die Luft? Ist es warm? Schaukelt dein Teppich hin und her?* *Sieh noch ein letztes Mal nach unten, bevor dein Teppich langsam landet. Wackle mit den Zehen, deinen Fingern und strecke dich, wenn du sicher gelandet bist.*	Organisationsform Kreis Meditationsmusik Entspannungsgeschichte

Stundenbild von Gaby Weiß

Didaktische Überlegungen: „Ganz schön geflogen!"

Bewegung lernen

Bewegungen werden von Schülern auf unterschiedliche Weise gelernt. Zum einen geschieht der Lernprozess über die visuelle Wahrnehmung: Kinder beobachten eine Bewegung bei anderen und versuchen dann, sie nachzumachen. Zum anderen unterstützt bei vielen Kindern auch die akustische Wahrnehmung den Lernprozess. Zugerufene Signale (z. B. „... und hopp!") lösen Bewegungshandlungen aus.

Grundvoraussetzung, um eine Bewegung zu erlernen, sind vor allem die koordinativen und konditionellen Fähigkeiten. Diese sind bei vielen Grundschulkindern noch schlecht entwickelt. In der Stunde „Ganz schön geflogen!" wird eine Vielzahl von Sprunganlässen lösungsoffen angeboten, welche die Entwicklung dieser Bewegungsfähigkeiten spielerisch unterstützen.

Besonders motiviert sind die Kinder, wenn sie Spaß am „Fliegen" haben, ihre Bewegungskreativität und natürliche Sprungfreude einsetzen können. Die Möglichkeit eines Flugerlebnisses wird den Schülern durch erhöhte Absprungpunkte im Sprungparcours ermöglicht. Auch der Einsatz eines Sprungbretts kann in Erwägung gezogen werden.

Ihre Kreativität können die Schüler an vielen Stellen einfließen lassen (Finden von verschiedenen Sprungmöglichkeiten, Veränderung des Parcours). In der Bewegungskonferenz können die Schülerideen gewürdigt und allen zugänglich gemacht werden.

Wichtiger als Sprungweiten sind in dieser Stunde Fluggefühl und Bewegungsgestaltung.

Springen ist aber vor allem ein Unterrichtsthema für draußen. So gilt es, gemeinsam mit den Kindern nach Sprungmöglichkeiten im Freien zu suchen (Sportplatz, Pausenhof, Spielplätze oder nah gelegene Parks): Springen über selbst geschaufelte Sandberge (Weitsprunggrube), in mit Kreide markierte Felder, über Gräben, Pfützen, einen kleinen Bach oder über ausgelegte Äste, die bestimmte Zonen markieren.

Optische Hilfen sind sichtbare Markierungen, die den Kindern bei der Erfüllung der Bewegungsaufgaben helfen. In dieser Stunde können Seile als Absprunghilfe eingesetzt werden.

Auch um eine gewisse Sprunghöhe zu erreichen, werden optische Hilfen eingesetzt: Zwei Schüler halten eine Art „Fenster" (Absperrband), durch das gesprungen werden muss. Die Höhe kann je nach Leistungsstand individuell verändert werden.

Für Kinder ist es sehr motivierend, ein bestimmtes Ziel zu treffen oder zu übertreffen. Fahrradreifen, Teppichfliesen oder Gummis von Einmachgläsern können auf einer Niedersprungmatte als veränderbare Ziele ausgelegt werden.

Beim Überqueren von Anlaufbahnen kann es zu Zusammenstößen kommen. Gemeinsam mit den Kindern sollten geeignete Laufwege (Verlassen der Station → der Weg zur neuen Station) besprochen werden, damit keine Unfälle passieren.

Für Landungen mit dem Körper eignen sich Weichbodenmatten, bei Fußlandungen Niedersprungmatten und geeignete Sportschuhe. Spezielles Aufwärmen der Waden- und Oberschenkelmuskulatur sowie Mobilisation des Sprunggelenks sind notwendig.

Literatur und Medien

Brodtmann, D. (1997): Sportpädagogik Sonderheft. Laufen, Springen und Werfen im Schulsport. Friedrich Verlag, Seelze

Brodtmann, D. (2002): Sportunterricht in Bewegung. Friedrich, Verlag Seelze

Bayerische Landesstelle für den Schulsport (2006): Fit für den Sportunterricht in der Grundschule. Auer Verlag, Augsburg

„Waldspiele" (90 Min.)

Sportbereich: Geschicklichkeitsspiele im Freien   **Knotenpunkt:** Erlebnisorientierung, Mitwelt

Schwerpunkt: Naturerfahrung in spielerischer Form

Material: mind. 1–2 Slacklines (oder Spanngurte), lange (Bergsteiger-)Seile oder Zauberschnur, evtl. Glöckchen, Augenbinden, Joghurtbecher (halbe Klassenstärke), Wassereimer, 🎵 Plakat, 🎬 Filmszene

Phase	Durchführung	Ergänzende Hinweise
Einstimmung	Dieses Stundenbild wird im Wald oder in einem abwechslungsreichen Freigelände durchgeführt. **Im Zauberwald** Im Wald spuken Elfen, Zauberer und Riesen. Jedes dieser Wesen hat unterschiedliche magische Kräfte: • **Die Riesen** können nur Zauberer in Riesen verwandeln. • **Die Zauberer** können nur Elfen in Zauberer verwandeln. • **Die Elfen** können nur Riesen in Elfen verwandeln. Jetzt werden 2 Gruppen gebildet. Jede Gruppe bespricht heimlich in ihrer Zone (hinter einer vorab vereinbarten Linie), welches Wesen sie darstellen will. Die Gruppen stellen sich dann im Abstand von ca. 5 m in Gassenform einander gegenüber auf. Auf *„Ihr Wesen erwacht!"* stellen sie „ihr Wesen" pantomimisch dar. Nun gilt es, schnell zu erkennen, wer wen fangen muss! Beispiel: Die Elfen fliehen vor den Zauberern (d. h. sie versuchen, zurück in ihre Zone zu rennen); wird eine Elfe berührt, verwandelt sie sich in einen Zauberer und wechselt die Gruppe. Falls beide Gruppen dieselben Wesen darstellen sollten, müssen sich alle schnell flach auf den Boden legen. Danach muss neu beraten werden.	**Erlebnisorientierung** Motivierung allgemeines Aufwärmen 🎬 Filmszene 📄 Plakat ⚠️ Spielfeldgrenzen und Bremszonen vereinbaren! Geeignete Lichtung oder freie Fläche wählen, an denen keine Hindernisse (Wurzeln, Äste etc.) vorhanden sind! 💡 Das Spiel sollte möglichst im Klassenzimmer vorbesprochen werden! 💡 Wer zuletzt am Boden liegt, muss zur anderen Gruppe wechseln.
Hauptteil	**Die Waldstationen** **Slackline (Partner- bzw. Einzelaufgabe)** Mindestens 1–2 Slacklines (alternativ: schwere Spanngurte aus dem Baumarkt) sind jeweils zwischen 2 Bäumen gespannt. Die Schüler balancieren mit Partnerhilfe (Hand geben) darüber. Wer schafft es, sich lange oben zu halten?	**Mitwelt** ⚠️ Die Bäume müssen stark und fest verwurzelt sein! ⚠️ Immer nur 1 Schüler auf der Slackline! Nicht plötzlich abspringen, die Slackline „schnalzt nach"!

Phase	Durchführung	Ergänzende Hinweise
Hauptteil	Variante 1: Balancieren mithilfe von 2 Stöckchen Variante 2: Balancieren mit einem Balancierstab (bzw. längeren Ast) **Spinnennetz (Gruppenaufgabe)** Mit einer Zauberschnur oder anderen langen Seilen wird ein „Spinnennetz" zwischen mehrere Bäume geknüpft. Die Maschen sollten ausreichend groß sein, damit ein Schüler durchsteigen oder von den anderen durchgeschoben werden kann. Aufgabe: Die Kinder müssen alle durch das Netz zur anderen Seite gelangen, wobei jede Masche nur einmal genutzt werden darf. Das Netz soll dabei nicht berührt werden. **Blindenparcours (Partneraufgabe)** Ein Schüler durchläuft entlang eines gespannten Seils blind einen Parcours. Ein Partner geht jeweils nebenher und sichert ab! (Parcours: unter Ästen durchkriechen, über Hindernisse steigen, zwischen 2 engen Bäumen durchsteigen, …) Die Kinder sollen sich die Eindrücke von unterwegs merken: *Was hast du gehört, gefühlt, gerochen?* **Wasser holen (Partner- bzw. Gruppenaufgabe)** Mithilfe von Joghurtbechern muss Wasser aus einem Bach (oder Trog) zu einem Eimer transportiert werden, bis dieser voll ist. Variante 1: eine Kette bilden Variante 2: 3 Paare bzw. Teams laufen gegeneinander	Jede Gruppe sucht einen langen Ast (Balancierstab)! Kooperative Gruppenaufgabe Zur Kontrolle eine Glocke mit in das Netz hängen. ⚠ Vor Gefahrenstellen einen Knoten ins Seil knüpfen! **Erlebnisorientierung** Natur mit allen Sinnen wahrnehmen Dieses Spiel kann wie beim Blindenparcours organisiert werden. Das Wasser im Becher muss am Seil entlang transportiert werden.
Ausklang	**Alle aufs Siegerpodest** Wie viele Schüler passen auf einen Baumstumpf? **Umarme mich!** Wie viele Schüler sind nötig, um einen besonders dicken Baum zu umarmen? **Hochspannung!** Ein langes Seil wird an den Enden zusammengeknotet und von den im Seilkreis stehenden Schülern hinter dem Rücken (in Höhe der Lendenwirbelsäule) mit den Händen gehalten. Nun lassen alle die Hände los und halten das Seil gespannt. Variante: Können immer 2 Schüler, die einander gegenüber stehen, den Platz wechseln, ohne dass das Seil an Spannung verliert? **Reflexion**	

Stundenbild von Thomas Feilmeier

Didaktische Überlegungen: „Waldspiele"

Die freie Natur ist ein wunderbarer Bewegungsraum für Sport und Spiel, der mit Kindern viel zu wenig genutzt wird. Ziel sollte es sein, dass die Kinder ihre direkte Umwelt (= Mitwelt) bewusster als „Erlebensraum" erkennen und eine Vielzahl von Bewegungsmöglichkeiten im Freien kennenlernen. Die pädagogische Aufgabe des Lehrers besteht nun darin, die Kinder verantwortungsvoll an sportliche Aktivitäten im Einklang mit der Natur heranzuführen.

Mitwelt und Erlebnisorientierung

Die vorliegende Unterrichtseinheit bietet spannende Bewegungsanlässe im Wald oder Freigelände. Sie motiviert die Kinder z. B., mit ihren Freunden Lager zu bauen, Verstecken, Cowboy und Indianer oder Räuber und Gendarm zu spielen. Die Eltern sollten für derartige Unterrichtsvorhaben sensibilisiert werden, um sie für eine verbesserte bewegungsaktive Freizeitgestaltung der Kinder zu gewinnen.

In der Einheit „Waldspiele" geht es deshalb um die Freude am Bewegen in der Natur. Die Kinder sollen Anregungen bekommen, um sich in ihrer Freizeit freudvoll, vielfältig, aber auch verantwortungsvoll draußen zu bewegen. Auch das Spielen im Freien bei schlechtem Wetter sollte den Kindern motivierend vermittelt werden. Die hier aufgezeigten Möglichkeiten müssen situativ an die schulischen Möglichkeiten (Doppelstunde Sport, Schullandheim, Ausflug etc.) angepasst werden. Grundsätzlich sollte man für diese Spielformen und Bewegungsaufgaben genügend Zeit einplanen. Vielleicht können auch Eltern die Lehrkraft begleiten und unterstützen. Eine projektartige Ausweitung der Thematik (Kooperation mit Kollegen, die nacheinander die Stationen nutzen) könnte den Aufbauaufwand rechtfertigen.

Die beliebte Slackline ist ein breiter Spanngurt, der als Balanciermedium für einen Einsatz im Freien geeignet ist. Die Spanngurte sollten immer in Bodennähe gespannt werden (in ca. 40 Zentimeter Höhe). Außerdem sollten immer höchstens zwei Kinder auf den Gurt steigen. Die Spanngurte dürfen nicht in der Halle eingesetzt werden!
Die Waldstationen bieten nachhaltige Erlebnisse: Beim „Wassertransport" wird der kindlichen Spielmotivation Rechnung getragen, im „Blindenparcours" wird die Natur mit den verschiedenen Sinnen wahrgenommen, beim „Spinnennetz" erleben die Kinder das schöne Gefühl, eine Aufgabe gemeinschaftlich zu meistern. All das sind Impulse, welche die Kinder „mit nach Hause nehmen"!

Literatur und Medien
Breuer H.-P./Kronbichler, E. et al. (2000): Naturbegegnung. In: sportpädagogik, 24 (4), S. 2–36
Lindemann, U. (2007): Spiele im Freien. In: Betrifft Sport, 29 (4), S. 32–37
Lindemann, U. (2007): Geocaching. In: Betrifft Sport, 29 (4), S. 24–31
Kössler, C. (2003): Seilgarten. In: Sport & Spiel 3 (10), S. 4–9
Müller, G. (2006): Spielformen für draußen. In: Sport & Spiel 6 (23), S. 4–9

Tracklist – Musik

Nr.	Titel	Dauer
1.	**Fit und hellwach (Laufmusik)**	02:36
	Stefan Noster, Axel Rees, Michaela Dürrschnabel	
2.	**Fürsten und Burgfräulein**	05:05
	Claude Gervaise: Zusammenschnitt aus Almande, Bransle de Champaigne, Bransle Simple, DeFlyer	
3.	**Muscheln fühlen**	02:11
	De Flyer	
4.	**Free your mind**	02:24
	Knut Dembowski	
5.	**Remember the time**	02:32
	Knut Dembowski	
6.	**Hit me up**	03:14
	Jeannie Bocchicchio, Brian Anthony Kierulf, Joshua Michael Schwartz	

Jederzeit optimal vorbereitet in den Unterricht?

»